BEAGLE HEUTE

Andrew H. Brace

KYNOS VERLAG

Dieses Buch widme ich Ada,
den meisten bekannt als Ch. Too Darn Hot for Tragband,
ihre Geschicklichkeit im Ausstellungsring wurde nur noch
durch die Jahre ihrer Hingabe und Loyalität übertroffen.
Sie war der beste Freund, den ich je besaß.

Englische Originalausgabe:

aus dem Englischen übertragen von Thomas Warneke

Dr. Dieter Fleig GmbH
Am Remelsbach 30
D-54570 Mürlenbach/Eifel
Telefon: 06594/653
Telefax: 06594/452
Internet: http://www.kynos-verlag.de

Erste Auflage 1999
Gesamtherstellung: Ringpress Books Ltd., Lydney, Gloucestershire

Titelbild: Ch. Too Darn Hot for Tragband
Foto: Panther Photographic
Rücktitel: Ch. Dialynne Tolliver of Tragband
Foto: Ron Willbie, Animal Photography
Foto Vor- und Nachsatz: Beagle Club Deutschland e. V.

ISBN 3-933228-10-7

INHALTSVERZEICHNIS

Original Rassestandard FCI
in englischer Sprache

GENERAL APPEARANCE: A sturdy, compactly built hound, conveying the impression of quality without coarseness.

CHARACTERISTICS: A merry hound whose essential function is to hunt, primarily hare, by following a scent. Bold, with great activity, stamina and determination. Alert, intelligent and of even temperament.

TEMPERAMENT: Amiable and alert, showing no aggression or timidity.

HEAD AND SKULL: Fair length, powerful without being coarse, finer in the bitch, free from frown and wrinkle. Skull slightly domed, moderately wide, with slight peak. Stop well defined and dividing length, between occiput and tip of nose, as equally as possible. Muzzle not snipy, lips reasonably well flewed. Nose broad, preferably black, but less pigmentation permissible in lighter coloured hounds. Nostrils wide.

EYES: Dark brown or hazel, fairly large, not deep set or prominent, set well apart with mild appealing expression.

EARS: Long, with rounded tip, reaching nearly to end of nose when drawn out. Set on low, fine in texture and hanging gracefully close to cheeks.

MOUTH: The jaws should be strong, with a perfect, regular and complete scissor bite, i. e. upper teeth closely overlapping lower teeth and set square to the jaws.

NECK: Sufficiently long to enable hound to come down easily to scent, slightly arched and showing little dewlap.

FOREQUARTERS: Shoulders well laid back, not loaded. Forelegs straight and upright well under the hound, good substance, and round in bone, not tapering off to feet. Pasterns short. Elbows firm, turning neither in nor out. Height to elbow about half height at withers.

BODY: Topline straight and level. Chest let down to below elbow. Ribs well sprung and extending well back. Short in the couplings but well balanced. Loins powerful and supple, without excessive tuck-up.

HINDQUARTERS: Muscular thighs. Stifles well bent. Hocks firm, well let down and parallel to each other.

FEET: Tight and firm. Well knuckled up and strongly padded. Not hare-footed. Nails short.

TAIL: Sturdy, moderately long. Set on high, carried gaily but not curled over back or inclined forward from root. Well covered with hair, especially on underside.

GAIT/MOVEMENT: Back level, firm with no indication of roll. Stride free, long-reaching in front and straight without high action; hindlegs showing drive. Should not move close behind nor paddle nor plait in front.

COAT: Short, dense and weatherproof.

COLOUR: Any recognised hound colour other than liver. Tip of stern white.

SIZE: Desirable minimum height at withers: 33 cms (13 ins). Desirable maximum height at withers: 40 cms (16 ins.).

FAULTS: Any departure from the foregoing points should be considered a fault and the seriousness with which the fault should be regarded should be in exact proportion to its degree.

NOTE: Male animals should have two apparently normal testicles fully descended into the scrotum.

DANKSAGUNG

Ohne die großartige Hilfe und Unterstützung mehrerer Menschen, denen die Beaglerasse genau so teuer ist wie mir, wäre dieses Buch nicht möglich gewesen. Deshalb möchte ich meinen herzlichen Dank folgenden Helfern aussprechen:

Vielen Beaglezüchtern, sowohl in England wie in allen anderen Ländern, die mich mit detaillierten Informationen über ihre Zwinger versorgten, schöne Fotos bereitstellten.

An Barbara und Peter Roderick im Namen des Beagle Clubs, die mir gestatteten, einige wichtige Fotos aus ihrer Sammlung in dieses Buch einzufügen.

An Marion Spavin, die mir viele ihrer *Geheimnisse* anvertraute, die in dem Zuchtkapitel eingearbeitet wurden.

An Jesper Eades für unschätzbar wichtige Informationen über die jagdlichen Aufgaben.

An Andrew Smalley für die Herstellung weniger bekannter Houndfarben, für die Bereitstellung weiterer Einzelheiten über Beaglemeuten.

An Viv Rainsbury für ihre hervorragenden Federzeichnungen.

An Eleanor Bothwell für die Präsentation der Rassemerkmale, auch für ihren faszinierenden Beitrag über das *Unfruchtbarkeitssyndrom.*

An Sylvia Tutchener, die mir ihr Wissen über das australische *Quarantine Detector Dogs Programm* weitergab.

An Marcos Adler (Südamerika), Richard Gilmore (USA), Shirley Winslow (Kanada), Steven Seymour (Australien), Noelene Hughes (Neuseeland), Ros Glaysher (Südafrika), Jesper Pedersen (Dänemark), Catharina Linde-Forsberg (Skandinavien) und Jochen Eberhardt (Europa). Ihnen verdanke ich detaillierte Analysen über die Rasse in ihren jeweiligen Ländern. Dadurch war es mir möglich, in meinem Gesamtbild über Beagles sehr viel mehr Details einzuarbeiten als mir andernfalls zugänglich gewesen wären. Catharina hat mir auch ihr Spezialwissen auf dem Gebiet künstlicher Besamung und erblicher Schäden weitergegeben.

Vielen Dank auch den zahlreichen Fotografen, deren Bilder ich in diesem Buch verwenden durfte, an Sylvia Evans, meine frühere Sekretärin, Les und Anne Davis, meine wunderbaren Nachbarn und natürlich an meine Eltern, die unschätzbar wertvolle Beagle-Sitter sind, wann immer ich von zu Hause weg sein muss.

VORWORT

Ich wünschte, ich könnte sagen, ich hätte über mein ganzes Leben Beagles besessen, aber dann würde ich lügen. Mein Begleiter als Kind war ein Boxer Rüde, er schuf meine Passion für die ganze Hundewelt, die nie erlosch. Es war im Jahre 1971, als ich meinen Pekingesen auf einer Reihe kleiner offener Shows in meinem Heimatland South Wales vorstellte. In diesem Jahr sah ich auch eine Beagle Hündin, die ich nie vergessen werde. Ich hatte schon zuvor Beagles gesehen, sie waren mir aber ziemlich gewöhnlich vorgekommen. Diese kleine, dreifarbige Hündin jedoch besaß so viel Qualität und war so smart, besaß eine solche hervorragende Ausgewogenheit und liebenswerten Ausdruck, dass ich wusste, ich musste mehr über sie herausbringen. Ihr Name war Imdee Aimee, sie war die Tochter eines amerikanischen Imports, Appeline Validay Happy Feller. Später bekam sie einen Halbbruder, Ch. Dialynne Gamble, der die Rasse in England revolutionieren sollte.

Mein neuerwachtes Interesse an Beagles ließ mich auf die Suche nach Beagle Züchtern gehen, bald kam es zu einer Freundschaft mit Veronica Bradley, Besitzerin der Dufosee Beagle, ihrem Ehemann David und ihrer Familie. Mein erster eigener Beagle war Dufosee Gatsby of Tragband, Wurfbruder des berühmten Ch. Dufosee Harris Tweed, ein Sohn von Gamble und Veronica's herausragender Zuchthündin Ch. Dufosee Bonnie Girl. Mein nachfolgender Erfolg mit Beagles basierte weitgehend auf den Freundschaften, die durch die Rasse entstanden. Mit der Tochter der Bradley Familie war ich Mitbesitzer mehrerer Dufosee Beagles. Dazu gehörten Ch. Dufosee Radleigh of Tragband, Ch. Dufosee Quaker Girl of Tragband und Ch. Dufosee Aria of Tragband.

Meine Freundschaft mit Di und Carl Johnson und ihren Dicarl-Deutschen Doggen zu der Zeit, da ich Aria besaß, führte dazu, dass sie eine jüngere Schwester von Aria kauften namens Dufosee Geisha. Diese wiederum wurde mit Ch. Dialynne Blueboy gepaart, brachte einen Wurf mit einer Hündin namens Dicarl Gay's The Word. Meine Freundschaft mit Ken Sinclair und Adrian Edwards führte dazu, dass ich Gay's The Word kaufte und ihnen als herzwärmendes Geschenk gab. Die Vereinbarung lautete, dass ich zu gegebener Zeit von dieser Hündin einen Welpen zurück bekam, wenn ich den richtigen Deckrüden für sie gefunden hatte. Ich richtete den amerikanischen Import Ch. Am. Ch. Graadtres Hot Pursuit of Rossut auf seiner zweiten englischen Ausstellung, verlieh ihm das CC und Best of Breed, sagte Ken und Adrian, dass ich jetzt den *passenden Deckrüden* gefunden hatte, um meinen eigenen Welpen zu züchten. Dieser Welpe wurde zu Ch. Too Darn Hot for Tragband, als Ada bekannt. Diese Hündin wurde nicht nur der Rekordhalter der Rasse, sondern insbesondere der beste Freund, den ich je besaß.

Meine Freundschaft mit Marion Spavin führte dazu, dass sie *on breeding terms* eine Ada Tochter - Tragband Sweet Bird of Youth, übernahm. Aus ihr stammt mein letzter Champion, Dialynne Tolliver of Tragband - vielen als Mikey bekannt - ihr Vater war Ch. Soloman of Dialynne.

Meine höchst erfolgreiche Beschäftigung mit dieser Rasse verdanke ich in allererster Linie der Hilfsbereitschaft von Freunden. *Aber meine besten Freunde überhaupt sind die Beagles.*

Kapitel 1

DER URSPRUNG DES BEAGLES

Nur wenige Welpen können sich mit dem Liebreiz und der Anziehungskraft eines acht Wochen alten Beagles messen, wie Ihnen jeder, der etwas mit industrieller Produktion und Marketing zu tun hat, bestätigen wird. Wohl keine andere Rasse ist so häufig auf Grußkarten, Postern und ähnlichen Verkaufsartikeln abgebildet worden. Man muss schon äußerst hartherzig sein, will man vor dem sanften, gewinnenden Ausdruck, der zum Warenzeichen der Rasse geworden ist, nicht dahinschmelzen. Doch hinter diesem niedlichen Ausdruck, der im Gegensatz zu so vielen anderen Rassen bis ins Alter hinein erhalten bleibt, liegen Jahrhunderte der Geschichte einer Rasse, die vom Menschen geformt wurde, um ihn bei einer seiner grundlegendsten Betätigungen zu begleiten - auf der Jagd.

FRÜHE ENTWICKLUNGEN

Um die Rasse Beagle in all ihren Feinheiten und in ihrer Komplexität völlig zu verstehen und zu schätzen, ist es wichtig, dass jeder zukünftige Besitzer zumindest ein wenig vom Ursprung der Rasse weiß, haben sich doch viele der wichtigsten Instinkte bis heute erhalten. Der Beagle wurde aus verschiedenen alten Hundetypen gezüchtet, um der Spur kleinerer Wildarten, vornehmlich der des Hasen zu folgen. Schon zur Zeit der Invasion durch die Römer scheinen Hunde, die den frühen Beagles in vielerlei Hinsicht ähnlich waren, in Großbritannien zur Jagd genutzt worden zu sein. Einige waren zweifelsfrei größer, andere kleiner als man sich heute einen typischen Beagle vorstellt, und sie wiesen regionale Unterschiede auf. Doch gibt es kaum Zweifel, dass es sich um Vorfahren des heutigen Beagles handelt. Jenseits der Irischen See gab es schon im 18. Jahrhundert den Kerry Beagle, eine Rasse, die auch heute noch existiert. Doch hat sie mit dem heutigen Beagle nur wenig gemein, ist sie doch weit größer und insgesamt feingliedriger. Es wird vermutet, dass sie bei der Entwicklung des American Black & Tan Coonhounds eine Rolle spielte, mit dem sie eine bemerkenswerte Ähnlichkeit aufweist.

Es wurde auch angenommen - wie ich aber betonen möchte fälschlicherweise - dass Beagles klein gezüchtete Foxhounds wären. Mögen sie auch gleiche Vorfahren teilen, so muss doch darauf hingewiesen werden, dass Beagling, also die Jagd mit dem Beagle, schon lange ein sehr beliebter Sport war, bevor dann im 18. Jahrhundert die Fuchsjagd aufkam, die dann wiederum die bewusste Entwicklung des Foxhounds als eigenständige Rasse einleitete, während vorher Beagles vielfach zur Jagd auf den Fuchs verwendet wurden. Mit zunehmender Beliebtheit sowohl der Fuchsjagd als auch des Foxhounds wurden viele Beaglemeuten aufgelöst; und erst im nächsten Jahrhundert erlebte der Beagle eine Art Wiedergeburt. Die zahlreichen literarischen Belege aus dem 19. Jahrhundert, die in vorausgegangenen Veröffentlichungen ausreichend dokumentiert wurden, weisen übereinstimmend darauf hin, dass ein wesentliches Merkmal des Beagles seine geringe Größe ist. Auch wenn die wesentliche Bestimmung dieser Hunde in der aktiven Jagd auf der Spur lag, so war diese geringe Größe ein unentbehrliches Merkmal, folgte der Mensch den Hunden doch zu Fuß. Ich betone dies ausdrücklich, weil in den letzten Jahren in der britischen Ausstellungsszene einige recht große Hunde zu höchsten Ehren gekommen sind. Die Besitzer

Der Beagle, dargestellt auf einem Zigarettenbildchen von W. D. und H. O. Wills aus dem Jahr 1914. Gemalt von dem berühmten Hundeportraitisten Arthur Wardle.

Courtesy: Patrick Vaughan.

besagter Hunde behaupten durchweg, dass diese übermäßige Größe ein direktes Wiederaufleben des authentischen Beagles sei. Tatsächlich ist nichts weiter von der Wahrheit entfernt, und eine derartige Begründung zeigt lediglich einen Mangel an Verständnis für die Geschichte der Rasse.

ANERKENNUNG ALS RASSE

Schon 1873 wurde der Beagle vom britischen Kennel Club anerkannt, acht Jahre bevor die Association of Masters of Harriers and Beagles (die Vereinigung der Meutehalter) gegründet wurde. Der Beagle Club wurde 1890 gegründet und hielt 1896 seine erste Ausstellung ab. 1996 feierte er seine Jahrhundertausstellung. Obwohl allgemein angenommen wird, dass der Beagle in Großbritannien früher leichter gebaut, großrahmiger und spitzschnäuziger war als sein moderner Bruder, so scheint es doch auch schon im 19. Jahrhundert Beagles gegeben zu haben, die viel schwerere Köpfe als heutzutage hatten - fast schon bullig - und entsprechend kräftigere Körper. Auch wurden Hunde unter dem Namen Beagle eingeordnet, die zu krummen Fronten neigten, lang und niederläufig waren und stärker einem urtümlichen Bassettyp glichen.

Der heutige Beagle ist zweifelsfrei aus der Verbindung verschiedener regionaler Rassetypen (von denen einige auch Harrier- und Foxhoundblut geführt haben dürften) entwickelt worden. Erst als das allgemeine Erscheinungsbild sich gefestigt hatte, wurden durch züchterische Maßnahmen die Rassemerkmale verfeinert. Es ist schon immer behauptet worden, dass vor Zeiten Terrierblut eingekreuzt wurde, um größere Hunde niedriger zu züchten. Und einige Bilder früher Beagle scheinen diese Theorie zu bestätigen. Die Beaglemeuten, die die Basis für den heutigen Ausstellungsbeagle legten, wurden vorwiegend gegen Ende des 19. Jahrhunderts oder des frühen 20. Jahrhunderts gegründet.

FESTIGUNG DES TYPS

Zu Beginn des 20. Jahrhunderts wurden große Fortschritte bei der Festigung des Rassetyps erzielt. Während die Größe noch immer schwankte, waren sich die meisten Beagleliebhaber und -züchter hinsichtlich der wesentlichen Rassemerkmale und des erwünschten Ausdrucks einig. Mr

F. B. Lord, ein begeisterter Jäger und erfolgreicher Beagleaussteller aus der Zeit der Jahrhundertwende, schrieb: »Bis der Beagle Club begann, sich um die Rasse zu kümmern, wurde das Erscheinungsbild in beklagenswerter Weise vernachlässigt. Aber seitdem ist Jahr für Jahr sowohl der Typ als auch die Arbeitsfreude züchterisch verbessert worden, und Beaglefreunde können mit den Ergebnissen äußerst zufrieden sein. Noch vor ein paar Jahren waren die besten Ausstellungsbeagles ziemlich gewöhnliche, jämmerliche Exemplare, während man heute kaum noch einen schlechten Beagle in den Ausstellungshallen sieht. Ich war eine Zeitlang äußerst skeptisch, was den Nutzen von Ausstellungshunden betrifft. Aber inzwischen glaube ich, dass sie die Qualität und den Typ einer Rasse ebenso voranbringen wie deren Leistungsfähigkeit.«

DIE SCHWEREN KRIEGSJAHRE

Gerade als der Beagle anfing, sich im Ausstellungsring zu etablieren, machte der Beginn des Ersten Weltkrieges allen Ausstellungsaktivitäten ein Ende. Tatsächlich wurden sämtliche züchterischen Aktivitäten eingestellt, und viele Zwinger lösten sich entweder völlig auf oder aber reduzierten die Zahl ihrer Hunde drastisch. Futter war ein Luxus, und die Hunde standen auf der Prioritätenliste der meisten Menschen so ziemlich an letzter Stelle. Hundeausstellungen wurden in den zwanziger Jahren wieder aufgenommen, aber nur wenige Beagles nahmen daran noch teil. Einigen Beagleliebhabern aus der Vorkriegszeit war es gelungen, die Rasse in beschränkter Zahl zu erhalten, aber qualitätsvolle Zuchttiere waren nur schwer zu finden, und auch die Meutehalter schickten nun ihre Hunde nicht mehr auf Ausstellungen. Und so wurden bis zum Jahre 1927 dem Beagle-Register des englischen Kennel Clubs nur zwei Namen hinzugefügt.

Man kann sagen, dass es Mrs Nina Elms war, die die Rasse rettete. Sie war eine große Verehrerin verschiedener Jagdhundrassen und hielt in ihrem Zwinger nicht nur Beagles, sondern auch Bloodhounds und Bassets. Ihr Zwingername Reynalton war von nicht geringer Bedeutung, und es heißt, dass Mrs Elms anlässlich *Crufts Dog Show* einst sechzig Hunde ihrer drei Rassen meldete. Es ist seinerzeit behauptet worden, dass ohne die grenzenlose Begeisterung von Frau Elms, ohne ihre stete Bereitschaft, immer wieder neue Beagleaussteller an das Ausstellungswesen heranzuführen und diese zu ermutigen, der Beagle im Ausstellungsring heute genau solch ein seltener Anblick wäre, wie es der Foxhound inzwischen ist. Viele Züchter jener Zeit erwarben Reynalton-Hunde und bauten mit ihnen ihre eigene Zucht auf. Doch wurde die weitere Entwicklung vielfach durch das Herannahen des Zweiten Weltkrieges gestoppt.

Die Crowder Beaglemeute, 1935 fotografiert. Nach heutigem Standard sind die Köpfe sicherlich wenig anziehend, aber beachten Sie die Breite der Vorhand und die vorzügliche Wölbung des Rippenkorbs. *Courtesy: Basil J. Waterton.*

DIE ERSTEN ZÜCHTER

1945 wurde lediglich ein Beagle beim Kennel Club registriert, doch stieg die Zahl schon im folgenden Jahr auf achtzehn. Von den Ausstellern der Vorkriegszeit nahm nur Mrs Stockley wieder am Ausstellungsgeschehen teil. Ihr berühmter Ausstellungsrüde Grappler ist durch die Trophäen, die seinen Namen tragen und die auch heute noch jährlich vom Beagle Club verliehen werden, unsterblich geworden. Nach dem Krieg galt ihr Ch. Limbourne Violet mit einer Schulterhöhe von lediglich 35,5 cm als unübertrefflich. Weitere herausragende Persönlichkeiten waren die Damen Wilmshurst, die unter dem Zwingernamen Stanhurst so erfolgreiche Hunde wie Ch. Solomon of Stanhurst ausstellten und züchteten. Großen Einfluss auf die Rasse nahmen zur gleichen Zeit auch Miss Joan Whitton mit ihren Tavernmews Beagles und Miss Ruth Brucker, die die Twinrivers Beagles züchtete. Eine treibende Kraft war Douglas Appleton, der einige Zeit den Beagle Club in England leitete, und der zusammen mit seiner Frau Carol den Zwingernamen Appeline führte. Den Appletons gehörten einige der herausragenden Hunde jener Zeit, und später hoben sie den Qualitätsstandard der Rasse durch den Import erstklassiger amerikanischer Beagles noch einmal deutlich an.

Noch in den vierziger Jahren, also vor weniger als einem halben Jahrhundert, stammten viele Beagles, die in das Zuchtbuch des Kennel Clubs eingetragen wurden, von Eltern, deren Vorfahren unbekannt, zumindest aber nicht registriert waren. Viele der damaligen Züchter, die sich mit ihren Hunden im Ausstellungsring messen wollten, tappten im Dunkeln, was die Vorfahren ihrer Zuchthunde betraf. Und die Rasse verdankt vieles ihrer Fähigkeit, auf der Grundlage des allgemeinen Erscheinungsbildes und der Anlagen die besten Hunde zur Zucht auszuwählen. Heutige Züchter können Ahnentafeln studieren, die über mehrere Generationen zurückreichen, und sich so ein Bild von den Hunden machen, die dort auftreten. Auf diese Weise erhalten sie wertvolle Informationen, bevor sie sich für eine bestimmte Verpaarung entscheiden. Dieser Luxus war den Züchtern seinerzeit verwehrt. Aber trotz allem, auch wenn einige Züchter vorgeben, eine Verpaarung auf dem Papier planen zu können, bleibt letztlich doch wahr, was die verstorbene, bedeutende Boxerzüchterin Elizabeth Somerfield feststellte: »Um hübsche Welpen zu züchten, verpaart man eine gut aussehende Hündin mit einem gut aussehenden Rüden ... und wenn die Ahnentafel Erfolg versprechend aussieht, umso besser.«

INSTINKTVERHALTEN

Viele Beagleaussteller der frühen Jahre arbeiteten mit ihren Hunden auch jagdlich. So war es nur folgerichtig, dass sie sich nur Hunde behielten, die auch wirklich das leisten konnten, wofür die Rasse ursprünglich geschaffen wurde. Und so wurden nur wenige Ausstellungsbeagles allein unter dem Gesichtspunkt der Schönheit ausgesucht; sie mussten darüber hinaus die jagdliche Fähigkeit besitzen, einer Spur zu folgen, von entsprechendem Gesamtaufbau sowie zäh und ausdauernd sein. Diese Hunde mochten in den grundlegenden Rassemerkmalen überragen, konnten aber ohne weiteres in einigen eher kosmetischen oder ästhetischen Details, die heute stärker im Vordergrund stehen, Schwächen zeigen. Mit der Entwicklung des Beagles zum Haushund hat sich das Wesen der Rasse allmählich verändert - jedenfalls bis zu einem gewissen Grad. Beaglewelpen von heute sind nicht mehr ganz so eigensinnig und ungehorsam, wie dies früher der Fall war. Einige kommen tatsächlich, wenn sie gerufen werden! Ich weiß, dass viele Züchter noch immer meinen, dass wir den Spurwillen unserer Hunde erhalten sollten, und sie sich deshalb an jagdlichen Prüfungen beteiligen. Da die meisten Beaglewelpen aber ihr Leben als Haushunde verbringen, glaube ich persönlich, dass es umso besser ist, je weniger schnell sie bei der kleinsten Geruchsspur eines Kaninchens losjagen. Beagles passen sich heute hervorragend in

Selbst die domestiziertesten Beagles folgen instinktiv einer Spur. Hier Ch. Too Darn Hot for Tragband bei der Verfolgung eines Kaninchens. Foto: Panther Photographic.

die häusliche Gemeinschaft ein, richten weit weniger Schaden an und sind viel gehorsamer. Hätten sich diese Eigenschaften im Laufe der Jahre nicht verbessert, so fürchte ich, hätten wir weit größere Probleme in der Rasse mit zurückgegebenen Welpen, mit denen ihre Besitzer nicht fertig wurden.

Aber wie stark wir die Rasse auch unseren menschlichen Bedürfnissen anpassen, wie leicht auszubilden sie auch sein mag, und egal wie Menschen bezogen, so bleiben die grundlegenden Instinkte doch erhalten. Vielleicht sitzen sie tief im Innern, aber sie sind mit Sicherheit da. Lassen Sie mich eine Geschichte erzählen. Ich habe niemals in meinem Leben mit einem meiner Beagle jagdlich gearbeitet. Sie sind einzig und allein meine Gefährten und ich bilde mir ein, dass sie auf meinen Ruf hin kommen, wenn sie frei laufen.

Eines Tages hatte ich Ada - Ch. Too Darn Hot for Tragband - für eine Foto-Session zu der legendären Tierfotografin Sally Anne Thompson in Gloucestershire gebracht. Sie hatte vorgeschlagen, die Fotos gegen 7 Uhr morgens zu machen, da dann die herrliche Wolkenformation den idealen Hintergrund abgeben würde. Wir gingen zu einem nahe gelegenen Golfplatz. Ada lief wie üblich ohne Leine. Sally Anne schoss einige wunderschöne Fotos, und dann machten wir uns

Erinnerungen an eine Fuchsjagd: Ein sehr persönliches Portrait von Shirley Winslow's kanadischem Champion Lenwins Kummin Up Klover im Alter von 4½ Monaten. Foto: Mikron.

auf den Heimweg. Plötzlich schoss Ada blitzschnell los, mit jenem typischen Beaglegebell, das ich von ihr vorher noch nie gehört hatte. Zu jener Zeit war sie in der dritten Woche trächtig, nach der ersten Verpaarung mit Ch. Dufosee Influence; und noch am selben Tag sollte sie auf der Hound Show ausgestellt werden, ihrer letzten Ausstellung vor dem zu erwartenden Wurf. Ich geriet in Panik, aber wie sehr ich auch brüllte, keine Spur von Ada. Ich folgte ihrem unablässigen Spurlaut durch Farn und Gestrüpp bis ich zu einer recht erschöpften Beaglehündin kam, die mit gespreizten Beinen über zwei winzigen Fuchsjungen saß und mich verwundert anschaute. Es war, als hätte etwas einen Mechanismus in ihrem Gehirn in Gang gesetzt, und sie hatte spontan reagiert, ohne zu wissen warum, nur ihren Instinkten folgend. Glücklicherweise war die Füchsin nicht in Sicht. Wir kehrten zum Auto zurück - Ada an der Leine, meine Knie weich wie Pudding. Zu Hause wurde sie schnell gebadet und gebürstet, und dann ging es los zur Hound Show, wo sie pflichtgemäß die Anwartschaft gewann und Beste der Rasse wurde. Voller Stolz erzählte ich die Vorkommnisse vom Morgen einigen Mitgliedern der jagdlichen Abteilung; aber ihren ungläubigen Blicken nach hätte ich ihnen auch das Märchen von Hänsel und Gretel erzählen können!

DIE ENTWICKLUNG DES AUSSTELLUNGSHUNDES

Mitte der 50er Jahre war der Beagle auf Ausstellungen gut vertreten. Aber noch 1955 gab es lediglich zehn Schauen, auf denen Anwartschaften vergeben wurden. Zwar dominierte der Zwinger Appeline die Beagleszene, doch waren neue Aussteller hinzugekommen, die der Rasse ihren Stempel aufdrücken sollten. Hierzu gehörten Gladys Clayton mit ihrer Tochter Patricia (Barvae), Dolly Macro (Deaconfield) und Dorothy Crowther-Davies (Cannybuff). Auch Yvonne Oldman, besser bekannt durch ihre Barsheen Bloodhounds sowie Joyce Caddy, deren Ouaine Cocker Spaniel Berühmtheit erlangten, stellten Beagles aus. Gegen Ende des Jahrzehnts machten zwei weitere Damen von sich reden: Thelma Gray, deren Zwingername Rozavel bei verschiedenen Rassen zu höchsten Ehren kam und Joan Beck, die unter dem Namen Letton ebenfalls mehrere Rassen erfolgreich züchtete. Sowohl Rozavel als auch Letton importierten amerikanische Hunde, und ihr Einfluss auf das Erscheinungsbild des heutigen Beagles kann gar nicht überschätzt werden.

Das Zuchtbuch des britischen Kennel Clubs von 1960 führt auch zwei Derawuda Hündinnen auf, die von Fred Watson, dem Besitzer des legendären Ausstellungssiegers Ch. Barvae Statute, gezüchtet wurden. Sie gehörten recht neuen Ausstellerinnen. Derawuda Vanity, eine Tochter Statutes, gehörte Marion Spavin, die später zur herausragenden Beaglezüchterin Großbritanniens werden sollte. Vanity bewährte sich als ausgezeichnete Zuchthündin. Und in der Tat können alle heutigen Dialynnes bis zu ihr zurückverfolgt werden. Die andere Derawuda Hündin, Wheatear, gehörte Leonard und Heather Priestley, deren Zwingername Pinewood von vielen Spitzenhunden in den folgenden Jahren getragen wurde.

In den 60ern zog die Rasse viele weitere Aussteller und Züchter an. Und 1970 gab es dann schon 28 Ausstellungen, auf denen Anwartschaften vergeben wurden. Viele dieser Enthusiasten sind der Rasse auch heute noch aktiv verbunden; ich werde sie hier jedoch nicht aufführen, da sie in einem späteren Kapitel erwähnt werden. Aber unter den Zwingern, die die Rasse in dieser Zeit beeinflussten waren:

Annasline, Judith Ireland's sehr amerikanisch geprägter Zwinger, der unschätzbares Blut, vornehmlich aus dem Page Mill Zwinger in die Rasse einbrachte und die ausgezeichnete Beagles in mehrere Länder exportierte.

LINKS: Dieses Foto diente Gladys Clayton und ihrer Tochter Patricia in den 50er Jahren als Weihnachtskarte. Mrs Clayton gründete den Barvae-Zwinger, der die Zuchtbasis für viele andere Zwinger legte. Die abgebildeten Hunde sind: Barvae Varner, Ch. Barvae Paigan und Barvae Ponder.
Foto courtesy: Marion Spavin.

RECHTS: Die heutigen Beagles verdanken Ch. Dialynne Gamble viel. Vater war der von den Appletons importierte Rüde Appeline Validay Happy Feller, Mutter Ch. Dialynne Nettle (Großmutter beiderseits von Ch. Dialynne Huntsman). Gamble war ein äußerst erfolgreicher Ausstellungshund, aber überragte bei weitem als Vererber. Er ist der Vater von 26 britischen Champions, einer unerreichten Zahl, und die meisten der heute erfolgreichsten Ausstellungshunde entstammen seiner Linie.
Foto: Diane Pearce.

LINKS: Die Barvae Beagles stehen hinter allen heutigen Beaglezwingern. Ch. Barvae Paigan, 1954 geboren, war mit seiner smarten Gesamterscheinung seiner Zeit weit voraus.

RECHTS: Der bedeutende Importrüde Barvae Benroe Wrinkles, der von Gladys Clayton nach Großbritannien gebracht wurde. Wrinkles war ein sehr erfolgreicher Vererber.

Foto courtesy: David Nicholson.

Cornevon, der Zwinger von Alice Gibson und ihren enthusiastischen Töchtern Penny Jeffries und Janice Roberts, die mit Irischen Settern noch größere Erfolge hatten.
Ditchmere von Thelma Hosking, die die Beagles auf jener Hound Show richtete, vor der meine Ada ihren Jagdausflug machte.
Easthazel, der schottische Zwinger von David McKay, der Beagles züchtete, die in die Zuchtprogramme anderer bedeutender Züchter eingebunden wurden.
Grattondown, der Zwinger von Don Lester, dessen Hunde bei der Gründung verschiedener neuer Zwinger eine Rolle spielten.
Harque von Ann Argyle, die zwar mit Whippets noch erfolgreicher war, die aber immer sehr gute Rassevertreter züchtete, und die zu den Auserwählten zählt, denen die Ehre zuteil wurde, auf Crufts Dog Show Best in Show zu richten.
Oudenarde, dem Zwinger von Ferelith Somerfield's Mutter und Tante, Diana und Helen Hamilton, die Beagles zwar nie besonders intensiv ausstellten, die aber einige äußerst qualitätsvolle Hunde züchteten, die von anderen Zwingern, vornehmlich von Dialynne und Rossut, ausgestellt wurden.
Sylvahue, Hubert Foster's Zwinger, von dem ebenfalls Hunde gezüchtet wurden, die von anderen Züchtern in ihre Zuchtprogramme eingebaut wurden.
Trewint, der Zwinger von Judith Ireland's Mutter »Stevie«, die Hunde von vorzüglichem Typ und bester Größe züchtete, diese aber aufgrund ihres entlegenen Wohnortes im tiefsten englischen Westen nie ausstellte. Doch waren Trewints sowohl im In- als auch im Ausland für andere Aussteller erfolgreich.

Eine der beliebtesten Persönlichkeiten der britischen Beagleszene, die leider nicht mehr unter uns weilt, war Dolly Macro, die hier einen ihrer geliebten Deaconfield Beagle ausstellt. Richter ist der verstorbene Peter Tarry, Ehemann von Sheila Tarry, die in den 60er Jahren mit Ch. Penwarne Jonavere Apple Blossom große Erfolge feierte. Der Name Deaconfield wird von Dollys Enkelin Debbie Taylor weitergeführt.

Foto: C. M. Cooke.

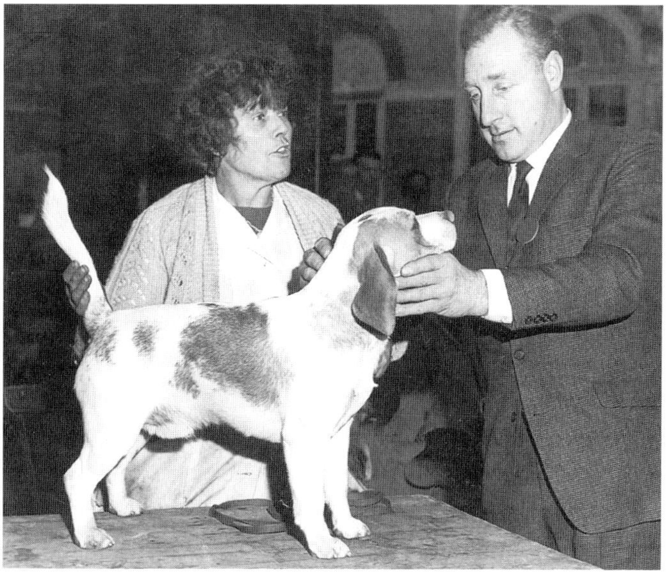

Wendover, der Zwinger des bekannten All-round Richters L. C. »Jimmy« James und seiner Frau »Jay« - ihr Name stand für höchste Qualität bei Irischen Settern, doch war auch ihr Einfluss auf die Beagles erheblich. Ch. Wendover Billy gelangte zur Unsterblichkeit als Modell für den Porzellanbeagle von Beswick.

Trotz seiner recht bunten, mannigfaltigen Wurzeln hatte sich der Beagle heute als smarter, qualitätsvoller Ausstellungshund etabliert, von gefestigtem Typ und liebenswertem Wesen, was ihn auch zum idealen Familienhund machte. Die ersten Züchter haben hervorragende Arbeit geleistet und eine solide Basis gelegt, auf der die Beagleliebhaber der Zukunft weiter aufbauen konnten.

Kapitel 2

EIN BEAGLE KOMMT INS HAUS

Sie sind sich wirklich sicher, dass der Beagle die richtige Rasse für Sie ist? Die Mehrzahl der Züchter wird Ihnen erzählen, dass ihre Rasse geradezu der ideale Haushund sei und dabei deren Nachteile - und die gibt es grundsätzlich - oftmals unerwähnt lassen.

DAS WESEN

Auch wenn der Meutehintergrund des Beagles heute nicht mehr von solcher Bedeutung ist, so muss er doch von den zukünftigen Besitzern berücksichtigt werden. Die Hunde verfügen über eine vorzügliche Nase und werden bei der erstbesten Gelegenheit eine Spur aufnehmen und dieser folgen. Selbst der gut erzogene Beagle wird sich in dieser Situation den schärfsten Kommandos gegenüber taub stellen. Und trotzdem müssen wir dem Hund überdurchschnittlich viel Auslauf gewähren, damit er fit bleibt.

Der Beagle eignet sich nicht, um als Einzelhund im Zwinger gehalten zu werden. Doch trifft dies letztlich auf alle Rassen zu. Ein einsamer Beagle wird sich langweilen und von daher viel Schaden anrichten. Wenn Sie also ernsthaft daran denken, sich unter den Beaglebesitzern einzureihen, dann sollte auch den ganzen Tag über jemand zu Hause sein, so dass der Hund immer Gesellschaft hat. Sollten die Umstände es unumgänglich machen, dass Ihr Beagle längere Zeit am Tag ohne menschliche Gesellschaft verbringen muss, so sind Sie mit zwei Hunden, die sich miteinander beschäftigen können, besser dran.

Ihr Zuhause sollte einen ausbruchsicheren Garten haben, denn Beagles können großes Geschick im Ausreißen entwickeln. Und wenn Sie mehrere Hunde halten wollen, dann ist ein Zwinger mit großem Auslauf wichtig, wo die Hunde sicher untergebracht sind, wenn niemand zu Hause ist.

Ist aber den ganzen Tag über jemand zu Hause und gehören mehrere, längere Spaziergänge zum regelmäßigen Tagesablauf, dann spricht auch nichts dagegen, einen Beagle in der Wohnung zu halten. Gesellschaft und Auslauf sind die wesentlichsten Anforderungen, die der Beagle an seine Besitzer stellt. Davon einmal abgesehen sind Beagles recht pflegeleicht. Sie benötigen wenig Fellpflege, fressen praktisch alles, wovon Sie sich leicht überzeugen können, wenn Sie ein Paar teure Schuhe unbeaufsichtigt herumliegen lassen; und sie sind relativ leicht zu erziehen. Beagles werden in der Regel recht alt, im Schnitt 15 Jahre. Wenn Sie also mit einem Beagle Ihr Leben verbringen möchten, so gehen Sie eine lange Verpflichtung ein.

DER TYP

Nachdem Sie nun alle Vor- und Nachteile gründlich gegeneinander abgewogen haben und noch immer der Überzeugung sind, dass der Beagle die richtige Rasse für Sie ist, müssen Sie sich entscheiden, ob es ein Welpe oder ein ausgewachsener Hund sein soll, der ins Haus kommt, ein Rüde oder eine Hündin. Die meisten Käufer gehen davon aus, dass nur ein Welpe in Frage kommt, wenn sie den Hund formen und ihn ihren Lebensgewohnheiten anpassen wollen. Bis zu einem gewissen Grad ist das wohl auch richtig, doch spricht oft auch vieles dafür, einem Hund

Der Beagle wird allgemein als vielseitiger Haushund geschätzt. Ch. Southcourt Wembury Merryboy, der Heather und Leonard Priestley von den Pinewood Beagles gehörte, vereinigt in sich alles, was diese Rasse optisch so reizvoll macht.

Foto: Anne Roslin-Williams.

ein Heim zu geben, der ohne eigenes Verschulden im Tierheim gelandet ist, aber noch jung und gesund ist. Auch Züchter behalten manchmal einen Junghund, um ihn auszustellen, der dann aber kleine Mängel entwickelt und nicht das Zeug zum großen Sieger hat. Diese Fehler hindern den Hund aber nicht daran, ein fröhlicher, gesunder und attraktiver Begleiter zu werden, den der Züchter gerne als Familienhund abgibt. Ist dies der Fall, so sollten die Wünsche des Züchters aber unbedingt beachtet werden; und in Großbritannien lassen die meisten Züchter auf den Ahnentafeln dieser Hunde vermerken, dass der Hund nicht ausgestellt werden darf.

Was das Geschlecht betrifft, so haben beide ihre Vor- und Nachteile. Rüden können, wenn sie geschlechtsreif sind, das ausüben, was die Natur ihnen mitgegeben hat, und dies am feinen Sofakissen oder gar an Tantchens Knöchel üben. Hündinnen hingegen werden in der Regel zweimal im Jahr läufig und, wenn es in der Nachbarschaft frei laufende Hunde gibt, können Sie auch zweimal jährlich mit ungebetenen Besuchern rechnen. Vom Temperament her unterscheiden sich Rüde und Hündin nur unwesentlich. Einige Hundehalter behaupten, dass Hündinnen verschmuster sind. Aber ich kenne viele Rüden, die wahre »Softies« und äußerst menschenbezogen sind.

Auch die Farbe sollten Sie nicht außer acht lassen. Es gibt Menschen, für die nur ein dreifarbiger Hund mit schwarzer Decke in Frage kommt. Andere wiederum bevorzugen die weicheren Töne zweifarbiger Beagles.

Selbst wenn Ihnen vom Züchter ein bestimmter Welpe angeboten wird, ist es ratsam, sich immer den ganzen Wurf anzuschauen, um seinen Welpen im Vergleich zu sehen. Diese drei Welpen wurden im Dufosee-Zwinger geboren und sind bemerkenswert ausgeglichen.

Foto: Thomas Fall.

DIE WAHL DES ZÜCHTERS

Entscheiden Sie, was Sie sich wünschen - Alter, Geschlecht, Farbe - und nehmen Sie dann Kontakt mit einem angesehenen Züchter auf. Am besten finden Sie gewissenhafte Züchter aus Ihrer Gegend, wenn Sie mehrere Hundeausstellungen besuchen, wo Sie die Möglichkeit haben, mit Ausstellern, die oft auch Züchter sind, Kontakt aufzunehmen. Sehen Sie sich die ausgestellten Hunde an und suchen Sie sich die heraus, die Sie am meisten ansprechen. Wenn die Aussteller ihre Hunde vorgeführt haben - aber bitte nicht vorher! - sprechen Sie diese an und teilen Sie ihnen Ihre Wünsche mit. Handelt es sich um verantwortungsbewusste Züchter mit echtem Interesse am Wohlergehen ihrer Hunde, so werden auch Sie eingehend befragt werden. Und Sie sollten sich dem nicht widersetzen. Hüten Sie sich vor dem Züchter, der behauptet, genau den richtigen Hund für Sie parat zu haben, sich aber nicht weiter für Ihre Lebensumstände interessiert. Jene Züchter, die Sie zu sich nach Haus einladen, damit Sie sich ein Bild von ihren Hunden machen können und die mit Ihnen über die Hunde sprechen, sind empfehlenswerter.

Machen Sie also einen Termin mit dem Züchter. Und seien Sie pünktlich. Hundezucht ist aufwendig, und Zeit ist kostbar. Sehen Sie sich die erwachsenen Hunde an und stellen Sie sich vor, einer davon würde bei Ihnen leben. Besprechen Sie Ihre Wünsche eingehend mit dem Züchter, und wenn Sie sich auf eine dreifarbige Hündin festgelegt haben, lassen Sie sich nicht auf einen zweifarbigen Rüden umpolen. Wenn Sie dies tun, werden Sie es ewig bereuen. Einen Hund kauft man nicht wie einen Sack Kartoffeln, und Welpen gibt es nicht auf Bestellung. Es kann Monate dauern, bis der gewünschte Welpe geboren ist, aber seien Sie geduldig. Die Wartezeit ist immer besser als der impulsive Kauf eines Hundes, den Sie nicht in Ihr Herz geschlossen haben. Wenn Sie einen reinen Familienhund haben möchten und dies äußern, wird man Ihnen auch einen solchen anbieten. Spielen Sie aber mit dem Gedanken, Ihren Hund auch einmal auszustellen, so seien Sie ehrlich und teilen Sie dies dem Züchter mit.

Nichts verärgert einen Züchter mehr, als einen Hund, der nicht von höchster Ausstellungsqualität ist, guten Glaubens als Familienhund zu verkaufen und diesen wenig später auf einer Ausstellung wiederzusehen. Dies ist weder dem Züchter, noch dem Besitzer oder dem Hund gegenüber fair.

OBEN: Wenn Sie einen Welpen für den Ausstellungsring kaufen, müssen Sie ihn genauestens nach dem Rassestandard begutachten.

LINKS: Paolo Dondina, Italiens großer Beagleliebhaber und Allgemeinrichter, mit dem von ihm gezüchteten, sieben Wochen alten Welpen Viola del Pesco.

Foto courtesy: Hermione Bruton.

PREISE UND VEREINBARUNGEN

Der Preis eines Welpen ist von Züchter zu Züchter unterschiedlich. Kauft man einen Hund im Alter von acht Wochen, so ist es schwierig, konkrete Aussagen über den Welpen zu machen. Ich finde es jedenfalls erstaunlich, dass manche Züchter für einen Ausstellungswelpen einen deutlich höheren Preis fordern als für einen Familienhund. Ich nehme für alle Welpen den gleichen Preis und weise die Käufer darauf hin, dass sie einen gesunden, mit Überlegung gezüchteten, qualitätsvollen Welpen erwerben. Wenn aus diesem Welpen dann ein Ausstellungshund wird, umso besser.

Einige Züchter, die nur wenige Hunde halten, werden Ihnen beim Kauf einer Hündin unter Umständen einen Zuchtmietvertrag anbieten. Das mag anfänglich durchaus attraktiv klingen, da man auf diese Weise weit weniger - oder sogar überhaupt nichts - für den Welpen zahlt. Aber später müssen dann mehrere Welpen an den Züchter abgetreten werden, wenn mit der Hündin gezüchtet wird. Ich rate hiervon ab! Über derartige Abmachungen haben sich mehr Leute gestritten, als Sie glauben. Es ist weit besser, die Hündin ohne irgendwelche Bedingungen zum vollen Preis zu kaufen. Sie gehört Ihnen dann wirklich allein, und niemand kann über ihre Zukunft mitbestimmen.

DER WELPE WIRD AUSGESUCHT

Haben Sie Ihr Vertrauen einem Züchter geschenkt und vielleicht auch eine Anzahlung geleistet, um die Ernsthaftigkeit Ihrer Kaufabsichten zu unterstreichen, so sollten Sie jetzt darauf warten, dass sich der Züchter nach erfolgtem Wurf bei Ihnen meldet. Er kennt Ihre Vorstellungen, was Geschlecht und Farbe betrifft und kann einen Welpen für Sie aussuchen. Sind genügend Welpen geboren, so können Sie vielleicht auch selbst auswählen. Wie auch immer, bei Ihrem Besuch sollten Sie sich in jedem Fall den ganzen Wurf anschauen, auch wenn die anderen Welpen schon vergeben sind. Nur so haben Sie die Möglichkeit, Ihren Hund in Relation zu den anderen zu sehen.

Der Kopf spielt beim Beagle eine wichtige Rolle. Welpen im Alter von acht Wochen sollten gut ausgefüllte Fänge haben. Diese drei Rüden stammen von den dänischen Champions Ch. Tragband In Hot Water und Ch. Gold Line's Better Be Fame und zeigen vorzüglichen Kopftyp. Manche Welpen benötigen mehr Zeit, bis die Nase durchpigmentiert ist, wie der Welpe links zeigt.

Foto courtesy: Jesper und Annette Pedersen.

Ist er größer oder kleiner als die Wurfgeschwister? Ist er extrovertiert oder wird er von den anderen unterdrückt?

Ihr Welpe sollte auf jeden Fall pummelig sein, weder fett noch dürr, dicke Knochen haben und gut riechen. Zu beobachten, wie Welpen mit ihren Wurfgeschwistern umgehen, ist wichtig. Ein Welpe, der zurückhaltend und schüchtern ist, verlangt viel Geduld und Arbeit, um bis zur Pubertät Selbstvertrauen aufzubauen. Einen wirklich ängstlichen Hund sollten Sie nicht kaufen, egal, wie leid er Ihnen tut. Ein derartiges Verhalten ist rasseuntypisch und wird immer ein größeres Problem bleiben.

Wollen Sie mit Ihrem Hund später auch Ausstellungen besuchen, müssen Sie sich weitgehend auf die Integrität des Züchters verlassen, da Ihnen als Neuling der fachmännische Blick und die Erfahrung fehlen, um die Qualität des Welpen unter diesem Gesichtspunkt beurteilen zu können. Doch gibt es einige Anhaltspunkte, die Ihnen bei der Beurteilung des Welpen helfen können. Ein viel versprechender Ausstellungshund sollte in diesem Alter kräftige, runde Knochen mit gut abgezeichneten Knöcheln haben, in die er hineinwächst. Die Front muss gerade sein, die Vorderläufe parallel stehen. Doch wird an Ihrem Hund noch vieles lose sein und sich schnell verändern.

Selbst bei Welpen sollte der Unterschied zwischen Rüde (rechts) und Hündin (links) deutlich zu sehen sein.

Foto: Paul Jones.

Auch sollte der Welpe geschlossene Katzenpfoten haben. Im Kopf unterscheiden sich Beagles je nach Zuchtlinie bis zu einem gewissen Grad. Für mich muss ein Welpe in diesem Alter ein sich deutlich abzeichnendes Hinterhauptbein, saubere Lefzen und eine gut ausgefüllte Fangpartie mit einer leichten Wölbung hinter der Nase haben, die sich im Profil gut sehen lässt. Das Milchgebiss sollte erwarten lassen, dass der Hund auch später ein Scherengebiss haben wird, wobei die oberen Schneidezähne die unteren leicht überlappen müssen. Die Augen müssen dunkel sein, um dem Hund einen sanften Ausdruck zu verleihen.

Das dritte Augenlid darf nicht hervortreten, vor allem dann nicht, wenn es unpigmentiert ist. Der Hals sollte von guter Länge sein, der Rücken kurz und gerade, der Rippenkorb tief. Die Rute sollte hoch angesetzt sein und fröhlich getragen werden, ohne dabei über den Rücken gezogen zu werden oder von der Rutenwurzel an nach vorn geneigt zu sein. Die Hinterhand muss ausreichend gewinkelt sein, mit tiefen Sprunggelenken. Der Hund sollte auch in diesem Alter schon einen harmonischen Bewegungsablauf zeigen und in der Vor- und Hinterhand parallel laufen.

DIE HEIMFAHRT

Wenn die endgültige Entscheidung getroffen ist und Sie Ihren Welpen bezahlt haben, sollten Sie vom Züchter die Ahnentafel, einen Futterplan und genug Futter für die ersten Tage erhalten. Sie sollten sich unbedingt an die Fütterungsempfehlungen des Züchters halten; ein plötzlicher Wechsel kann schnell zu Magenverstimmungen und zur Verschlechterung des Gesamtzustandes führen. Kauft man einen jungen Welpen, so kann dieser noch ungeimpft sein. Setzen Sie sich zu Hause umgehend mit Ihrem Tierarzt in Verbindung, um die Impftermine festzulegen. Bevor der Welpe nicht umfassend immunisiert ist, sollte er Ihr Grundstück nicht verlassen.

Ich halte viel von Transportkäfigen. Sie sind eine wunderbare Erfindung und bieten viele Vorteile. Ich empfehle die Anschaffung eines Käfigs, groß genug, dass der erwachsene Hund darin stehen kann, dringend. Der Käfig ist auf Reisen von großem Nutzen, dient zum Schlafen und hilft bei der Erziehung im Haus. Trotz der recht hohen Kosten wird er sich bald bezahlt machen. Legen Sie für die Heimfahrt den Käfigboden mit mehreren Lagen Zeitungspapier und einer alten Decke aus. Vielleicht gibt Ihnen der Züchter noch ein Spielzeug für den Welpen mit, das ihm vom Geruch her bekannt ist. Der Welpe wird etwas jammern, und vielleicht wird ihm auch schlecht. Reden Sie beruhigend auf ihn ein, aber lassen Sie ihn im Käfig. Bringen Sie ihm nicht bei, dass er hochgenommen und gestreichelt wird, sobald er zu jammern anfängt, oder Sie legen schon jetzt den Grundstein für einen verzogenen Beagle.

Zu Hause angekommen, setzen Sie den Welpen in eine Ecke Ihres Gartens, die er für seine »Geschäfte« nutzen soll. Säubern Sie, wenn nötig den Käfig, und legen Sie eine dauerhafte

Ein Hundekäfig erweist sich auf Reisen, als Nachtquartier und Erziehungshilfe als unentbehrliche Hilfe.

Foto: Andrew H. Brace.

Kinder sollten lernen, Welpen zu respektieren und sie sanft zu behandeln. Melanie Spavin, hier mit ihrer Mutter Dianna Spavin, gehört heute selbst zu den bekanntesten Hundezüchterinnen.

Foto courtesy: Marion Spavin.

Unterlage hinein. Es gibt heutzutage die verschiedensten Vliesteppiche für Hunde, die den Welpen warm und trocken halten. Ein Stück hiervon kann auf die Zeitung gelegt werden, und wenn es nass wird, so läuft die Flüssigkeit durch und wird von der Zeitung aufgesaugt.

Folgen Sie den Vorschlägen des Züchters, was die Ernährung Ihres Hundes betrifft, Wort für Wort, lassen Sie sich nicht von Tierärzten oder anderen, es gut meinenden »Experten« beeinflussen. Der Züchter kann dies am besten beurteilen.

Füttern Sie nach dem empfohlenen Futterplan vom ersten Tag an. Gehen Sie nach der letzten Mahlzeit am Abend mit Ihrem Hund in den Garten und bleiben Sie dort, bis sich dessen Darm und Blase entleert haben. Loben Sie den Welpen und gehen Sie dann wieder mit ihm ins Haus, wo Sie ihn in den Käfig, der sein ständiger Schlafplatz sein soll, setzen. Vergessen Sie nicht, ihm Spielzeug, auf dem er herumkauen kann, mit hineinzulegen. Wenn Sie sich dann zurückziehen, wird der Welpe mit Sicherheit etwas jammern. Aber Sie müssen jetzt ein wenig hartherzig sein, wollen Sie Ihren Hund vernünftig erziehen. Wenn Sie bei jedem Gewinsel zu ihm kommen und ein großes Aufheben davon machen, wird der Welpe schnell lernen, dass er auf diese Weise Ihre Aufmerksamkeit erlangt. Wenn Sie sein Gejammer hingegen ignorieren, wird er erkennen, dass lautstarker Protest sinnlos ist, sich beruhigen und einschlafen. Ein großer Vorteil des Käfigs als Schlafplatz besteht darin, dass Welpen nur äußerst ungern ihre Schlafstätte beschmutzen. Indem Sie den Käfig nutzen, werden Sie schnell einen Welpen haben, der die Nacht durchhält und stubenrein ist.

Kapitel 3

ERZIEHUNG UND FÜRSORGE

Der Beagle ist, wie schon gesagt, eine pflegeleichte Rasse. Er wird sich prächtig entwickeln, wenn ihm gutes Futter und ausreichend Gesellschaft geboten werden und er körperlich und geistig genügend gefordert wird. Die Erziehung des Beagles verlangt vor allem gesunden Menschenverstand, wobei sich Konsequenz und Zuneigung ergänzen müssen. Wenn Sie Ihren ersten Beagle erwerben, so wird dieser in der Regel mit Ihnen im Haus leben. Von Beginn an muss die Rangfolge zwischen Ihnen und Ihrem Hund geklärt sein. Es ist wichtig klarzustellen, dass Sie der Chef sind und es gewisse Regeln gibt, die einzuhalten sind. Viel zu viele unerfahrene Beaglebesitzer finden Ungehorsam und Eigensinn beim Welpen einfach süß und entzückend. Darf aber der junge Hund ungestraft ungehorsam sein, muss es in der Zukunft einfach Probleme geben.

GRUNDREGELN
Wie in einem früheren Kapitel erwähnt, müssen Sie zuerst einmal festlegen, wo Ihr Hund schlafen soll. Von Beginn an sollte dies ein Platz sein, der ganz allein Ihrem Hund gehört. Auch wenn ich mich hier wiederhole, ein großer Käfig, der in der Küche oder im Arbeitszimmer steht, ist ideal. In ihm findet die Schlafdecke ihren Platz, er hilft, Ihren Hund schneller stubenrein zu bekommen, und er leistet - wenn nötig - auf Reisen gute Dienste. Hunde sollten ständig Zugang zu frischem, sauberem Trinkwasser haben. Lassen Sie immer einen schweren, kippsicheren Wassernapf in der Küche oder an einem anderen, leicht zugänglichen Platz stehen. Achten Sie darauf, dass der junge Hund nach dem Trinken in den Garten oder vor die Tür kann, wo immer sich das von Ihnen ausgewählte Hundeklo befindet. Und warten Sie dort, bis er seine Blase entleert hat.

Es wird nicht lange dauern, bis der Beagle fester Bestandteil Ihrer Familie ist.

Foto: Andrew H. Brace

DAS FÜTTERN

Die Zusammenstellung des Futters war früher eine komplizierte Angelegenheit. Doch die Tage, da Züchter ungewaschenen grünen Pansen vom Schlachthof holten, die verschiedensten Gemüsesorten kochten und weitere kleine Leckereien hinzu gaben, sind längst vorbei. Die Zeit des Fertigfutters hat unwiderruflich begonnen. Ich muss gestehen, dass ich anfangs recht altmodisch war und meinte, dass Hunde unbedingt Fleisch zur artgerechten Ernährung brauchten. Doch bin ich inzwischen völlig zum Komplettfutter gewechselt, was vor allem eines ist - komplett. Die Verwendung von Fertigfutter macht die Aufzucht von Welpen nicht länger zu einem Ratespiel, man braucht keinerlei Futterzusätze, und es ist leicht, das Gewicht und den Gesamtzustand des Hundes zu kontrollieren. Dank der Forschungs- und Entwicklungsarbeit der modernen Futtermittelindustrie ist eine große Vielfalt an Fertigfuttermitteln auf dem Markt. Der Züchter Ihres Welpen wird Ihnen sicherlich die Marke empfehlen, die er selbst verfüttert hat. Und soweit diese leicht zu erhalten ist, sind Sie gut beraten, bei dieser Sorte zu bleiben. Die Marke, die ich bevorzuge, bietet Spezialfutter für Welpen, für aktive Hunde und Seniorenfutter an.

Wenn Sie sich für ein Fertigprodukt entscheiden, halten Sie sich an die Fütterungsempfehlungen des Herstellers. Denken Sie daran, das Futter, das Sie verwenden, wurde von erfahrenen, professionellen Ernährungswissenschaftlern entwickelt, die genauestens darauf geachtet haben, dass es alle nötigen Vitamine und Mineralien enthält. Viele Hundebesitzer, die Fertigfutter geben, fügen diesem noch etwas Fleisch hinzu, damit es ihrem Liebling besser schmeckt. Und um das Glück vollständig zu machen, gibt es dann noch Vitaminpillen. Das ist ein Spiel mit dem Feuer. Es gibt keinen vernünftigen Grund, einem Komplettfutter noch etwas hinzuzusetzen.

DIE ERZIEHUNG DES WELPEN

Vom ersten Tag an müssen Sie sich Zeit nehmen, um Ihren Welpen kennen zu lernen. Die gemeinsame Zeit ist wertvoll, bietet auch die Gelegenheit zu entspannen. Gleichzeitig dient sie der Grunderziehung. Wenn Sie Ihrem Welpen das Fressen hinunterstellen, nehmen Sie es für einen Augenblick wieder hoch, um es ihm erst dann endgültig zu überlassen. So sorgen Sie dafür, dass Ihr Hund nicht zu besitzergreifend wird. Beagles sind von Natur aus gutmütig, doch beim Futter reagieren sie manchmal etwas empfindlich. Aber gerade dies darf man ihnen nicht durchgehen lassen. Genauso wichtig ist es, dass Ihr Welpe auf das Kommando *Aus* oder *Lass aus* alles frei gibt, was er beim Spiel mit Ihnen im Fang hält. Sie müssen grundsätzlich darauf bestehen, dass Ihr Hund sich fügt. Tut er dies, so darf er gelobt und belohnt werden. Lassen Sie nie zu, dass Ihr Hund über Ihnen steht. Sie werden dies Ihr Leben lang bereuen. Beagles sind von Natur aus verfressen, für Futter tun sie praktisch alles. Wenn Sie mit der Grundausbildung beginnen und leichte

Wer sagt, dass Beagles ungehorsam sind? Dieses unglaubliche Foto zeigt 15 gut erzogene True Line Beagles von Silke und Jochen Eberhardt in Deutschland. Foto courtesy: Heather Priestley.

Es ist wichtig, eine Hausordnung aufzustellen; z. B. ob Ihr Beagle auf das Sofa darf oder nicht. Für die Riversong Beagles, die im Luxus leben, gibt es derartige Regeln nicht.

Foto courtesy: Basil J. Waterton.

Kommandos wie *Komm*, *Fuß*, *Steh*, *Sitz*, etc. üben, wirkt ein Leckerle nach einer erfolgreichen Übung Wunder. Üben Sie möglichst oft, aber nie zu lange. Welpen langweilen sich schnell.

Legen Sie die Regeln für das Zusammenleben im Haus so früh wie möglich fest. Wenn bestimmte Zimmer in Ihrem Haus für den Hund tabu sein sollen, etwa die Räume im Obergeschoss oder Ihr Schlafzimmer, so darf Ihr Hund diese auch nie betreten. Es macht keinen Sinn, einen Welpen zum Kuscheln mit in diesen Bereich zu nehmen und den etwas älteren Hund wenig später dafür zu tadeln, dass er sich in den gleichen Raum gewagt hat. Darf Ihr Beagle mit aufs Sofa? So weit, so gut, aber erwarten Sie nicht, dass er zwischen der alten, abgewetzten Couch und dem neuen Ledersessel des Hausherrn unterscheidet. Ich empfehle, Hunde nicht auf die Sitzmöbel zu lassen. Meiner Erfahrung nach ist ein bequemer Hundekorb neben dem Kamin einladend genug, vor allem, wenn er einige interessante Spielsachen enthält.

Was nun das Spielzeug betrifft, so achten Sie darauf, was Sie Ihrem Hund zum Spielen geben. Kaufen Sie sinnvolles Hundespielzeug, das stabil und robust ist. Geben Sie keine Knochen, es sei denn, große Markknochen, die nicht splittern. Kauartikel können aufweichen und in der Kehle stecken bleiben. Kuhhufe können splittern und großen Schaden anrichten. Halten Sie sich also an robustes, industriell gefertigtes Spielzeug. Lassen Sie sich nicht dazu hinreißen, einen abgetragenen, alten Schuh in die Spielzeugkiste zu werfen. Beagles haben Probleme, zwischen den neuesten Modellschuhen von Gucci und ausgetretenen Slippern zu unterscheiden.

Hat Ihr Welpe die notwendigen Impfungen erhalten, sollten Sie unverzüglich mit dem Leinentraining anfangen. Beginnen Sie zu Hause im Garten oder in einem eingezäunten Park. Ich halte auch bei Welpen ein recht großgliedriges Erziehungshalsband für angebracht. Sie lernen dadurch schnell, dass sich das Ziehen an der Leine nicht lohnt. Und nichts ist so schädlich für die Front Ihres Welpen wie ständiges Ziehen. Tut Ihr Hund dies doch, so sorgt ein kurzer Ruck an der Kette dafür, dass er wieder bei Fuß läuft. Wesentlicher Bestandteil der Ausbildung beim Beagle ist das Kommen auf Ruf. Und dies zu erreichen, ist alles andere als leicht, da viele unserer Hunde sich von Zeit zu Zeit so überzeugend taub stellen können. Die beste Übung hierzu ist der Gebrauch einer Flexileine, mit der Sie Ihren Hund, nachdem Sie ihn gerufen haben, zu sich heranziehen können. Diese Übung müssen Sie mindestens zweimal am Tag durchführen, bis Ihr Beagle auf Ruf sofort kommt. Nur wenn Sie sich ganz sicher sind, dass Ihr Hund dies beherrscht, sollten Sie in Erwägung ziehen, ihn frei laufen zu lassen.

Diana Brown's Ch. Raimex Kracker genießt sein Leben abseits des Ausstellungsringes. Beagles lieben Strand und Wasser.

Foto courtesy: Diana Brown.

AUSLAUF

Auslauf ist für das Wohlbefinden des Beagles von größter Bedeutung. Nur so bleibt er fit und gesund. Aber Auslauf muss sinnvoll gestaltet werden. Bis zum Alter von zwölf Monaten halte ich Auslauf im Garten oder Park, zwei- bis dreimal am Tag, für ausreichend. Hinzu kommen kurze Spaziergänge, um die Leinenführigkeit zu üben. Ist der Hund älter als ein Jahr, so braucht er regelmäßigen, kontrollierten Auslauf, wobei er möglichst zweimal am Tag in gleichmäßiger Geschwindigkeit eine halbe Stunde lang traben sollte. Wenn Sie kein begeisterter Jogger sind, ist es ideal, für diese Übung das Fahrrad zu benutzen und den Hund neben dem Rad traben zu lassen. Das ist in manchen Gegenden sicher nicht leicht durchzuführen. Aber wie auch immer, ein erwachsener Beagle muss am Tag etwa 6 km traben, um in bester körperlicher Verfassung zu sein. Sie mögen dies nicht für so wichtig halten, wenn Ihr Hund nur als Haushund gehalten wird; aber vergessen Sie nicht, ein unausgelasteter Hund wird seine überschüssigen Energien anderweitig abreagieren. Außerdem wird er einer anderen Gefahr ausgesetzt, unter der gerade diese Rasse leidet, der Fettsucht. Sie müssen das Gewicht Ihres Hundes immer im Auge behalten. Nur allzu leicht verliert der Beagle seine Taille. Wenn Sie den Eindruck haben, dass Ihr Hund breiter wird, reduzieren Sie das Futter und erhöhen Sie den Auslauf.

PFLEGE

Die Pflege des Beagles ist eine relativ einfache Angelegenheit, vor allem dann, wenn Sie keinen Ausstellungshund Ihr Eigen nennen. Einmal pro Woche mit einem Noppenhandschuh oder -striegel abbürsten ist alles, was nötig ist. Aber behalten Sie auch die Krallen Ihres Hundes im Auge. Häufig werden sich diese durch den Auslauf auf der Straße abnutzen. Doch ich habe den Eindruck, dass die Nägel bei Hunden bestimmter Zuchtlinien schneller wachsen als bei anderen. Sind Sie ungeübt, so überlassen Sie das Schneiden der Nägel Ihrem Züchter oder Tierarzt. Auf jeden Fall sollten Welpen die Nägel schon früh gekürzt bekommen, um sie an die Prozedur zu gewöhnen. Für einen erwachsenen Hund, dem die Nägel erstmals gekürzt werden, kann dies zu einem traumatischen Erlebnis werden. Meiner Ansicht nach lassen sich viele Beagles die Krallen auch lieber feilen als schneiden, was ich mit einer großen Holzfeile mache, die man in den meisten Baumärkten erhält. Hunde, die sich vehement gegen das Schneiden der Krallen wehren, werden diese alternative Methode der Maniküre begrüßen und sich dabei entspannt zurücklehnen. Die meisten Hundebesitzer baden ihre Beagles nur selten. Halten Sie Ihren Hund im Haus, so empfehle ich ein Bad alle zwei Wochen - des guten Geruchs wegen. Beagles können recht fettiges Haar haben und einen zwar nicht unbedingt unangenehmen, aber doch eigenen Hundegeruch entwickeln. Ein regelmäßiges Bad mit einem milden, desinfizierenden Hundeshampoo stellt auch sicher, dass der Hund keine unerwünschten Besucher mit sich herumträgt.

SOZIALISATION

Gewöhnen Sie Ihren Hund an das Reisen im Auto. Nichts ist ärgerlicher als ein Hund, der das Reisen nicht verträgt und der sich selbst auf langen Fahrten nicht entspannt. Deshalb sollten Sie Ihren Hund frühzeitig an das Auto gewöhnen, anfänglich durch kurze Fahrten - und der Sicherheit wegen immer im Käfig oder in der Transportbox.

Ein gut an seine Umgebung angepasster Beagle ist das Ergebnis gewissenhafter Erziehung. Und wenn Ihr Welpe alt genug ist, sollten Sie ihn überall hin mitnehmen, um ihn so viele Erfahrungen wie möglich machen zu lassen. Hierzu gehören Einkaufszentren, Park- und Spielplätze sowie Jahrmärkte - alles, wo Ihr Hund etwas Neues erfahren kann. In Ihrer Begleitung wird sich der Hund sicher fühlen und auch Ungewohntes schnell akzeptieren. Zu den großen Vorzügen des Haushunds Beagle gehört es, dass er überall hin mitkommt, zu allem bereit ist und daher an praktisch allem, was Sie unternehmen, teilhaben kann. Ich streite oft mit den Besitzern von Zwingerhunden, die behaupten, dass Haushunde keine guten Ausstellungshunde werden, weil sie so verzogen seien.

Ich muss dem auf's Schärfste widersprechen. Alle meine Ausstellungshunde waren in erster Linie Haushunde und ich kenne sie in- und auswendig. Wenn ich zu einer Ausstellung fahre, weiß ich genau, wie sie auf die Fehlzündung eines Autos oder das Schreien eines Kindes reagieren. Das Leben im Haus bringt ihnen gegenüber Zwingerhunden, deren Wissen von der großen, weiten Welt recht eingeschränkt ist, viele Vorteile.

Ist der Hund am Tag viel allein, so ist es - wie ich bereits erwähnt habe - besser, mehr als einen Beagle zu halten. Den Einzelhund frustriert das Alleinsein. Er entwickelt sich zum Neurotiker und wird in seiner Wut und Langeweile großen Schaden anrichten.

Für mehrere Hunde brauchen Sie dann aber auch einen Zwinger mit Auslauf, damit Ihre Beagles auch während Ihrer Abwesenheit etwas Freiheit genießen. Wohl gibt es vorgefertigte Zwinger mit Auslauf, doch sind diese meist zu klein. Häufig lohnt es sich deshalb, einen preiswerten Gartenschuppen zu kaufen, an einer Seite einen Einlass für die Hunde hinein zu schneiden und diesen in einen großzügigen Auslauf zu stellen, den Sie mit Maschendraht einzäunen. Dabei muss der Draht circa 15 cm tief in die Erde einbetoniert werden - einige Beagles sind Weltmeister im Buddeln! Aber auch wenn Sie Ihre Hunde im Zwinger halten müssen, so sollten diese doch so viel Zeit wie möglich mit der Familie im Haus verbringen und vernünftig erzogen werden, damit man sie besser kennen lernt und sie sich besser in die menschliche Gemeinschaft einfügen können.

DER BEAGLE IM ALTER

Mit zunehmendem Alter wird Ihr Hund ruhiger und langsamer, und Sie müssen Bewegung und Futtermenge seinem Alter anpassen. Kleinere Futtermengen, aber dafür ruhig eine Mahlzeit mehr und weniger Auslauf sind angezeigt. Die meisten Beagles werden auch im Alter von zwölf Jahren noch gesund und munter sein. Die starken Veteranenklassen auf Ausstellungen sind Beweis dafür, dass es sich um eine langlebige Rasse handelt. Und oft gewinnen Hunde dieses Alters auch noch. Aber es ist auch nichts faszinierender als ein älterer Beagle mit ergrautem Gesicht. Der sanfte Ausdruck wirkt noch weicher - und alte Beagles strahlen eine Ruhe aus, die ich von keiner anderen Rasse her kenne. Auch werden sie noch anhänglicher und liebenswerter. Es ist traurig, dass manche Besitzer erst in diesen letzten Jahren ihren Hunden näher sind als jemals zuvor.

Wir hoffen und beten alle, dass unsere Hunde eines Tages einfach nicht mehr aufwachen, da wir Menschen große Feiglinge sind und niemand die allerletzte Entscheidung treffen möchte. Aber wenn es Ihrem Hund so schlecht geht, dass sein Wohlbefinden und seine Würde zerstört sind, dann müssen Sie diese Entscheidung treffen, wie herzzerreißend sie auch sein mag. Oder wollen Sie mit ansehen, wie Ihr bester Freund dahinvegetiert, statt sein Leben zu genießen? Denken Sie nicht an sich, wenn Ihr Hund an diesem Punkt angelangt ist. Es ist sicherlich das beste für ihn, friedlich einzuschlafen. Außerdem können Sie darauf vertrauen, ihn im Jenseits wiederzutreffen. Ich bin mir jedenfalls sicher, dass alle Beagles in den Himmel kommen.

Kapitel 4

DIE GESUNDHEIT DES BEAGLES

Der Beagle ist von Natur aus eine gesunde Rasse und leidet nicht unter wesentlichen Erbkrankheiten. Erhält er genügend Auslauf und wird vernünftig gefüttert, so wird er in der Regel ein langes Hundeleben vor sich haben. Der Beagle ist aber ein Vielfraß und Fettleibigkeit ist ein Hauptproblem der Rasse. Geben Sie also bitte keine Leckerle, es sei denn, während der Ausbildung. Lässt man ihnen die Möglichkeit, so werden Beagles schnell Gewicht ansetzen.

Es folgen einige Hinweise für die erste Hilfe; wenn aber ein krankhafter Zustand anhält, so sollte unter allen Umständen tierärztlicher Rat eingeholt werden.

ERSTE HILFE BEI EINFACHEN ERKRANKUNGEN

BEAGLERUTE: Diese Erscheinung kann bei verschiedenen Hunderassen auftreten und wird je nach Rasse mit verschiedenen Namen belegt, z. B. als Hammelrute. Sie ist gekennzeichnet durch das schlaffe Herabhängen des hinteren Rutenteils, fast so, als wäre es gebrochen. Hinsichtlich der Ursache gibt es große Meinungsunterschiede, eine eindeutige Klärung ist bisher nicht erfolgt. Ausgelöst wird sie sicherlich durch eine Entzündung im dritten oder vierten Wirbel hinter der Schwanzwurzel. Durch diese Entzündung steigt die Temperatur, was wiederum zu Unbehagen und Schmerzen führt. Es besteht eine Ähnlichkeit zu rheumatischen Erkrankungen. Es wird vermutet, dass diese Entzündung besonders leicht nach dem Baden auftreten kann. Ich glaube allerdings eher, dass ein nasser Beagle nach dem Bad zusammen mit etlichen Handtüchern zum Trocknen in den Käfig gesteckt wurde. Jeder nasse Hund wird sich jedoch heftig schütteln und kann sich so leicht die Rute an den Käfigseiten stoßen. Als Vorsichtsmaßnahme ist es angezeigt, den Hund nicht am Tag vor der Ausstellung sondern schon zwei Tage vorher zu baden. Tritt die Entzündung auf, können Sie nicht viel mehr tun als die Sache auszusitzen. Sie wird sich ausnahmslos nach zwei bis drei Tagen, vielleicht auch schon früher, von allein beheben. Leichte Schmerzmittel können gegeben werden und haben Hunden auf Ausstellungen geholfen, sofern sie wenige Stunden vorher verabreicht wurden.

BISSVERLETZUNGEN: Wird Ihr Beagle von einem anderen Hund oder irgendeinem sonstigen Tier gebissen, muss die Schwere der Verletzung sofort festgestellt werden. In der Erste-Hilfe-Tasche sollte sich immer ein antiseptischer Wundpuder befinden. Die Wunde muss gereinigt und ein mildes Antiseptikum aufgetragen werden, das mit dem Puder abgedeckt wird. Natürlich ist ein Besuch beim Tierarzt unerlässlich, wenn es sich um eine tiefe, blutende Wunde handelt.

VERBRENNUNGEN: Verbrennungen können mit einer Eiskompresse behandelt werden, um die Temperatur herunter zu bringen. Ein großer Beutel gefrorener Erbsen, in ein Handtuch gewickelt, kann ersatzweise genügen. Medizinische Sprays, die gute Dienste leisten, erhält man in Apotheken. Die Art der Behandlung hängt auch von der Lage der betroffenen Stelle ab. Schwere Verbrühungen am Kopf müssen sofort vom Tierarzt behandelt werden, nachdem eine kalte Kompresse angelegt worden ist.

Ch. Too Darn Hot for Tragband: Ein richtig gepflegter Beagle sollte nur selten erkranken.

Foto: Panther Photographic.

KIRSCHAUGE: Hierbei handelt es sich um eine Entzündung der Drüse unter der Nickhaut. Die Drüse schwillt stark an, bis zur Größe einer Erbse, und kann aus dem Auge heraushängen. In einigen Fällen wird sich das allein korrigieren, aber nicht immer. Durch eine kleine Operation, in der Regel ohne Nachwirkungen, kann die Drüse entfernt werden. Fragen Sie Ihren Tierarzt.

ERSTICKUNGSGEFAHR: Die größte Sorgfalt ist angezeigt, wenn Sie Ihrem Beagle etwas zum Spielen oder Kauen geben. Vermeiden Sie grundsätzlich Spielzeug, das so klein ist, dass Ihr Hund es verschlucken kann. Manchmal kann auch der beliebte Büffelhautknochen so weich werden, dass er abschluckt wird und in der Kehle stecken bleibt. Eine sofortige Untersuchung muss klären, ob der Fremdkörper manuell entfernt werden kann. Befindet er sich zu tief im Schlund, ist es ratsam, ihn noch weiter hinunter zu schieben und anschließend ein größeres Stück trockenes Brot zu geben. Der Hund sollte dieses abschlucken und dann hoffentlich auch den Kauknochen endgültig verdauen können.

HUSTEN: Was man unter dem Begriff Zwingerhusten kennt, sollte besser Hundehusten genannt werden, da sich diese Erkrankung nicht auf Zwingerhunde beschränkt. Ein Hund kann sich leicht bei einem anderen im Park anstecken. Die Symptome bestehen in rasselndem Husten, oft begleitet von leichtem Würgen, bei dem etwas Schaum hervorgebracht werden kann. Wenn der Hund sich nicht offensichtlich schlecht fühlt, das Futter ablehnt und lethargisch wirkt, kann ein schleimlösendes Mittel aus der Humanmedizin gegeben werden, wobei man dieses unter Zuhilfenahme einer Spritze einflößen kann. Dies wird einer schnellen Heilung zuträglich sein. Sollte sich die Situation nicht bald verbessern, ist tierärztlicher Rat gefragt.

SCHNITTWUNDEN: Diese sollten - abhängig von der Größe und Schwere der Verletzung - wie die zuvor beschriebenen Bisswunden behandelt werden. Ist die Wunde so tief, dass das Fleisch auseinander klafft, muss genäht werden.

DURCHFALL: Hierfür kann es verschiedene Gründe geben:
1. zu viel Futter
2. eine bakterielle Infektion
3. ein plötzlicher Futter- oder Wasserwechsel
4. Stress

Ist der Kot sehr dünn, sollte 24 Stunden lang kein Futter verabreicht werden. Zum Trinken gibt man abgekochtes Wasser mit etwas Traubenzucker. Zur Beschleunigung der Heilung kann etwas Pfeilwurz hinzugegeben werden.

OHRMILBEN: Stellen Sie fest, dass Ihr Hund sich ständig die Ohren kratzt und ist das innere Ohr von braunem Sekret bedeckt, hat Ihr Hund wahrscheinlich Milben. Diese sollten mit einem Mittel in Pulver- oder Tropfenform, das Sie im Zoofachhandel und beim Tierarzt erhalten, behandelt werden.

KRÄMPFE: Beagles leiden nur selten unter Krämpfen. Doch kann auch dies hin und wieder vorkommen. Symptome sind krampfartige Zuckungen und Schaum vor der Schnauze. Lassen Sie den Hund in einem ruhigen, abgedunkelten Raum und besorgen Sie ein Beruhigungsmittel vom Tierarzt. Dies wird den Hund ruhig stellen. Wiederholen sich die Anfälle, muss sich der Tierarzt den Hund ansehen.

FLÖHE UND LÄUSE: Von Zeit zu Zeit werden Hunde Flöhe von Artgenossen übernehmen. Flöhe legen ihre Eier nicht auf dem Wirt, sondern in dessen Umgebung, etwa dem Teppich oder den Möbeln ab. Flöhe entdeckt man, indem man das Fell des Hundes mit der Hand gegen den Strich bürstet und die Haut genau betrachtet. Bei Befall wird man unweigerlich Flohkot finden, vor allem im Bereich der Schwanzwurzel und am Hals. Ein wirksames Anti-Floh-Shampoo sollte gemäß der beiliegenden Beschreibung angewandt und die Behandlung nach einer Woche wiederholt werden. Wichtig ist auch, die Liegeplätze und deren Umgebung mit einem speziellen Spray zu behandeln. Läuse sind leichter zu behandeln, da sich deren Eier auf dem Hund befinden, oft direkt hinter den Ohren. Doch kann man sie auch an anderen Körperstellen finden. Sie werden ähnlich behandelt wie Flöhe.

HITZSCHLAG: Leidet ein Hund unter einem Hitzschlag, so wirkt er irgendwie benommen, mit glasigem Blick und unsicherer, schlecht koordinierter Bewegung. Der Hund sollte in diesem Fall in kaltes Wasser gestellt werden, dem man am besten noch einige Eisbeutel hinzufügt, um die Temperatur so schnell wie möglich abzusenken.

APPETITLOSIGKEIT: Beagles sind normalerweise begeisterte Fresser. Aber wenn ein Junghund im Zahnwechsel steht, kann er auch einmal den Appetit verlieren. Da sich der Hund zu diesem Zeitpunkt in einer wichtigen Wachstumsphase befindet, darf man nicht zulassen, dass er zu viel Gewicht verliert, denn er wird es nur schwer zurückerlangen und, was wichtiger ist, er wird an Knochenstärke verlieren. Viele Hunde werden in diesem Alter lieber Trockenfutter zu sich nehmen, das ihrem wunden Gaumen Erleichterung bringt und die neuen Zähne beim Durchbruch unterstützt, ähnlich wie beim Baby und seinem Zwieback. Viele harte Hundekuchen sollten bereitgestellt werden, andernfalls wird Ihr Hund sich an die Möbel halten!

LAHMEN: Welpen, die wild spielen, können sich leicht eine kleinere Verletzung im Schulterbereich zuziehen, die zu vorübergehendem Lahmen führt. Kein Grund in Panik zu geraten und zum Tierarzt zu hetzen, der Sie vielleicht zu überzeugen versucht, Ihr Hund leide an einer durch Inzucht herbeigeführten erblichen Erkrankung. Dem Hund sollte Ruhe gegönnt werden und so wenig Auslauf wie nötig, bis er sich erholt hat. Lahmheit kann aber auch auf eine Schnittverletzung der Fußballen zurückzuführen sein. Untersuchen Sie alle Ballen sorgfältig, und wenn Sie eine Schnittverletzung entdecken, verfahren Sie wie vorstehend unter Schnittwunden beschrieben. Handelt es sich um einen sehr dünnen Riss, kann ein Sprühpflaster zum äußeren Schutz für die Dauer des Heilungsprozesses aufgetragen werden.

FEHL-BEDECKUNG: Wird Ihre heiße Hündin wider Erwarten von einem Eindringling gedeckt, müssen Sie diese unbedingt zum Tierarzt bringen. Eine Injektion wird die Empfängnis verhindern, aber auch die Hitze verlängern. Sie müssen nun besonders wachsam sein, um sicherzustellen, dass sich der Vorfall nicht wiederholen kann.

KRALLEN SCHNEIDEN UND NAGELVERLETZUNGEN: Schneiden Sie Ihrem Hund die Nägel zu kurz und beschädigen dabei das »Leben«, so kann dies zu stärkerer Blutung und zu heftigen Schmerzen führen. Um die Blutung zum Stehen zu bringen und die Heilung zu fördern, genügt bei leichteren Fällen ein Wundstift oder ein spezieller Puder. Handelt es sich um eine stärkere Blutung, muss Kaliumpermanganat angewandt werden. Dies bringt schnelle Hilfe, doch werden Sie den Hund wegen seiner braunen Füße etwa eine Woche lang nicht ausstellen können.

Manchmal verfängt sich ein Hund mit einer Kralle in einem Zaun oder im Käfiggitter - und so nützlich Autokäfige auch sind, so muss ich eingestehen, dass Hunde beim Hineinspringen leicht an der Kante hängen bleiben und sich eine Kralle ausreißen können. Es ist also sicherer, sie hinein zu heben. Auch beim Spiel kann sich der Hund einen Nagel ausreißen, wenn er sich bei einer plötzlichen Wendung verfängt. Ist der Nagel stark beschädigt aber noch mit dem Zeh verbunden, wird es das Beste sein, ihn ganz zu entfernen, da der Hund große Schmerzen hat. Hat sich der Hund den Nagel ganz ausgerissen, so wird er momentan große Schmerzen erleiden, doch wird der Nagel wieder nachwachsen. Achtung, die Blutung muss gestillt werden, manchmal durch den Tierarzt!

STICHE: Beagles sind von Natur aus neugierig und finden Wespen und Bienen äußerst interessant. Wird Ihr Hund von einer Biene gestochen, muss der Stachel entfernt und ein desinfizierendes Mittel aufgetragen werden. Liegt die Stichverletzung im Inneren des Fanges, so kann es zu gefährlichen Schwellungen kommen und tierärztliche Hilfe sollte so schnell wie möglich in Anspruch genommen werden.

ERBRECHEN: Hunde fressen immer einmal wieder Gras und erbrechen danach, häufig nur Schaum und die vorab verschlungenen Gräser. Dies ist ein natürlicher Vorgang, welcher der

Reinigung dient und zu keinerlei Schäden führt. Hat der Hund jedoch eine giftige Pflanze gefressen, kann es gefährlich werden. Der Hund wird versuchen zu erbrechen und dabei sehr schwach auf den Läufen sein. Flößen Sie Ihrem Hund in diesem Fall eine konzentrierte Salzwasserlösung ein und unterstützen Sie ihn beim Erbrechen. Halten die Symptome an, ist kurzfristig ein Tierarzt aufzusuchen.

ERBKRANKHEITEN

Wie ich bereits zu Beginn dieses Kapitels feststellte, ist der Beagle im Vergleich zu vielen anderen beliebten Rassen recht gesund. Aber es macht keinen Sinn zu leugnen, dass neben den häufigen Defekten, die bei vielen Rassen auftreten, wie Vor- und Rückbisse, Nabel- und Leistenbrüche, Probleme mit den Bändern im Kniebereich, die auf zu steile Winkelungen zurückzuführen sind, sowie Kryptorchismus, es beim Beagle weitere Erbkrankheiten gibt.

Einige Züchter neigen dazu, ihre Augen vor diesen Problemen zu schließen. Aber wenn wir nicht offen über auftretende Fehler informieren und dagegen vorgehen, werden diese sich in der Rasse weiter ausbreiten. Es ist äußerst wichtig, sich aller Probleme, die in einer bestimmten Linie auftreten können, bewusst zu sein, besonders bei einer Outcross-Verpaarung mit einer anderen Linie. Die Haltung gegenüber Erbkrankheiten ist von Land zu Land sehr unterschiedlich. Während man in Europa und besonders in Skandinavien weiß, dass Erbkrankheiten überwacht und bekämpft werden müssen, werden in den Vereinigten Staaten Erkrankungen, die nicht lebensbedrohend sind und die durch eine lebenslange Medikation behandelt werden können, von einigen weniger gewissenhaften Züchtern als belanglos angesehen. Viele Züchter jedoch empfinden es als unmoralisch, mit Hunden zu züchten, die ohne ärztliche Behandlung lebensunfähig sind. Im Folgenden werden einige Erscheinungen angeführt, die beim Beagle häufig genug aufgetreten sind, um hier eine Erwähnung zu rechtfertigen.

EPILEPSIE: Epilepsie ist eine Fehlfunktion des Gehirns, die zu Krampfzuständen verschiedenen Grades und unterschiedlicher Häufigkeit führt. Es gibt Meinungsunterschiede darüber, ob Epilepsie wirklich erblich ist oder nicht, und es scheint keinen schlüssigen Erbgang zu geben. Epilepsie kann auch durch äußere Faktoren wie Schädelverletzungen, Gehirntumore oder Stoffwechselerkrankungen hervorgerufen werden. Beim Beagle kann die erbliche Form schon im Alter von drei Monaten auftreten, aber auch erst mit neun Jahren. Treten die Anfälle eher selten auf, muss keine Therapie erfolgen. Hat der Hund jedoch wöchentliche Krämpfe, ist eine Behandlung unumgänglich. In den meisten Fällen führt eine Medikation zum Erfolg, und es ist nur sehr selten notwendig, den Hund einzuschläfern. Aber die Behandlung dauert ein Leben lang. Es ist sicher ratsam, jede auftretende Form der Epilepsie erst einmal als erblich anzusehen, sofern nicht das Gegenteil erwiesen ist, und die Zucht mit den befallenen Tieren und ihren nächsten Verwandten zu unterlassen.

TROCKENES AUGE: Diese Erscheinung wurde zuerst bei amerikanischen Beagles beobachtet. Aber einige Fälle traten auch in Skandinavien bei Nachkommen amerikanischer Hunde auf. Das trockene Auge oder Keratokonjunktivitis Sicca geht auf eine Fehlfunktion der Tränendrüse zurück, die zu einer trockenen Hornhaut, Keratitis und Konjunktivitis führt. Für den Hund ist dies äußerst schmerzhaft, und bei Nichtbehandlung kann Blindheit die Folge sein. Spontanes Auftreten wird dem Versagen des Eigenimmunsystems zugerechnet. Doch kann es auch in Zusammenhang mit einer anderen Krankheit wie Hypothyriose und Staupe auftreten, oder als Folge einer Behandlung mit Sulfonamiden. Die Behandlung besteht in der Regel in der Verabreichung von

Augentropfen, welche die Tränenflüssigkeit ersetzen, verbunden mit einer Cyclosporin-Therapie zur Unterdrückung der Immunreaktion. Die Behandlung erfolgt ein Leben lang. Doch da die Tränenproduktion schwanken kann, muss auch die Behandlung periodisch erfolgen. Eine andere Möglichkeit besteht in der chirurgischen Verlegung der Speichelkanäle, so dass diese das Auge befeuchten.

SCHILDDRÜSENUNTERFUNKTION: Diese teuflische Krankheit wird durch eine Unterfunktion der Schilddrüse hervorgerufen und führt bei dem betroffenen Hund zu Lethargie, Fettsucht und häufig auch zu Hautproblemen und Fruchtbarkeitsstörungen. Auch das trockene Auge kann hierdurch hervorgerufen werden. Die Erblichkeit liegt beim Beagle bei 90 Prozent, und die Krankheit scheint zuzunehmen - sollte daher sehr ernst genommen werden. Das Auftreten - vornehmlich bei Hunden mittleren Alters - wird oft dem Versagen des eigenen Immunsystems zugeschrieben. Zur Diagnose wird ein Bluttest durchgeführt. Die Krankheit kann erfolgreich therapiert werden, doch muss die Behandlung bis zum Lebensende erfolgen. Wie so viele andere Krankheiten beim Beagle wurde auch die Schilddrüsenunterfunktion zuerst bei amerikanischen Versuchsbeaglen beschrieben, was sicherlich damit zusammenhängt, dass diese eng gezüchtet und verdeckte Fehler auf diese Weise offen gelegt wurden. Heute erfolgt die Diagnose in den meisten Ländern.

BANDSCHEIBENVORFALL: Die Wirbel des Rückgrats werden durch die elastischen Bandscheiben verbunden. Bei einigen Rassen haben diese die Tendenz zu brechen, wodurch die Bandscheibe vorfällt und Druck auf das Rückenmark ausübt. Die Neigung hierzu ist besonders bei chondrodystrophischen Rassen verbreitet, zu denen auch einige der Vorfahren des Beagles gehören. Tritt der Vorfall in der Halsregion auf, wird der Hund erkennbare Schwierigkeiten haben, Futter oder Wasser aus seinem Napf aufzunehmen. Bandscheibenvorfälle im hinteren Bereich der Wirbelsäule können zu unterschiedlich starken Schmerzzuständen und Lähmungen führen. In vielen Fällen kann der Zustand des Hundes gebessert werden, indem man ihn ruhig stellt und warm hält. Möglicherweise ist eine dreiwöchige Behandlung mit Kortison angezeigt. Wird tierärztliche Behandlung erst in Anspruch genommen, nachdem der akute Vorfall erfolgt ist, kann ein chirurgischer Eingriff unumgänglich sein.

HÜFTGELENKSDYSPLASIE: Bei der Hüftgelenksdysplasie handelt es sich um eine fehlerhafte Ausbildung der Hüftpfanne oder um eine Erschlaffung der Bänder. Hervorgerufen wird sie durch ein Zusammenwirken von Erb- und Umweltfaktoren. In einigen Ländern tritt HD bei einer Vielzahl von Beagles auf. In Deutschland werden die Hüften von Beagles geröntgt, bevor die Hunde zur Zucht zugelassen werden. In Schweden wurde das obligatorische HD-Röntgen vor etwa 10 Jahren eingeführt, da einige aus Großbritannien und den USA importierte Hunde befallen waren. Es wurde sofort Alarm gegeben und adäquate Maßnahmen ergriffen, so dass heute nur noch etwa 7 Prozent der untersuchten Beagles HD aufweisen - und dies zumeist nur in leichterer Form. In den ersten Jahren traten allerdings auch schwere Fälle auf, und einige Hunde mussten wegen der auftretenden Schmerzen eingeschläfert werden.

GEBURTSSCHWIERIGKEITEN (DYSTOKIE): Der Beagle ist ein normal konstruierter Hund ohne übertriebene Rassemerkmale. Von daher sollte es keinen Grund geben, dass Hündinnen beim Werfen Schwierigkeiten haben. Doch treten bei einigen Linien immer wieder Geburtsschwierigkeiten auf, die einen Kaiserschnitt unumgänglich machen. In den USA sollen 40

Prozent der Hündinnen per Kaiserschnitt entbinden. Dies sollte bei diesem Hundetyp nicht nötig sein. Und da es sich bei Wehenschwäche oder einem zu engen Becken um erbliche Eigenschaften handelt, sollten diese Hündinnen keine zweite Chance erhalten, diese unerwünschten Eigenschaften weiterzugeben. Selbstverständlich gibt es auch Geburtsschwierigkeiten, die nicht direkt auf Mängel der Hündin zurückzuführen sind, wie beispielsweise das »Einwelpensyndrom«, wo durch die sehr geringe Welpenzahl keine ausreichend große hormonelle Stimulation der Gebärmutterkontraktion erfolgt, wodurch wiederum die Produktion von Pituitrin, das zur Einleitung des Geburtsvorganges nötig ist, verzögert wird. Andererseits kann eine zu große Wurfstärke zur Erschlaffung der Uteruswand durch Überdehnung führen, die dann eine Kontraktion der Gebärmutter beeinträchtigt. Auch Fehllagerungen sowie Missbildungen können zu Problemen führen. Liegt eine der Ursachen für die Geburtsschwierigkeiten bei der Hündin, so sollte mit dieser nicht weitergezüchtet werden.

STERILITÄT: Viele Krankheiten, u.a. auch Prostatitis, können zur Sterilität beim Rüden führen. Im Laufe der Jahre sind Beaglerüden auch ohne ersichtlichen Grund unfruchtbar geworden. In einigen Fällen konnte eine Degeneration der Hoden festgestellt werden. Diese waren kleiner und hart oder aber weicher geworden. In vielen Fällen scheinen die Hoden jedoch unverändert zu sein. Aber die Hunde produzieren kein Sperma. Teilweise haben die betroffenen Rüden mehrere Würfe gebracht, bevor sie steril wurden, doch ist dies nicht immer so. In einer Beaglelinie geht die Unfruchtbarkeit der männlichen Tiere mit der Wehenschwäche weiblicher Tiere einher, was vermuten lässt, dass das zentrale Hormonsystem betroffen ist. Bei den männlichen Tieren wird sich das Problem zwangsläufig von allein lösen. Aber auch hier zeigt sich, wie wichtig es ist, Zuchthunde nur aus gesunden Linien ohne Fortpflanzungsschwierigkeiten auszuwählen.

UNFRUCHTBARKEITSSYNDROM (BHS)

Viele Züchter haben immer wieder das Problem, dass eine belegte Hündin leer bleibt. Dies kann an einer im Zwinger verbreiteten hartnäckigen Infektion liegen, die unter dem Namen BHS, Beta-Hämolytische Streptokokkeninfektion (Lancefield Typ G und L) bekannt ist. Diese Bakterien und die daraus resultierenden Probleme finden sich bei Ausstellungshunden in vielen Ländern der Erde. Die folgende Darstellung wurde mir von Eleanor Bothwell (Norcis Beagles) zur Verfügung gestellt und ist eine Zusammenstellung ihrer züchterischen Erfahrung von fast 30 Jahren. Eleanor schrieb sie ursprünglich mit der Intention, andere Züchter, die wie sie die schmerzliche Erfahrung des Unfruchtbarkeitssyndroms in ihrem Zwinger gemacht hatten, zu informieren und ihnen zu helfen. Sie hatte den Eindruck, dass Züchter derartige Probleme gern unter der Decke halten und die Bedeutung des Erfahrungsaustauschs erst erkennen, wenn sie mit schwer wiegenden Problemen ohne Vorwarnung konfrontiert sind. Folgerichtig hat sie ihre Erfahrungen verschiedenen Rassehundevereinen zur Verfügung gestellt.

BETA-HÄMOLYTISCHE STREPTOKOKKENINFEKTION (Lancefield Typ G und L)
BEI DER HÜNDIN UND BEIM RÜDEN

Die Hindernisse und Probleme, mit denen sich der ernsthafte Züchter beim Streben nach dem Rasseideal auseinander setzen muss, sind vielfältig. Jeder, der über eine Reihe von Jahren Hunde gezüchtet hat, ist auch von Rückschlägen nicht verschont geblieben. Da wir Züchter aber ein relativ unverwüstlicher Haufen sind, wurden die meisten furchteinflößenden Schwierigkeiten überwunden. Aber gleichgültig, ob Sie nun die besten Rüden und Hündinnen auf der Welt Ihr Eigen nennen oder aber nur durchschnittliche Mitläufer besitzen, tritt das schreckliche Problem der Unfruchtbarkeit auf und Ihre Hündinnen gebären keine Welpen mehr, so ist das in jedem Fall herzzerreißend. Ihr gesamtes, sorgsam geplantes Zuchtprogramm kann zurückgeworfen oder sogar zum Stillstand gebracht werden. Die Unfruchtbarkeit kann dauerhaft oder vorübergehend sein. Während die erste Form endgültig ist, kann die zweite gewöhnlich geheilt werden, wenn sie rechtzeitig erkannt und behandelt wird. Das Problem der Unfruchtbarkeit entsteht nicht über Nacht. Es baut sich langsam auf. Eine Hündin bleibt leer - wie leicht fällt es, hierfür eine einleuchtende Erklärung zu finden. Eine weitere Hündin bleibt leer. Auch dieser Rückschlag wird noch hingenommen und neue Entschuldigungen gesucht. Inzwischen ist eine dritte Hündin ohne Erfolg gedeckt worden, und erst jetzt wird dieser winzige Verdacht, der sich ganz weit hinten in Ihrem Gehirn festgesetzt hat, unüberhörbar. »Vielleicht stimmt ja etwas mit den Hündinnen nicht.« Bis zu dieser Schlussfolgerung sind schon drei Hündinnen leer geblieben und unter Umständen 18 Monate vergangen. Und dies, bevor die ersten Untersuchungen überhaupt begonnen haben. In dieser Zeit konnte sich die Infektion festsetzen. Die am weitesten verbreitete Ursache für das Leerbleiben von Hündinnen, für Aborte, das Absorbieren von Welpen, Totgeburten und frühes Welpensterben ist eine Gebärmutterinfektion, die durch Bakterien, nämlich Beta-Hämolytische Streptokokken Lancefield Typ G und L hervorgerufen wird. Sie wird manchmal auch als BHS Infektion oder Fading Puppy Syndrom bezeichnet. Die Infektion kann beide Geschlechter betreffen, ist aber bei Hündinnen verbreiteter. Nur selten wird das Hodengewebe des Rüden in Mitleidenschaft gezogen. Andere Streptokokkenarten, die sich im Genitalbereich der Hündin befinden können, haben nur geringe oder keine pathologische Bedeutung.

SYMPTOME UND DIAGNOSE DER BHS-KRANKHEIT BEI DER HÜNDIN

ABNORMER VERLAUF DER LÄUFIGKEITEN: Läufigkeiten infizierter Hündinnen treten oft in unregelmäßigen Abständen auf. Anstelle eines sechs- bis siebenmonatigen Zyklus treten die Hitzen in Abständen von zwei bis zwölf Monaten auf. Einige Hündinnen zeigen alle paar Wochen Läufigkeitsverhalten, andere werden erst nach ein bis zwei Jahren wieder läufig. Junge, infizierte Hündinnen kommen oft erst sehr spät in die erste Hitze oder lassen diese ganz aus. Die Läufigkeitsdauer weicht von den üblichen 21 Tagen stark ab. In einigen Fällen dauert sie zwei bis fünf Tage, in anderen vier bis sechs Wochen. Der Ausfluss ist ebenfalls auffällig - übermäßig oder spärlich, trübe oder blass, während der gesamten Läufigkeit. Hat eine Hündin abnorme Läufigkeiten, muss BHS in Betracht gezogen werden. Ein weiteres Anzeichen ist das fehlende Deckinteresse des Rüden.

UNFRUCHTBARKEITSSYNDROM: Das Leerbleiben der Hündin ist eine häufige Folge der BHS Infektion. Dies kann an einer Infektion und Entzündung der Eierstöcke liegen, wodurch das Wachstum der Eizellen beeinträchtigt wird oder missgebildete bzw. unfruchtbare Eizellen produziert werden. Auch können die reifen Eier zu regelwidrigen Zeiten - zu früh oder zu spät - während der Läufigkeit ausgeschüttet werden. Sind die Eileiter entzündet, so besteht für die Eizellen kaum eine Möglichkeit abzusteigen. Entzündungen der Gebärmutterwand verzögern oder verhindern das Einnisten der Eizellen. Auch sind die Sekrete der entzündeten Gebärmutter oft tödlich für die noch lebenden Spermien. BHS muss in Betracht gezogen werden, wenn erfolgreiche Deckakte keine Ergebnisse bringen - vor allem dann, wenn mehrmals gedeckt wurde.

ABSORPTION UND ABORTSYNDROM: Trotz des Befalls mit BHS nimmt die Hündin auf, und für fünf bis sechs Wochen verläuft die Trächtigkeit scheinbar normal. Der Abort tritt ein, wenn der Fötus die Verbindung zur Gebärmutterwand nicht mehr aufrechterhalten kann. Geschieht dies vor dem 21. Tag, sind die einzigen Symptome, welche die Hündin zeigt, ein allgemeines Unwohlsein sowie stärkerer, dunkler blutiger Ausfluss. Bei einem späteren Abort sind die Symptome ähnlich, der Verlauf jedoch dramatischer. Tote Föten können im Abgang erkannt werden, die Hündin kann leichtere oder stärkere Schmerzen haben.

Ein Absorbieren der Welpen tritt ein, wenn diese nicht mehr durch das Blut der Mutter versorgt werden. Diese Föten lösen sich von der Gebärmutterwand. Sie werden nicht abortiert, sondern bleiben in ihr zurück - in situ. Sie mumifizieren und später erfolgt die Re-absorption. In den meisten Fällen zeigt die Hündin kaum Schmerzen und auch Ausfluss ist nicht unbedingt wahrzunehmen. Manchmal tritt erhöhte Temperatur oder Appetitlosigkeit auf sowie ein allgemein schlechterer Gesamtzustand. Die betroffenen Hündinnen erholen sich in der Regel innerhalb einer Woche. Gelegentlich kann eine Hündin auch schwer wiegendere Symptome zeigen. BHS muss deshalb in Betracht gezogen werden, wenn Hündinnen, die trächtig zu sein scheinen, die Trächtigkeit nicht erfolgreich beenden, während der Trächtigkeit ungewöhnlichen Ausfluss haben, oder wenn in dieser Zeit ein generelles Unwohlsein, verbunden mit erhöhter Temperatur, auftritt.

FRÜHES WELPENSTERBEN/FADING PUPPY SYNDROM: Dies ist die häufigste und schmerzlichste Folge der BHS Infektion. Einer normal verlaufenen Trächtigkeit folgt eine normale Geburt mit gesunden Welpen. Mit vier, fünf Tagen beginnt dann das Welpensterben. Die Welpen werden etwa vom dritten Tag an schwächer und verlieren die Kraft zu saugen. Es tritt eine bläulich, purpurrote Färbung des Bauches auf. Die Welpen trocknen aus, verlieren an Gewicht und jammern ununterbrochen. Ohne sofortige Behandlung werden sie schnell sterben. Die Hündin, die anfangs absolut gesund war, gerät durch das Jammern der Welpen unter psychischen Stress. Es kommt zu einem schmerzhaften Milchstau, da die Welpen nicht mehr saugen. Auch hier ist sofortiges Eingreifen notwendig, um zu verhindern, dass eine Entzündung der Milchdrüsen eintritt.

Es ist wichtig zu wissen, dass Welpen von Hündinnen, die mit BHS infiziert sind, nach der Geburt gesund und normal sind. Die Welpen infizieren sich, indem sie die mit BHS infizierte Muttermilch aufnehmen. Die Aufnahme der Milch führt zu einer schwer wiegenden, allgemeinen Erkrankung, die meist zum Tode führt. Werden die Welpen früh von der infizierten Mutterhündin weggenommen und durch eine Amme oder per Flasche aufgezogen, entwickelt sich die Krankheit nicht. Befürchtet man, dass das »Fading Puppy Syndrom« vorliegt, so haben die Welpen eine echte Überlebenschance, wenn sie sofort von der Hündin getrennt und mit Antibiotika versorgt werden. Sie müssen dann mit der Flasche oder von einer Amme groß gezogen werden. Entscheidend ist eine frühzeitige Diagnose und Behandlung. Wenn also Welpen jammern und schwächer werden, suchen Sie den sofortigen Rat eines Tierarztes. BHS kann nachgewiesen werden, indem eine Zellkultur vom Ausfluss der Hündin angelegt und die Bakterien identifiziert werden. Ein wirksames Antibiotikum kann verschrieben werden. All das wird einige Tage dauern, möglicherweise zu lange, um die Welpen am Leben zu halten. Ein Breitbandantibiotikum sollte verabreicht werden, um wertvolle Zeit zu sparen, während die Zellkultur wächst. BHS kann auch durch die Untersuchung eines verstorbenen Welpen oder einen bakteriologischen Test der Muttermilch nachgewiesen werden.

INFEKTIONEN: Zumeist infizieren sich Hündinnen mit BHS durch direkten Kontakt der äußeren Genitalien - vornehmlich während der Läufigkeit, wenn der Gebärmutterhals erweitert ist. Beim Urin oder Kot absetzen kommen die Schamlippen mit dem Boden in Berührung. Sind dort Bakterien vorhanden, kann es zur Infektion kommen. Es wird auch für möglich gehalten, dass die Hündin sich durch Lecken der mit den Bakterien behafteten Genitalien infiziert. Auch der Deckrüde kann die Bakterien übertragen. Hat er eine infizierte Hündin gedeckt, können die BHS-Bakterien auf seinem Penis etwa 48 Stunden überleben, und er kann die nächste Hündin damit infizieren. Nur selten befällt die Infektion das Hodengewebe, wenn aber doch, so enthält das Ejakulat dieser Hunde BHS-Organismen. Diese Rüden sollten nicht zum Decken eingesetzt werden, ehe sie vollständig geheilt sind.

BEHANDLUNG: Unglücklicherweise sprechen Hunde auf die Behandlung unterschiedlich an. Steht Zeit zur Verfügung, ist es wichtig, Labortests durchzuführen und spezifische Medikamente zu verabreichen. Ihr Tierarzt wird Sie hierbei beraten. Behandlung mit Antibiotika ist effektiv und kann oral oder per Injektion erfolgen. Die Hündin und ihre Welpen werden gewöhnlich etwa fünf bis sieben Tage lang behandelt, wonach die Welpen theoretisch wieder zur Mutter zurück können. Während der Behandlung ist sorgsame Ernährung mit hochwertigem Futter für Welpen und Mutterhündin gleichermaßen wichtig. Um die Infektion aus dem Zwinger zu bekommen, ist es wichtig, dass von jeder Hündin, egal ob sie gedeckt werden soll oder nicht, ein Abstrich gemacht wird und eine Behandlung mit Antibiotika bei der nächsten Läufigkeit erfolgt. Ein Abstrich sollte am ersten Tag jeder Hitze erfolgen, bis bei zwei aufeinander folgenden Hitzen keine Anzeichen einer Infektion mehr auftreten. Die Behandlung mit den Antibiotika erfolgt oral, und es hat sich gezeigt, dass sie nur von Erfolg gekrönt ist, wenn sie während der Läufigkeit der Hündin beginnt. Ist die Hündin nicht läufig, macht die Behandlung keinen Sinn. In den ersten fünf Tagen ihrer Hitze erhält die Hündin 500 mg Ampicillin Trihydrat in zwei täglichen Dosen zu je 250 mg - diese Dosierung ist für Hunde von der Größe eines Beagles angemessen. Die Dosierung muss bei Rassen abweichender Größe selbstverständlich variiert werden. Die Behandlung wird nach viereinhalb Wochen wiederholt und dann noch einmal fünf Tage vor dem Wurftermin.

Eine andere Methode der Behandlung von BHS besteht in der Impfung mit autogenen Impfstoffen, die sich in einigen Zwingern bewährt haben, jedoch nur hergestellt werden, wenn sie von einem Tierarzt angefordert werden. Hierzu wird bei allen Rüden und Hündinnen eines Zwingers ein Abstrich durchgeführt. Die Abstriche werden in ein Labor zur Anlegung von Zellkulturen eingeschickt. Hier werden die Mikroorganismen identifiziert und genügend Impfstoff hergestellt, um alle Hunde im Zwinger zu behandeln. Es ist ein langwieriger, schwieriger und komplizierter Prozess, aber eine Alternative, wenn die Antibiotika versagt haben.

VORBEUGUNG: Zwingerböden sollten aus wischfestem, leicht zu desinfizierendem Material sein. Alle Hündinnen sollten während der gesamten Läufigkeit von den anderen Hunden getrennt gehalten werden. Infizierte Hündinnen sind ebenfalls zu isolieren und ihr Zwinger und Auslauf zu desinfizieren, bevor andere Hunde hier hereinkommen. Ein Deckrüde sollte nicht innerhalb von fünf Tagen verschiedene Hündinnen decken, sofern nicht sicher ist, dass alle frei von dieser Infektion sind. Auf diese Weise wird die Rolle des männlichen Tieres als passiver Überträger auf ein Minimum reduziert. Hündinnen dürfen während der Läufigkeit nicht mit auf Ausstellungen genommen werden. Und ein Züchter sollte niemals auch nur kleinste Anzeichen, dass etwas nicht in Ordnung ist, ignorieren - schieben Sie nie Bedenken zur Seite. Die Jahre, in denen Sie mit Ihrer Hündin züchten können, sind begrenzt, und Läufigkeiten treten in der Regel nur zweimal im Jahr auf. Zeit ist von herausragender Bedeutung, wenn der geringste Verdacht einer BHS-Infektion besteht, und Sie und Ihr Tierarzt müssen schnell handeln, um dieser zu begegnen.

Kapitel 5

BEAGLES ZÜCHTEN

Nur sehr wenige Menschen planen bewusst, eine Hundezucht zu beginnen. Meist erwerben sie einen Familienhund, gehen mit diesem zufällig auf eine Ausstellung, wo sie eine mehr oder weniger ordentliche Platzierung erreichen, und schon ist ihre Begeisterung entfacht, nach höheren Ehren zu streben. Viele Erstbesitzer beginnen mit dem Züchten aus eher falschen Gründen - ein Wurf wird der Hündin gut tun; die Aufzucht der Welpen wird den Kindern »das Wunder des Lebens« näher bringen; das Wesen der Hündin wird sich durch den Wurf verbessern - und diese Liste lässt sich fortsetzen. Ehrlich gesagt gibt es nur einen vernünftigen Grund, das Züchten eines Wurfes Beagles in Betracht zu ziehen, nämlich nur den, dass Ihre Hündin der Rasse etwas zu bieten hat. Viele der heute erfolgreichen Züchter haben mit recht mittelmäßigen Hunden zu züchten angefangen und es nach und nach geschafft, die Qualität ihrer Hunde von Generation zu Generation zu verbessern. So begann Marion Spavin die Zucht mit Derawuda Vanity - was für eine Sisyphusarbeit muss es für Marion gewesen sein, ihre Dialynnes zu dem unvergleichlichen Qualitätsniveau zu bringen, dessen sich die Dialynnes heute zu Recht rühmen.

DIE BEWERTUNG IHRER HÜNDIN

Wenn es Ihnen mit der Beaglezucht wirklich ernst ist, versuchen Sie Ihre Hündin so objektiv wie möglich zu bewerten. Sie sollte körperlich und geistig gesund und frei von gröberen Mängeln sein. Es ist nicht gleich eine mittlere Katastrophe, wenn sie keine Siegerhündin im Ausstellungsring ist; doch muss sie sehr rassetypisch sein und aus einer bewährten Zuchtlinie kommen. Oftmals vererben die so bezaubernden Hündinnen, die auf Ausstellungen alles gewinnen, nicht so gut wie ihre eher etwas aschenputteligen Schwestern. Ich erinnere mich an einen Boxerzüchter, der sagte: »Die beste Zuchthündin ist die mit dem Körper einer Putzfrau und dem Gesicht einer Lady!« Außerdem muss das Wesen Ihrer Hündin vorzüglich sein. Ist sie nervös oder gar

Weihnachtsbeagle: Zehn entzückende Welpen, die im Gold Line Zwinger in Dänemark gezüchtet wurden; Vater ist der dänische Ch. Tragband In Hot Water. *Foto courtesy. J. und A. Pedersen.*

Wie die Mutter, so die Tochter! Ch. Too Darn Hot for Tragband (rechts) und ihre Tochter nach Ch. Dialynne Nimrod of Ramlacim, die CC-gewinnende Tragband Sweet Bird of Youth, ihrerseits Mutter von Ch. Dialynne Tolliver of Tragband.

Foto: Sally Anne Thompson.

aggressiv, sollte sie auf keinen Fall in der Zucht eingesetzt werden. Durch die Geburt wird sich ihre Wesensschwäche nicht mindern - es wird lediglich ein Wurf Welpen, der dem guten Namen unserer Rasse Schaden zufügen kann, auf eine nichts ahnende Öffentlichkeit losgelassen. Ich kann es nicht genug betonen, wie wichtig es ist, bei der Zucht auf absolut korrektes Wesen zu achten. Sind Sie neu in der Rasse, so wird die Beurteilung des Stammbaums Ihrer Hündin nicht leicht für Sie sein. Mit zunehmender Zeit und Erfahrung werden Sie lernen, den Stammbaum zu »lesen«, doch braucht dies Jahre des Nachforschens und Erfragens. Auf alle Fälle sollten Sie versuchen, so viel wie möglich über die im Stammbaum Ihrer Hündin aufgeführten Hunde zu erfahren, zumindest über die letzten vier Generationen. Fragen Sie hierzu ältere Züchter, die sich an die Hunde erinnern werden, sofern diese ausgestellt wurden. Fragen Sie nach dem Typ, dem Wesen, der Bewegung usw. Finden Sie heraus, ob Wurfgeschwister zur Zucht eingesetzt wurden. Einige der großen Sieger sind nur »Ausreißer« und vererben nie die Qualität, die sie selbst besitzen. Sie kommen manchmal aus recht bunten Ahnentafeln, die einen Mischmasch aus verschiedenen Blutlinien enthalten, ohne eine dominierende Linie an Vorfahren. Haben Sie das Gefühl, dass Ihre Hündin nicht wirklich gut genug ist, oder aber züchterisch wenig versprechende Vorfahren hat, so ist es sicher besser, die Idee, sie decken zu lassen, zu vergessen und sich speziell nach einer Zuchthündin umzuschauen.

PRAKTISCHE VORAUSSETZUNGEN FÜR DIE ZUCHT

Auch die praktischen Voraussetzungen für das Züchten müssen gewissenhaft geprüft werden. Einen Wurf Welpen in die Welt zu setzen beansprucht Zeit, Geld, Hingabe und Verantwortungsbewusstsein. Es ist nichts, was man leichtfertig anfangen sollte, denn für mindestens zwei Monate ist man im wahrsten Sinne des Wortes ans Haus gebunden.

Gibt es einen geeigneten Platz, wo die Hündin werfen und dann ihre Welpen großziehen kann? Und wenn es Welpen gibt, sind Sie sicher, dass Sie sie verkaufen können? Sie sollten einige potentielle Welpeninteressenten haben, bevor Sie Ihre Hündin decken lassen; da Sie ein Neuling sind, ist es unwahrscheinlich, dass Welpenkäufer sich ausgerechnet zu Ihnen auf den

Weg machen, denn schließlich haben Sie sich noch keine Reputation als Züchter erworben. Mit sechs Welpen im Alter von acht Wochen dazustehen, die einem die Haare vom Kopf fressen, ist keine erstrebenswerte Situation. Sie sollten sicher sein, dass verantwortungsbewusste Käufer vor Ihrer Tür Schlange stehen. Glücklicherweise müssen Beaglezüchter heute nicht mehr so misstrauisch wie vor einigen Jahren sein, als Forschungslabors Welpen durch Mittelsmänner, die als respektable Käufer auftraten, aufkauften. Aber man kann nie vorsichtig genug sein. Sie wünschen sich einen dauerhaften, zuverlässigen Platz für Ihre Welpen; aber was, wenn sich die Bedingungen ändern und die neuen Besitzer ohne Eigenverschulden sich von dem Hund trennen müssen. Sind Sie in der Lage, ihn so lange bei sich aufzunehmen, bis ein neues Heim gefunden ist? Viel zu viele Züchter lehnen es ab, Verantwortung für ihre Welpen zu übernehmen, wenn diese erst einmal verkauft sind und überlassen sie schnell der »Beagle in Not«- Statistik. Das hat mit verantwortungsbewusstem Züchten nichts zu tun und entspricht nicht dem Verhalten eines Hundeliebhabers. Auch wenn Sie ein großes Grundstück Ihr Eigen nennen, wäre es keine gute Idee, einen entfernt gelegenen Schuppen mit angrenzendem Auslauf als Welpenstube in Betracht zu ziehen. Beaglemütter und ihre Welpen brauchen Bestätigung und menschlichen Kontakt während der Geburt und Aufzucht, und so ist es ratsam, einen Raum für die Aufzucht zu nutzen, der die Hündin mit ihren Welpen einerseits am Familienleben teilhaben lässt, ihr andererseits genug Platz bietet, um Ruhe zu finden.

DIE WAHL DES DECKRÜDEN

Sie müssen für Ihre Hündin einen Deckrüden aussuchen und dazu bedarf es sorgfältiger Überlegung. Zuerst einmal sollten Sie herausfinden, in welchen Punkten Ihre Hündin verbessert werden kann. Hat sie vielleicht Schwächen im Kopf? Ist sie etwas lang im Rücken? Oder sind die Pfoten zu flach? Analysieren Sie ihre Fehler erbarmungslos und suchen Sie dann nach Deckrüden, die gerade in den Punkten überragen, wo sie Schwächen zeigt. Sie sollten jedoch nie dem Fehler verfallen und meinen, Hunde mit extremen Gegensätzen zu verpaaren, denn das funktioniert nicht. Mit anderen Worten, wenn Ihre Hündin ein recht zartes Köpfchen hat, wählen Sie nicht einen Deckrüden mit einem zu schweren Kopf. Schauen Sie nach einem Rüden mit idealem Kopf. Haben Sie einige Kandidaten ausgesucht, sehen Sie sich die Abstammung der möglichen Freier an und vergleichen Sie deren Stammbaum mit dem Ihrer Hündin. Treten in beiden Stammbäumen gleiche Hunde auf, versuchen Sie, so viel wie möglich über diese herauszufinden; denn wenn Sie diese Verpaarung durchführen, so werden diese gemeinsamen Vorfahren einen besonders starken Einfluss auf Ihre Welpen haben.

UNTERSCHIEDLICHE ZUCHTVERFAHREN

Es gibt drei grundlegende Verfahrensweisen in der Zucht. Von Fremdverpaarungen spricht man, wenn Rüde und Hündin über wenigstens fünf Generationen keine gemeinsamen Vorfahren haben. Bei diesem Zuchtverfahren muss man mit einem recht unausgeglichenen Wurf rechnen, in dem die Welpen ziemlich unterschiedlich sind. Da mag es einen »Überflieger« geben, aber wahrscheinlich wird es dem Wurf an Ausgewogenheit fehlen. Von Linienzucht spricht man, wenn Rüde und Hündin einen oder mehrere gleiche Vorfahren haben, die nicht zu weit zurückliegen. Dieses Zuchtverfahren sollte zu einem ausgewogenen Wurf führen und sowohl die Vorzüge als auch die Mängel der Hunde betonen, die in den Stammbäumen vermehrt auftreten. Von harter Inzucht spricht man, wenn enge Verwandte verpaart werden, z. B. Mutter und Sohn, Großvater und Enkeltochter, Bruder und Schwester, etc. Dieses Verfahren verlangt große Behutsamkeit und sehr viel Wissen. Durch Inzucht können dunkle Punkte in der eigenen Linie schnell ans Tageslicht befördert werden; sind verdeckte Fehler vorhanden, werden Sie diese bekommen. Kann man durch Inzucht schnell die Fehler ans Tageslicht befördern, die in der eigenen Linie liegen, so können aber auch die überragenden Vorzüge herauskommen und bei der Nachzucht entscheidend verstärkt werden. Diese Hunde können dann ohne Risiko auch für Fremdverpaarungen eingesetzt werden. Wählen Sie nicht voreilig einen Rüden, nur weil Sie dessen Aussehen so mögen und er alle Ausstellungen gewinnt. Sie fahren besser mit einem Rüden, der den Grundtyp verkörpert, den Sie brauchen und der in seinem Stammbaum noch bessere Hunde hinter sich hat, die auch in der Ahnentafel Ihrer Hündin auftreten. Aber wenn es dann wirklich so weit ist, müssen Sie die Entscheidung allein treffen, und Hundezucht ist ein stetiger Lernprozess. Wir alle machen Fehler, und gerade diese Fehler lassen uns hoffentlich die richtigen Schlüsse für die Zukunft ziehen. Haben Sie sich für einen Deckrüden entschieden, so müssen Sie mit dessem Besitzer abklären, ob er seinen Rüden für Ihre Hündin zur Verfügung stellt. Nicht alle Deckrüden werden für jede Hündin freigegeben. Manch kritischer Rüdenbesitzer verweigert seinen Rüden einer Hündin, wenn er meint, diese sei nicht qualitätsvoll genug, oder dass sie aus einer Linie kommt, die nicht zu seiner passt.

DER DECKZEITPUNKT

Die meisten Hündinnen werden alle sechs Monate heiß, aber auch Hunde sind Individuen, und so kann der Abstand der Hitzen von Hündin zu Hündin stark abweichen. Sechs Monate beträgt im Allgemeinen der Mindestabstand von einer Läufigkeitsperiode zur nächsten. Also sollten Sie sechs Monate nach der vorangegangenen Hitze Ihre Hündin genau beobachten, um die ersten Anzeichen nicht zu verpassen. Normalerweise wird die Vulva anschwellen und dann eine starke Blutung beginnen. Der Ausfluss wird mit der Zeit aufhellen und um den elften Tag herum rosafarben sein. Doch ist dies nicht immer so und es gibt Hündinnen, die erfolgreich gedeckt wurden, obwohl sie noch dunkelroten Ausfluss hatten. Steht die Hündin für den Rüden bereitwillig, so ist dies der sicherste Hinweis darauf, dass es sich um die befruchtungsfähigen Tage handelt. Aber auch hier gibt es Ausnahmen.

Ich kenne Hündinnen, die sich zehn Tage bereitwillig haben decken lassen - einige Beaglehündinnen sind unersättlich! Mit »Stehen« meine ich, dass die Hündin, nach dem einleitenden Flirten mit dem Rüden, fest wie ein Fels steht und die Rute dabei zur Seite klappt. Hat eine Hündin ihre Stehtage und ist kein Rüde vorhanden, so kann man diese Reaktion dadurch auslösen, dass man sie in der Rutengegend krault.

DER DECKAKT

Es gehört zum guten Benehmen, den Deckrüdenbesitzer vom Beginn der Läufigkeit der Hündin zu unterrichten, um den ungefähren Decktermin festlegen zu können. Hundezüchter sind viel beschäftigte Leute und schätzen unangekündigte, überfallartige Besuche nicht. Nach der Ankunft wird der Deckrüdenbesitzer die Hündin genauer untersuchen wollen, um sicherzustellen, dass sie keine Verengung oder eine andere physische Abnormität aufweist, die einen problemlosen Deckverlauf verhindert. Stellt er ein Problem fest und spricht er sich gegen den Deckakt aus, akzeptieren Sie dies bitte - schließlich geht ihm die Deckprämie verloren! Kann der Deckakt stattfinden, geben Sie der Hündin zuerst einmal Zeit sich zu entspannen, bevor sie mit dem Deckrüden zusammengebracht wird. Das anschließende Flirten ist sehr wichtig, da sich auch Wildhunde eines ritualisierten Werbespiels erfreuen - und unseren domestizierten Hunden geht es nicht anders. Dieses Vorspiel dient der geistigen und körperlichen Vorbereitung des Deckaktes. Deckrüdenbesitzer haben sehr unterschiedliche Ansichten darüber, wie ein Deckakt ablaufen sollte. Da sind jene, die meinen, dass ihr Hund ein so überragender Deckrüde ist, dass er die Hündin nur anzuschauen braucht, um diese zu schwängern. Sie treten für einen reglementierten, eher klinischen Ablauf des Deckvorganges ein, während andere Rüde und Hündin erst einmal ein harmloses Vorspiel gönnen, währenddessen diese sich besser kennen lernen können.

Ich persönlich empfinde das freie Decken als ideal, doch verstehe ich hierunter nicht, dass man Rüde und Hündin sich am anderen Ende des Gartens unkontrolliert vergnügen lässt. Vielmehr sollten sie eine gewisse Freiheit in einem abgeteilten Bereich genießen, wo sie aber unter völliger Kontrolle sind. Unterstellt, dass die Hündin bereit und der Rüde deckfreudig ist, so sollte dieser die Hündin zügig besteigen und Letztere sich das gern gefallen lassen. Er wird sie mit seinen Vorderläufen fest packen und an sich heranziehen, um dann rhythmische Stöße auszuführen, bis er in die Hündin eingedrungen ist. Dies ist der Zeitpunkt, an dem die Hündin gut festgehalten werden muss, am besten an einem breiten Lederhalsband, da das erste Eindringen ein gewisses Unbehagen bei der Hündin hervorrufen kann und immer die Gefahr besteht, dass sie erschrickt und sich auf den Rüden stürzt, wodurch sie sich und ihrem Liebsten irreparablen Schaden zufügen kann.

Einige Deckrüdenbesitzer bestehen darauf, dass Hündinnen der Fang zugebunden wird, wenn sie am Anfang etwas Angst zeigen, die dann in Aggression umschlagen könnte. Oftmals sind einzeln gehaltene, von ihren Besitzern verzogene Hündinnen schwierig zu decken. Fallen Sie in diese Kategorie, so lassen Sie sich vom Deckrüdenbesitzer beraten. Dieser mag es vorziehen, den Deckakt in Ihrer Abwesenheit mit der Hilfe erfahrenerer Personen durchzuführen. Dies hat nichts mit Unfreundlichkeit zu tun, und jeder verantwortungsbewusste Deckrüdenbesitzer wird Sie gern beim Hängen der beiden zuschauen lassen - schon um zu zeigen, dass Ihre Hündin wirklich von dem Rüden gedeckt wird, für den Sie bezahlen. Beim Hängen schwillt das Glied des Rüden in der Hündin beträchtlich an und hindert ihn bis zu einer Stunde daran, sich von ihr zu trennen; durchschnittlich dauert dieser Vorgang etwa 20 Minuten.

Sind die beiden verknotet und haben sich entspannt, so wird der Deckrüdenbesitzer den einen Hinterlauf des Rüden über den Rücken der Hündin führen, so dass beide, Rüde wie Hündin, bequem - Hinterteil an Hinterteil - stehen können. Das Hängen wird dadurch bewirkt, dass das wulstige Unterteil des geschwollenen Penis durch die sich stark zusammenziehenden Muskeln der weiblichen Vagina festgehalten wird. Entspannen sich ihre Muskeln, kommt der Rüde wieder frei. Der Grund, dass Hunde in dieser Art hängen, liegt darin, dass der Rüde langsam und in drei Phasen ejakuliert: Zuerst befeuchtet und desinfiziert eine klare Flüssigkeit, die kein Sperma enthält, die Scheide der Hündin; als Zweites folgt eine an Sperma reiche Flüssigkeit; als Drittes dann wieder eine klare Flüssigkeit, die das Sperma in die Gebärmutter der Hündin spült.

SCHWIERIGE DECKAKTE

Was nun problematische Deckakte betrifft, so meine ich, wenn ein gesunder Rüde und eine gesunde Hündin trotz des optimalen Zeitpunktes nicht zum Decken kommen, ein sehr triftiger Grund vorliegen kann; und ich würde eine Zwangsverpaarung nicht befürworten. Es kann sein, dass der mangelnde Enthusiasmus auf ein klinisches Problem zurückzuführen ist. Und außerdem bin ich altmodisch genug zu glauben, dass Mutter Natur am besten Bescheid weiß und uns etwas damit sagen möchte. Auch kann ich es nicht gutheißen, an etwas beteiligt zu sein, was einer Vergewaltigung gleichkommt. Gelegentlich ist, und dies vor allem bei verwöhnten Hündinnen, eine stärkere Einwirkung nötig, aber nur wenige verantwortungsbewusste Deckrüdenbesitzer werden versuchen, einen Deckvorgang erzwingen zu wollen; und in der Tat ist eine zwangsweise Verpaarung auch nur äußerst schwer durchzuführen.

DECKGEBÜHR

Ist der Deckakt erfolgreich verlaufen, müssen Sie die vereinbarte Deckgebühr zahlen. Vergessen Sie bitte nicht, dass die Deckgebühr die erbrachte Leistung vergütet und nicht, wie oft geglaubt wird, an einen erfolgreichen Wurf gebunden ist. Es ist wahr, dass die meisten Züchter beim Leerbleiben der Hündin eine kostenlose Wiederholung des Deckaktes anbieten, aber dies ist ein Entgegenkommen ihrerseits und kein Rechtsanspruch. Ich befürworte die skandinavische Praxis, ein sehr geringes Deckgeld zu nehmen und dann zusätzlich einen festgesetzten Betrag pro Welpe. Dies ist ein logisches und beide Seiten zufriedenstellendes Verfahren. Als ich erstmals etwas mit Hunden zu tun hatte, entsprach die Deckgebühr dem Preis eines Welpen. Während die Welpenpreise seitdem beständig gestiegen sind, haben sich die Deckgebühren nicht in gleicher Weise entwickelt; und so zahlt man heute für einen qualitätsvollen Deckrüden nur noch die Hälfte des Welpenpreises. Wenn Sie in Großbritannien die Deckgebühr bezahlt haben, sollte Ihnen der Deckrüdenbesitzer ein unterschriebenes Formular des Dachverbandes geben, in dem der Deckakt bestätigt wird. Ohne dieses Dokument können Sie Ihre Welpen später nicht eintragen lassen. Also bestehen Sie auf dessen Aushändigung, nachdem Sie bezahlt haben.

HALTUNG DER TRÄCHTIGEN HÜNDIN

Begehen Sie nicht den Fehler, Ihre nun hoffentlich tragende Hündin sofort mit all den Futterzusätzen voll zu pumpen, die es gibt. Bis zur siebenten Woche sollten Futter und Auslauf unverändert bleiben, auch wenn einige Anzeichen (wie etwa größerer Körperumfang, rosafarbene Zitzen, Appetitlosigkeit und etwas ruhigeres Verhalten) auf eine Trächtigkeit hinweisen. Nimmt der Körperumfang der Hündin nun stärker zu, sollten Sie die Futtermenge ganz leicht erhöhen und die Tagesration in zwei kleineren Mahlzeiten verabreichen. Sofern Ihre Hündin auch sonst eine ausgewogene Ernährung erhalten hat, gibt es noch immer keinen Grund irgendwelche Futterzusätze zu verabreichen. Viel zu viele Menschen verursachen Probleme, indem sie überdosieren und Futterzusätze beimischen, die in den meisten der heutigen Fertigfuttermittel in ausreichender Menge enthalten sind. Hündinnen mit Übergewicht und übermäßig schweren Welpen werden wohl kaum eine so leichte Geburt haben wie eine sich in bester Kondition befindende Hündin mit normal großen Welpen.

GEBURTSVORBEREITUNGEN

Sie haben sicher schon festgelegt, wo die Hündin ihre Welpen bekommen soll, und in der achten Woche sollte auch die Wurfkiste aufgestellt sein. Die speziell angefertigte Kiste sollte eine Welpenschutzleiste aufweisen, um übereifrige Mütter daran zu hindern, ihre Babys zu erdrücken. Die Kiste muss einen mit Scharnieren versehenen Deckel haben, wodurch einerseits der Zugang erleichtert und andererseits die Wärme optimal zusammengehalten wird. Sie sollten Ihre Hündin schon jetzt ermuntern, in der Welpenkiste zu schlafen. Sie wird sicherlich nicht mehr besonders agil sein und sich gern an einen solchen ruhigen Ort zurückziehen. Auch wenn die normale Trächtigkeitsdauer beim Hund 63 Tage beträgt, so gibt es doch Hündinnen, die problemlos bis zu vier Tage früher oder später geworfen haben.

In der Nähe der Wurfkiste sollte sich Ihre Grundausstattung befinden, zu der ein reichlicher Vorrat an Handtüchern gehört, um die Welpen trocken zu reiben und deren Kreislauf in Schwung zu bringen; eine sterile Schere, um Nabelschnüre zu trennen, sofern dies die Hündin nicht selbst korrekt durchführt; ein kräftiger Zwirnfaden zum Abbinden noch blutender Nabelschnüre; Weinbrand - nein, nicht für Sie, vielmehr kann ein Tropfen, auf die Zunge eines leblos scheinenden Welpen gegeben, oft Wunder bewirken; ein üppiger Vorrat an Zeitungspapier für den Boden der Wurfkiste; und einige der so nützlichen, waschbaren Vliesbetten, die, auf die Zeitungen gelegt, die Welpen warm halten und jede Art von Flüssigkeit auf die untere Zeitungsschicht durchlaufen lassen. Stellen Sie sicher, dass Sie die Telefonnummer Ihres Tierarztes an der Welpenkiste haben und teilen Sie ihm den vermutlichen Wurftermin Ihrer Hündin vorher mit.

DIE GEBURT

Vom 58. Tag nach dem Decken an gilt es, die Hündin besonders sorgfältig zu beobachten. Wenn sie die Nahrungsaufnahme verweigert, steht die Geburt kurz bevor. Sie wird sehr unruhig sein, in ihrem Lager scharren und das Haus nach alternativen Wurfplätzen absuchen - passen Sie also gut auf sie auf. Lehnt ihre Hündin die Wurfkiste ab und scheint entschlossen, die Welpen an einer anderen Stelle im Haus zur Welt bringen zu wollen, so ist es besser, sie den ersten Welpen an dem von ihr gewählten Platz bekommen zu lassen, als sie in die Welpenkiste zu zwingen. Anschließend kann man sie gemeinsam mit dem Erstgeborenen umquartieren; sie wird jetzt so mit dem Baby beschäftigt sein, dass sie sich alsbald beruhigen und die restlichen Welpen in der dafür gedachten Kiste bekommen wird. Vor der eigentlichen Geburt zeigt sich an der Vulva der Hündin häufig, ganz oder teilweise, ein fast schwarzes Häutchen. Wenn nach einer Stunde noch immer kein Welpe kommt, sollten Sie Ihren Tierarzt anrufen, denn möglicherweise muss ein wehenförderndes Mittel gespritzt werden, um die Geburt voranzutreiben. Verschlechtert sich der Gesamtzustand der Hündin in dieser Phase ersichtlich, ohne dass es vorangeht, sollte tierärztlicher Rat gesucht werden. Die meisten Welpen kommen mit dem Kopf voran auf die Welt. Ist dieser sichtbar, ohne dass der Welpe umgehend ganz austritt, können Sie helfen, indem Sie diesen vorsichtig, aber fest mit einem Handtuch greifen und bei jeder Presswehe versuchen, den Welpen etwas weiter herauszuziehen, wobei sich ein leicht seitliches Ziehen, einmal nach links, dann nach rechts, empfiehlt. Dies führt in der Regel zum Erfolg. Erscheinen zuerst die Hinterläufe des Welpen, handelt es sich also um eine Hinterendlage, sollten Sie ebenfalls die oben erwähnte »Handtuchmethode« anwenden und versuchen, den Welpen durch leichtes Ziehen herauszubekommen. Normalerweise wird die Hündin die den Welpen umgebenden Hüllen selbst aufreißen und anschließend die Nachgeburt fressen und dic Nabelschnur durchtrennen. Dies mag Ihnen unappetitlich erscheinen, ist aber völlig normal, hilft dem Organismus der Hündin und dem gesamten Wurfablauf.

Haben Sie jedoch einem Welpen manuell auf die Welt geholfen, so kann die Hündin weniger geneigt sein, die Hülle selbst zu öffnen. In diesem Fall müssen Sie eingreifen - und zwar schnell. Reißen Sie die Hülle am Kopf mit den Fingern auf, denn sonst wird der Welpe am Fruchtwasser ersticken. Sie werden dann sicherlich auch die Nabelschnur selbst durchschneiden müssen, was Sie etwa 4 cm von der Bauchdecke entfernt tun; binden Sie die Nabelschnur mit Zwirn ab, um ein Nachbluten zu verhindern. Wird ein Welpe geboren, der leblos zu sein scheint, geben Sie mit dem Finger einen Tropfen Weinbrand auf dessen Zunge. Dies kann den Organismus des Welpen in Schwung bringen. Falls nicht, so nehmen Sie den Welpen fest in die Hand, mit dem Kopf zwischen Daumen und Zeigefinger, und schütteln Sie ihn mehrfach nach unten. Dies sollte dazu führen, dass die Atmung des Welpen einsetzt. Sie sollten dies zehn Minuten lang versuchen, bevor Sie aufgeben. Der Abstand von Welpe zu Welpe kann je nach Hündin variieren, manchmal dauert es zwanzig Minuten, doch gibt es auch Hündinnen, bei denen es Schlag auf Schlag geht. Gehört Ihre Hündin zu letzteren, so haben Sie Glück gehabt. Presst die Hündin weiter, ohne dass nach Ablauf einer Stunde der nächste Welpe da ist, sollten Sie den Tierarzt hinzuziehen, da ein Welpe stecken geblieben sein kann, was einen Kaiserschnitt oder die Verabreichung einer Injektion mit einem Wehenmittel notwendig machen kann.

Ein Stück Vliesbett auf dem Boden der Welpenkiste festgeschraubt, darunter Zeitungspapier, hält die Welpen warm und trocken und verschafft ihnen einen guten Stand, wenn sie zu laufen anfangen.

Foto courtesy: Brenda Haslam.

HÜNDIN UND WELPEN NACH DEM WERFEN

Gibt es keine derartigen Probleme und scheint die Hündin zufrieden mit ihren Welpen zu sein, leckt diese und widmet sich ihnen liebevoll und entspannt sich, so spricht einiges dafür, dass alle Welpen geboren sind. Sie wird ihre neue Familie nur zögernd verlassen, doch sollte sie jetzt nach draußen gebracht werden, um sich lösen zu können. Jetzt kann die Welpenkiste gesäubert, Zeitungspapier und Vliesbett ausgetauscht werden. Hilfreich ist, die Unterlage mit leicht zu entfernenden großköpfigen Schrauben zu befestigen. So können die Welpen nicht unter die Decke gelangen und die Hündin kann sich nicht versehentlich auf sie legen. Und wenn die Welpen älter werden und zu krabbeln beginnen, haben sie so viel mehr Halt als auf einer Unterlage, die sich unter ihnen zusammenschiebt. Bieten Sie Ihrer Hündin etwas warme Milch an, wenn sie zurückkommt. Und nachdem nun die neue Familie glücklich zusammen ist, können Sie anfangen, sich Gedanken über die Erhöhung der Futtermenge zu machen. Noch vor einiger Zeit hätten viele Züchter extra Calciumgaben und vielleicht Lebertran oder dergleichen für die Hündin empfohlen. Die heutigen Fertigfuttermittel machen dies überflüssig.

Beaglewelpen kommen mit Wolfskrallen an den Vorderläufen und manchmal auch an den Hinterläufen zur Welt. Diese sollten entfernt werden, da sich der Hund diese später abreißen und sich dabei verletzen könnte. Sind die Welpen gesund und kräftig, so sollten die Wolfskrallen im Alter von etwa drei Tagen entfernt werden. Ein erfahrener Züchter oder Tierarzt kann diese einfache Operation ausführen, die bei den Welpen nur wenig Unbehagen hervorruft.

Die ersten zwei Wochen nach der Geburt sollte Ihre Hündin zwei normale Mahlzeiten am Tag erhalten; später können die Mahlzeiten größer werden, wobei die Fütterungsmenge in starkem Maß von der Wurfgröße abhängt. Offensichtlich muss eine Hündin mit acht Welpen mehr einbringen als eine, die nur drei Welpen säugt; benutzen Sie einmal mehr Ihren gesunden Menschenverstand - das wertvollste Handwerkszeug des erfolgreichen Hundezüchters.

DIE ENTWÖHNUNG

Die ersten drei Wochen werden die Welpen gut mit Mutters Milch auskommen, doch danach sollten Sie mit dem Absetzen beginnen. Bieten Sie den Welpen jetzt einen geeigneten Welpenbrei an, den die meisten großen Futtermittelhersteller im Angebot haben. Dieser ist einfach zu verabreichen und sehr schmackhaft, so dass er von den meisten Welpen problemlos angenommen wird. Wenn Sie mit dem Zufüttern beginnen, nehmen Sie die Hündin für etwa zwei Stunden von den Welpen weg, so dass diese Hunger bekommen, ohne diesen an der Milchbar stillen zu können. Bieten Sie etwas von dem Babybrei an, indem Sie die Welpen mit der Nase leicht in den Brei stupsen. So bekommen diese schnell mit, worum es geht und werden in der Regel sofort anfangen, den Brei aufzuschlecken. Geben Sie am zweiten Tag zwei dieser Mahlzeiten, und am Ende der Woche - wenn sie nun vier Wochen alt sind - sollten sie drei Mahlzeiten pro Tag bekommen. Zu diesem Zeitpunkt kann nun ein Fertigfutter als Dosen- oder Trockenfutter eingeführt werden. Geben Sie ein Dosenfutter, so sollte dieses leicht angewärmt werden, um den appetitanregenden Duft zu verstärken. Entscheiden Sie sich für Trockenfutter, so sollte dieses grundsätzlich in warmem Wasser oder Brühe mindestens eine Stunde vorher eingeweicht werden. Da Wurmbefall bei Welpen nicht ungewöhnlich ist, sollten diese, sobald sie feste Nahrung zu sich nehmen, entwurmt werden. Es sind heute verschiedene Präparate am Markt und es ist wichtig, den Empfehlungen des Herstellers hinsichtlich des Alters der Welpen und der Dosierung zu folgen.

Im Alter von fünf Wochen, wenn die Welpen ihre regelmäßigen Mahlzeiten freudig aufnehmen, sollten sie langsam von der Muttermilch entwöhnt werden. Bis zu diesem Zeitpunkt ist es zu empfehlen, die Hündin bei den Welpen schlafen zu lassen. Danach aber sollte sie nachts von ihnen getrennt werden. Gibt sie noch immer Milch, so darf sie ihre Welpen bis zu dreimal am Tag aufsuchen, bis die Milchproduktion langsam aufhört. Sind die Welpen sechs Wochen alt, so sollten sie völlig entwöhnt sein und die Mutterhündin keine Milch mehr geben.

ABSCHIED NEHMEN

Im Alter von sieben Wochen sollten die Welpen vier herzhafte Mahlzeiten am Tag bekommen. Ihre Mutter dürfte froh sein, sie allein zu lassen und die Kleinen rennen den ganzen Tag umher und stellen dabei jeglichen Unfug an. Sie sind jetzt abgabereif für ihr neues Zuhause. Die meisten Beagle sind in diesem Alter auch bereit, sich einem neuen Zuhause anzupassen. Und je eher sie dorthin kommen, umso leichter passen sie sich den neuen Gegebenheiten an. Sie sollten die neuen Besitzer über das von Ihnen verabreichte Welpenfutter informieren und möglichst auch eine gewisse Menge davon mitgeben, um größere Umstellungsschwierigkeiten in dieser so aufregenden Zeit für den Welpen zu vermeiden. Möchten die neuen Besitzer das Futter wechseln, so sollte dies nur allmählich geschehen. Sie haben die neuen Welpenbesitzer hoffentlich auf Herz und Nieren geprüft, denn Sie wollen ja möglichst sicher sein, dass die Welpen ihren neuen Familien so viel Freude bereiten wie Ihre Hündin Ihnen schenkte. Bitten Sie sie, mit Ihnen in Kontakt zu bleiben. Und jedes Jahr zu Weihnachten, wenn Sie dann die festlichen Glückwunschkarten mit den Fotos der Hunde bekommen, die einmal Ihre Welpen waren, werden Sie stolz und glücklich sein.

KÜNSTLICHE BESAMUNG

Mit jedem Jahr wird das Ausstellen und Züchten von Rassehunden internationaler. Richter reisen rund um die Welt, um auf großen, internationalen Ausstellungen zu richten, während Züchter diese Ausstellungen in immer größerer Zahl besuchen, vor allem nationale Spezialzuchtschauen, was ihnen die Gelegenheit gibt, viele der besten Hunde der Welt zu sehen. Dies ist für Züchter von unschätzbarem Wert, da sie so den Qualitätsstandard einer Rasse in den verschiedenen Ländern abschätzen können und sehen, wo bestimmte Stärken oder Schwächen vorherrschen.

Manchmal trifft man auf herausragende Hunde, die zum Verkauf stehen, doch dies ist die absolute Ausnahme. Ansonsten kann die Technik der künstlichen Besamung eine erfolgreiche Alternative sein, wodurch anstelle des Hundes nur eine kleinere Menge Sperma verschickt wird. Auch für Länder mit strengen Quarantänebestimmungen ist die künstliche Besamung von großer Bedeutung, um einen kleinen Genpool zu erweitern. Sollten Sie mit dem Gedanken an eine künstliche Besamung spielen, ist es unerlässlich, sich rechtzeitig mit der zuständigen Behörde und dem nationalen Verein bzw. Verband in Verbindung zu setzen, da Letzterer unter Umständen gewisse Auflagen hinsichtlich der Eintragung von Welpen aus diesen Verpaarungen macht. Um mit künstlicher Besamung gute Ergebnisse zu erreichen, muss das Sperma von bester Qualität sein, richtig behandelt und die Hündin am optimalen Tag ihrer Hitze unter Verwendung der angemessenen Technik besamt werden. Nur Hunde mit normaler Fruchtbarkeit sollten zur künstlichen Besamung herangezogen werden, die Erfolgsquote wird durch diese Methode nicht erhöht. Vielmehr muss man mit einer leicht verringerten Trächtigkeitsquote im Vergleich zu natürlichen Deckakten rechnen, vor allem, wenn es sich um vorher tiefgefrorenes Sperma handelt.

Sperma von Hunden kann in frischem Zustand direkt vom Rüden auf die Hündin übertragen werden, wenn beide anwesend sind und keine Zeit vergeudet wird. Es kann aber auch gekühlt, verdünnt oder gefroren werden, wenn es verschickt oder für eine bestimmte Zeit aufbewahrt werden soll. Steht der Deckrüde in einem Land, das nicht zu weit entfernt isd, kann man gekühltes, verdünntes Sperma verwenden, das seine Fruchtbarkeit über 12 - 48 Stunden, unter Umständen auch länger, behält. Aus entfernteren Ländern muss gefrorenes Sperma benutzt werden, das in Flüssigstickstoff bei -197°C aufbewahrt wird. So sollte man auch verfahren, wenn Sperma für mehrere Hündinnen benötigt wird. Tiefgefrorenes Hundesperma kann praktisch unbegrenzt aufbewahrt werden (1 - 2.000 Jahre). Haben Sie beschlossen, einen bestimmten Rüden oder auch nur Sperma von ihm einzuführen, ist es von größter Bedeutung, dass Sie über den Hund so viele Informationen wie möglich einholen und, sofern möglich, auch über seine Vorfahren. Treffen Sie derartige Entscheidungen, die weitreichenden Einfluss auf Ihr Zuchtprogramm haben, nur anhand von Fotos, so kann dies zu einigen unliebsamen Überraschungen führen. Wesen, Gebissschluss, Hoden, Bewegungsablauf und Augenfarbe, um nur einige Dinge zu nennen, können in anderen Ländern einen ganz anderen Stellenwert haben. Was in dem Land, aus dem Sie einen Hund importieren wollen, akzeptiert wird, mag bei Ihnen völlig tabu sein. In der heutigen Zeit, da Flugpreise so erstaunlich niedrig sind, ist ein Flug, um den Hund in Fleisch und Blut zu betrachten, letztlich einem kostspieligen Fehler vorzuziehen.

Die meisten künstlichen Besamungen werden mit frischem oder gekühltem, verdünntem Sperma durchgeführt. Frisches Sperma wird benutzt, wenn beide, Rüde und Hündin, anwesend sind, aber aus irgendeinem Grund ein natürlicher Deckakt nicht stattfinden kann oder darf. Dem Rüden Sperma abzunehmen ist recht einfach, und die Besamung der Hündin mit frischem oder gekühltem Sperma ist nicht weiter kompliziert, sofern der ausführende Tierarzt über gute Kenntnisse der Anatomie der weiblichen Genitalien verfügt. Der Samen wird gewöhnlich in den Gebärmutterhals der Hündin eingebracht und diese anschließend für etwa zehn Minuten an den Hinterläufen angehoben, um den Transport des Spermas durch die Gebärmutter zu den Eileitern, wo die Befruchtung stattfindet, zu erleichtern. Es muss sorgfältig darauf geachtet werden, dass der Hündin hierbei kein Schaden zugefügt wird, und dass der Samen nicht durch Bakterien verunreinigt ist - zum Beispiel von einem Rüden mit Prostataentzündung stammt (was durchaus ein Grund für seine Deckunlust sein kann). Die Qualität des Spermas sollte grundsätzlich vor der Durchführung einer künstlichen Besamung überprüft werden, deshalb ist die Zusammenarbeit mit einem Tierarzt, der sich auf die Zucht von Hunden spezialisiert hat, ratsam. Wird das Sperma transportiert, so sollte es immer verdünnt werden, um es mit Nahrung zu versorgen und die Membran der Spermien gegen das Schütteln auf dem Transportweg zu schützen. Außerdem sollte es gekühlt werden, damit der Stoffwechsel verlangsamt und gleichzeitig die Fruchtbarkeit verlängert wird. Sperma von Hunden, das so behandelt wird, kann oft noch nach zwei oder mehr Tagen erfolgreich eingesetzt werden. Der Transport erfolgt in normalen Vakuumbehältern, die preiswert sind und nicht zurückgegeben werden müssen. Der Transport von gekühltem, verdünntem Samen zwischen Europa und den USA wurde bereits erfolgreich durchgeführt. Werden für den Transport mehr als zwei Tage benötigt, oder wird Sperma für mehrere Hündinnen geschickt, sollte dieses tiefgefroren werden. Tiefgefrorenes Sperma von Hunden kann auch in Samenbanken gelagert werden, um es zu einem späteren Zeitpunkt zu nutzen. Dieses Verfahren ist weit komplizierter und sollte den Fachleuten überlassen bleiben. Es muss ein spezieller Gefrierextender benutzt werden, das Sperma wird bis zu einem gewissen Grad abgekühlt und dann in Flüssigstickstoff bei Minus 197°C eingefroren. Das Sperma muss in einem Behälter für Flüssigstickstoff transportiert werden, ein recht teures Hilfsmittel, das später zurückgegeben werden muss. Es gibt verschiedene Verfahren, Sperma von Hunden tiefzufrieren, und eine beachtliche Kommerzialisierung hat vor allem in den USA um sich gegriffen. Unglücklicherweise sind viele Gesellschaften äußerst verschlossen, sowohl was ihre Methoden, und - was noch wichtiger ist - ihre Resultate betrifft. Die Züchter haben nicht genügend Druck erzeugt, um sie zur Preisgabe ihrer Erfolgsquoten zu veranlassen. Doch wird sich dies hoffentlich ändern, da künstliche Besamungen immer selbstverständlicher werden.

Der Schwedische Dachverband hat verfügt, dass ihm künstliche Besamungen innerhalb von zwei Wochen, das heißt, noch bevor festgestellt werden kann, ob die Hündin aufgenommen hat, mitzuteilen sind, soll der Wurf eingetragen werden. Nur Tierärzte mit einer speziellen Ausbildung in künstlicher Besamung dürfen diese vornehmen. Die Ergebnisse werden jährlich veröffentlicht und stehen Züchtern zur Verfügung. Dieses Verfahren wird seit 1990 angewandt. Und in den folgenden sechs Jahren sind dem schwedischen Dachverband etwa 1500 künstliche Besamungen zur Kenntnis gebracht worden. Zahlreiche Tierärzte haben die Besamungen vorgenommen und/oder Sperma abgenommen und konserviert. Die durchschnittliche Erfolgsrate mit frischem als auch tiefgefrorenem Samen liegt bei 50 Prozent. Die Welpenrate nach natürlichen Verpaarungen wird bei Hunden mit 80 bis 90 Prozent angegeben. Die Diskrepanz zwischen künstlicher Besamung und natürlicher Belegung liegt zum Teil daran, dass etliche Fälle künstlicher Besamung an Problemhündinnen vorgenommen werden, dass das Sperma manchmal von minderer Qualität ist, oder die Hündin nicht zum optimalen Zeitpunkt ihrer Läufigkeit besamt wurde. Werden Hündinnen zur korrekten Zeit innerhalb ihrer Läufigkeit nur mit Sperma höchster Qualität besamt, liegt die Erfolgsquote bei Verwendung frischen Samens bei 80 Prozent.

Tiefgefrorenes Sperma sollte direkt in die Gebärmutter der Hündin eingebracht werden, denn dieses Verfahren kann ebenfalls zu einer Erfolgsquote von 80 Prozent führen, sofern Sperma von höchster Qualität verwendet wird; dem steht eine Quote von nur 40 - 45 Prozent gegenüber, wenn das Sperma in der oberen Vagina eingebracht wird. In Skandinavien wurde in den frühen siebziger Jahren eine nichtoperative intrauterine Besamungsmethode entwickelt, bei der der Gebärmutterhals kathederisiert wird, die seither zur Routine geworden ist. Die Hündin wird nicht betäubt und die Methode ist weder schmerzhaft noch gefährlich. Man braucht einige Zeit und Hingabe, dieses zu erlernen, was der Grund dafür ist, dass in vielen Ländern die intrauterine künstliche Besamung noch immer mit einer Unterleibsoperation verbunden ist. Auch hier sollten Züchter auf die ausführenden Tierärzte Druck ausüben, damit diese moderne, weniger belastende Techniken anwenden.

Kapitel 6

ERLÄUTERUNGEN ZUM RASSESTANDARD

Als sich das Ausstellen von Hunden zu einer beliebten Freizeitbeschäftigung entwickelte, musste für jede anerkannte Rasse eine durchformulierte, schriftlich fixierte Beschreibung des idealen Rassevertreters niedergelegt werden - ein Idealbild, an dem jeder im Ausstellungsring konkurrierende Hund gemessen werden konnte. Diese schriftlich formulierten Idealbilder bezeichnet man als Rassestandards, und bis auf den heutigen Tag sind alle Richter verpflichtet, Hunde auf Ausstellungen nach dem gültigen Standard ihrer Rasse zu beurteilen. In Großbritannien kontrolliert der Kennel Club die Rassestandards, so wie dies in einer Reihe anderer Länder die jeweiligen Dachverbände tun. In den Vereinigten Staaten hingegen bleiben die Rassestandards Eigentum der jeweiligen Rassehundeclubs, und diese üben die letzte Kontrolle aus. Welches System das bessere ist, bleibt umstritten.

Ich möchte in diesem Kapitel näher auf den Rassestandard für Beagles eingehen, der in Großbritannien gültig ist (und der damit in allen der Fédération Cynologique Internationale, kurz FCI, angeschlossenen Ländern gilt, da diese jeweils den Standard des Ursprungslandes der Rasse zu Grunde legen) sowie auf den, der in den USA in Kraft ist. Wir werden kleinere Unterschiede zwischen beiden genauer betrachten. Viele der ersten Rassestandards, die in Großbritannien entworfen wurden, basierten auf einer Punkteskala. Einzelnen Rassemerkmalen wurde eine bestimmte Punktezahl zugeordnet, deren Gesamtsumme betrug 100. Auf britische Rassestandards trifft dies heute nicht mehr zu, der amerikanische Rassestandard führt jedoch noch immer eine Punkteskala auf. Es wird nicht zu Unrecht behauptet, dass durch dieses Zerlegen eines Hundes in Einzelteile, nicht greifbare Merkmale wie Qualität, Stil oder Ausgewogenheit bei der Beurteilung keine Berücksichtigung finden; und aus diesem Grund finden viele Menschen das Punktesystem recht unbefriedigend und ziemlich künstlich.

ALLGEMEINES ERSCHEINUNGSBILD

FCI/GB: Ein robuster, kompakter Hund, vermittelt den Eindruck von Qualität, ohne grob zu wirken.

USA: Die Miniaturausgabe eines Foxhounds, kräftig und größer wirkend als seine Körperhöhe in Zentimetern, den Eindruck von Unverwüstlichkeit vermittelnd, auf der Jagd ausdauernd und sein Wild bis zum Tod verfolgend.

Als die britischen Rassestandards das letzte Mal auf den neuesten Stand gebracht und überarbeitet - einige meinen eher steriler - wurden, beschloss man Bezüge zu anderen Rassen innerhalb der einzelnen Standards, in welchem Zusammenhang diese auch immer standen, herauszunehmen. Ob das Festhalten der Amerikaner an dem Querverweis zum Foxhound sinnvoll ist, bleibt strittig. Zuerst einmal erkennen die USA zwei verschiedene Rassen Foxhounds an - den American Foxhound und den English Foxhound. Mit allem Respekt möchte ich darauf verweisen, dass ich höchst selten einen Beagle im amerikanischen Ausstellungsring gesehen habe, der auch nur im Entferntesten an die Miniaturausgabe einer der beiden erinnerte. Meiner Meinung nach dient die britische Formulierung der Rasse mehr. Sie betont, dass der Beagle robust ist, womit auf gute Knochen und einen festen Körper hingewiesen wird. Sie erwähnt Kompaktheit, die für die Rasse unentbehrlich ist und verweist darauf, dass Qualität ohne Grobheit gefordert ist. So weiß der Leser sofort, dass der Beagle nicht von gewöhnlicher Erscheinung sein sollte, weder zart noch unscheinbar.

CHARAKTERISTIKA UND WESEN
FCI/GB: Ein fröhlicher Hund, dessen wesentliche Bestimmung es ist, zu jagen, vornehmlich Hasen, indem er der Fährte folgt, unerschrocken, äußerst lebhaft, mit Zähigkeit und Zielstrebigkeit. Aufgeweckt, intelligent und von ausgeglichenem Wesen. Liebenswürdig und aufgeweckt, ohne Anzeichen von Angriffslust oder Ängstlichkeit.
USA: *Leider enthält der amerikanische Standard keine Hinweise zu Charakteristika und Wesen.*

Ich halte dies für bedauerlich, weil das ausgeglichene Wesen des Beagles eines seiner größten Vorzüge ist; und wer den Standard liest, sollte nicht im Zweifel darüber gelassen werden, dass Bösartigkeit und Nervosität der Rasse völlig fremd und daher nicht akzeptabel sind. Die Tatsache, dass der amerikanische Standard nicht auf das Wesen eingeht, mag bei einigen Lesern zu dem falschen Eindruck führen, dass eine derartige Veranlagung bedeutungslos sei. Es ist aber ein Hauptmerkmal der Rasse und auf gar keinen Fall sollten unverträgliche, aggressive Beagles toleriert werden. In der Meute würden derartige Hunde nicht lange überleben. In der heutigen Zeit, da in weiten Teilen der Öffentlichkeit eine Anti-Hundestimmung herrscht, sollten Beagles, die dieses untypische Verhalten zeigen, zum Wohle des Ansehens der Rasse, das bislang vorbildlich ist, nicht geduldet werden.

KOPF UND SCHÄDEL
FCI/GB: Von mäßiger Länge, kraftvoll ohne grob zu sein, feiner bei der Hündin, ohne Runzeln oder Falten am Kopf. Oberkopf leicht gewölbt, mäßig breit, mit sich leicht abzeichnendem Hinterhauptbein. Deutlich ausgeprägter Stop, der die Distanz zwischen Hinterhauptbein und Nasenspiegel möglichst genau halbiert. Fang nicht spitz, angemessene Belefzung. Nasenspiegel breit, vorzugsweise schwarz, jedoch ist bei helleren Hunden eine abgeschwächte Pigmentierung statthaft. Gut geöffnete Nasenlöcher. Augen: dunkelbraun oder haselnussbraun, ziemlich groß, weder tiefliegend noch hervortretend, ziemlich weit

Eine äußerst reizende Kopfstudie von Ch. Millmar Beeswax, Züchter und Besitzer Isobel Miller, gezogen aus ihren beiden Champions Mistylaw Chuckle of Millmar und Millmar Brevity. Beeswax wurde Rassebeste auf der Clubsiegerschau des Beagle Clubs unter den Richtern Patricia Sutton und Marion Watson.

Foto courtesy: Isobel J. M. Miller.

Eine wunderschöne Kopfstudie des Weltsiegers von 1993, Ch. Harrowill´s Alien, ein Sohn des argentinischen Ch. Blackspot Zany. Foto courtesy: Marcos Adler.

voneinander eingesetzt mit sanftem, gewinnendem Ausdruck. Behang: lang, unten abgerundet. Wenn nach vorne gezogen, fast bis zum Nasenspiegel reichend. Tief angesetzt, dünn, mit der Vorderkante anmutig an der Backe getragen. Gebiss: kräftige Kiefer mit einem perfekten, regelmäßigen und vollständigen Scherengebiss, wobei die obere Schneidezahnreihe ohne Zwischenraum über die untere greift und die Zähne senkrecht im Kiefer stehen.
USA: Der Schädel sollte von mäßiger Länge sein, mit leichter Wölbung am Hinterhauptbein, Schädel breit und ausgefüllt. Behang: mäßig tief angesetzt, lang, wenn nach vorn gezogen fast, wenn nicht ganz, bis zum Nasenspiegel reichend; dünn, recht breit - mit so gut wie keiner Neigung zum Stehen - eng am Kopf anliegend, wobei die Vorderkante eng an der Backe anliegt - unten abgerundet. Augen: groß, weit voneinander eingesetzt - sanft und houndmäßig - von sanftem, ansprechendem Ausdruck; braun oder haselnussfarben. Fang: von mittlerer Länge - gerade und quadratisch geschnitten - mäßig ausgeprägter Stop. Kiefer: gerade. Ohne übermäßige Belefzung; große, gut geöffnete Nasenlöcher. Fehler: ein sehr flacher Schädel, schmaler Oberkopf; übermäßige Wölbung des Oberkopfes, kleine Augen, mit hartem oder terrierhaftem Ausdruck, oder hervortretend; langer Fang, spitz oder unter den Augen stark einfallend, oder sehr kurz. Ramsnase, oder Sattelnase, die einen pointerhaften Ausdruck bewirkt. Kurze Behänge, hoch angesetzt oder mit der Tendenz, über den Behanganssatz hinauszuragen.

Im Prinzip liegen die Beschreibungen des Kopfes in den beiden Standards dicht beieinander, doch gibt es bei beiden Gesichtspunkte, die vielleicht etwas zu kurz kommen. Beide betonen, dass der Beaglekopf von mittlerer Länge sein sollte. Während aber die britische Version darauf hinweist, dass der Kopf kräftig, aber nicht grob sein sollte, verlangt der amerikanische Standard einen breiten, ausgefüllten Schädel, was dahingehend interpretiert werden könnte, dass eine gewisse Grobheit tolerabel ist. Beide weisen daraufhin, dass der Oberkopf leicht gewölbt ist, der amerikanische Standard führt zusätzlich eine zu starke Wölbung als Fehler auf.

Kein britischer Rassestandard listet einzelne Fehler auf, da jedem einzelnen folgende Klausel angefügt ist: **Jede Abweichung von den vorgenannten Punkten sollte als Fehler angesehen werden, dessen Bewertung in genauem Verhältnis zum Grad seiner Abweichung stehen sollte.** Diese Formulierung ist meiner Ansicht nach einer Auflistung von einzelnen disqualifizierenden Fehlern vorzuziehen, da ein Richter so die Freiheit behält, alle Schwächen gemäß seinen eigenen Prioritäten zu bewerten, und vielleicht bleibt so etwas mehr Raum für die eigene Interpretation. Der britische Standard betont, dass der Kopf frei von Runzeln und Falten sein sollte, meiner Meinung nach vernünftigerweise, da ein Kopf mit Falten bestenfalls zu einem sehr sorgenvollen, nicht aber ansprechendem Ausdruck, schlimmstenfalls sogar zu einem düsteren Ausdruck führen kann.

Beide Standards fordern einen moderaten Stop, und dies ist ein Punkt, bei dem es beträchtliche Abweichungen bei Beagleköpfen gibt. Bei einigen Hunden ist der Stop nur minimal, was zu einem recht gewöhnlichen Ausdruck führt. Bei anderen kann der Stop etwas zu hart sein, was in Verbindung mit dem konkaven Nasenrücken zu einem pointerähnlichen Kopf führt, der dann rasseuntypisch ist. Nur der britische Standard weist darauf hin, dass der Stop den Kopf in zwei gleich lange Hälften teilen sollte; der amerikanische spricht lediglich von Oberkopf und Fang von mittlerer Länge. Der amerikanische Standard fordert einen geraden, quadratisch geschnittenen Fang, ein eher zweideutiger Begriff, denn von welchem Winkel aus wird der Fang als gerade gesehen? Tatsächlich bezieht sich dies auf die Linie von der Basis des Stops zur Nase. Die Forderung nach quadratisch geschnittenem Fang stimmt gut mit dem »nicht spitz, mit angemessener Belefzung« der britischen Version überein. Beide fordern genügend Belefzung, um eine weiche, quadratisch endende Fangpartie zu erreichen. Ein spitzer Fang ohne ausreichende Belefzung wirkt herb, hart und steht im Widerspruch zu dem für die Charakteristik des Beagles so wichtigen sanften Ausdruck. Aus leicht ersichtlichen Gründen sollte jeder auf der Spur jagende Hund große, offene Nasenlöcher haben. Beachten Sie, dass der amerikanische Standard keine Angaben über die Farbe des Nasenspiegels macht, während der britische fordert, dass dieser vorzugsweise schwarz ist, mit dem Zusatz, dass bei helleren Hunden eine abgeschwächte Pigmentierung statthaft ist. In der Tat wird man bei hellen Hunden nur selten wirklich dunkle Nasen finden, und es überrascht, wie viele Richter ihre Unkenntnis beweisen, wenn sie zweifarbige Beagles zurücksetzen, weil die Nasenfarbe nicht ausreicht. Darüber hinaus wirkt eine schwarze Nase bei einem sehr hellen Hund unpassend. Haben Sie einen hellen, zweifarbigen Beagle, so schwärzen Sie einmal dessen Nase mit einem Kohlestift, und Sie werden sehen, wie sich dessen Ausdruck verändert (natürlich nur zu Hause, nicht für den Ausstellungsring!). Der Kopf wirkt eigenartig, der Ausdruck recht hart und starr.

Es wird gesagt, dass die Augen des Beagles ziemlich weit voneinander eingesetzt und groß (gemäß dem amerikanischen Standard) oder ziemlich groß (gemäß dem britischen) sein sollen.

Hinsichtlich der Farbe stimmen beide dahingehend überein, dass sie haselnussfarben oder braun sein sollen, doch fordert der britische Standard dunkelbraun. Ich habe vor allem Leuten gegenüber, die von Rassen kommen, wo es nach dem Motto geht: »Je dunkler, desto besser«, immer Schwierigkeiten gehabt, deutlich zu machen, dass Beagles auch zu dunkle Augen haben können. Ist das Auge von einem Dunkelbraun, das schon zum Schwarz tendiert, so geht der sanfte, gewinnende Ausdruck verloren, der so wichtig für die Rasse ist und der nur mit einem mittelbraunen Auge erreicht wird. Interessant ist auch, dass beide Standards nichts über die Augenform äußern. Fragen Sie die Züchter, welche Form das Auge eines Beagles haben sollte, so wird die Mehrheit mit »rund« antworten. Im Prinzip ist das auch richtig, doch verleiht ein völlig rundes Auge dem Beagle einen etwas abwesenden, leeren Ausdruck. Ich würde das ideale Beagleauge als rund mit einer ganz leichten Tendenz zu »mandelförmig« beschreiben.

Keiner der beiden Standards erwähnt die Tatsache, dass die Lidränder beim Beagle recht fest anliegen sollten, aber nicht so straff, dass dadurch ein schräges Auge mit verschlagenem Ausdruck entsteht. Häufig findet man Beagles mit recht losen, hängenden unteren Augenlidern, wodurch eine Art »Armesündermiene« hervorgerufen wird. Ein weiterer Teilaspekt, der in beiden Standards unerwähnt bleibt, ist das dritte Augenlid, die Nickhäute. Im Idealfall sind beide dunkel pigmentiert, da dies den sanften Ausdruck verstärkt. Häufig sind die Nickhäute aber auch unpigmentiert. In einem korrekt geformten, geschlossenen Auge sind die Nickhäute kaum zu sehen und werden den Ausdruck, selbst wenn sie unpigmentiert sind, nicht beeinträchtigen. Treten aber lose Augenlider in Verbindung mit unpigmentierten Nickhäuten auf, so kann dies zu einem recht wirren, in keiner Weise ansprechenden Ausdruck führen.

Beide Standards stimmen hinsichtlich des Behangansatzes und der Behanglänge überein und betonen - wenn auch mit anderen Worten - die Notwendigkeit, dass die Vorderkante anmutig an der Backe anliegen soll. Dass das Ohr unten abgerundet ist, ist für den Gesamtausdruck des Beagles bedeutend, da schon durch die Andeutung einer Spitze der sanfte Ausdruck leiden würde. Beide Standards sagen von den Ohren, dass diese »fine in texture« sein sollten. Dies ist etwas irreführend. Einige Leser könnten annehmen, dass sich die »Feinheit« auf die Dicke des Behangs bezieht, doch war die ursprüngliche Aufgabe der Rasse derart, dass ein dünnes Ohr beim Verfolgen der Spur fatal gewesen wäre. Die »Feinheit« bezieht sich vielmehr auf die Beschaffenheit der Behaarung an den Behängen, und diese ist insgesamt dünner und weicher als an jeder anderen Körperpartie. Das Ohr selbst ist hingegen recht dick, was auch zweckmäßig ist.

Was das Gebiss betrifft, so verlangt der amerikanische Standard, dass die Kiefer gerade sind, macht aber keine Aussage über den tatsächlichen Gebissschluss. Der britische Standard ist hier genauer und fordert ein Scherengebiss. Die Rasse hat bisher keine Zahnprobleme gehabt, und es ist zu hoffen, dass Richter auch in Zukunft auf einem korrekten Scherenschluss bestehen. Hin und wieder findet man einen Beagle mit leichtem Vor- oder Rückbiss (Letzteres ist etwas offensichtlicher), und beides muss vermieden werden. Steht lediglich ein Zahn in einem ansonsten korrektem Gebissschluss falsch, so bleibt es dem einzelnen Richter überlassen, wie er dies bewertet.

Nur der britische Standard weist darauf hin, dass der Kopf der Hündin feiner als der des Rüden ist. Dies ist absolut richtig, und jede Beaglehündin sollte einen solch sanften Ausdruck haben, dass ihr Geschlecht sofort zu erkennen ist. Es sollte nie nötig sein, das andere Ende des Hundes zu betrachten, um herauszufinden, ob es sich um einen Rüden oder eine Hündin handelt.

Letztlich erzeugen die Qualität und Ausgewogenheit des Beaglekopfes, die Lage der Augen, ihre Form und Farbe sowie der Ansatz und die Form des Behangs im Zusammenspiel den sanften, gewinnenden Ausdruck, der unerlässlicher Teil der Rasse ist. Ein Beagle ohne diesen sanften Ausdruck ist einfach kein Beagle.

HALS

FCI/GB: Ausreichend lang, um dem Hund mühelos das Arbeiten mit tiefer Nase auf der Spur zu ermöglichen. Leicht gebogen, mit etwas Kehlhaut.
USA: Sich frei und elegant aus der Schulter erhebend, kräftig, aber nicht überladen, von

mittlerer Länge. Die Kehle sauber, ohne lose Haut; eine kleine Falte unter dem Kieferwinkel kann hingegen toleriert werden. Fehler: ein dicker, kurzer, plumper Hals, auf einer Höhe mit der Schulterblattspitze getragen. Kehle mit Kehlhaut und so starken Hautfalten, dass von Wamme gesprochen wird.

Im Kern fordern beide Standards einen recht langen Hals ohne Kehlhaut. Es erstaunt mich, dass nur der britische Standard auf den leicht gebogenen Verlauf der Halslinie hinweist, da gerade viele amerikanische Beagles oft durch ihre elegant geschwungene Halslinie beeindrucken. Es gibt bei Hunden mit vorzüglicher Halswölbung auch eine Tendenz zu einer deutlich erkennbaren Delle hinter dem Schädel, wo Kopf und Hals verschmelzen, was einen gewissen Adel und Eleganz verleiht. Nur der amerikanische Standard gibt einen Hinweis auf die Haltung des Halses, allerdings auch nur bei der Fehlerbenennung.

Beim Ausstellungsbeagle wird oft unterstellt, dass der Kopf auf stolz erhobenem Hals getragen werden sollte. Doch ist die natürliche Kopfhaltung beim Beagle so, dass er diesen in der Bewegung tiefer trägt, so dass der Hals mehr vorwärts gestreckt, denn aufrecht getragen wird. Oft wird ein korrekt konstruierter Beagle an einer straffen Vorführleine präsentiert, was dazu führt, dass er seine Vorderläufe unkontrolliert wirft, weil er sich nicht mehr frei und harmonisch bewegen kann. Bei angemessener Geschwindigkeit und an der losen Leine vorgeführt, wird sich der korrekt konstruierte Beagle mit etwas tiefer genommenem Kopf natürlich bewegen, auch wenn dies von vielen nicht als wünschenswerte Haltung für den Ausstellungsring angesehen wird.

KÖRPER

FCI/GB: Vorhand: Schulter gut zurückliegend, nicht überladen. Vorderläufe gerade und senkrecht gut unter den Hund gestellt. Gute Substanz mit runden Knochen, die zu den Pfoten hin nicht schlanker werden. Kurzer Vordermittelfuß. Feste Ellenbogen, weder ein- noch ausdrehend. Ellenbogenhöhe etwa die Hälfte der Widerristhöhe. Pfoten: fest, gut geschlossen, gut aufgeknöchelt mit kräftigen Ballen. Keine Hasenpfote. Nägel kurz.

USA: Schulter: Schräg gelagert - sauber, muskulös, nicht schwer oder überladen - die den Eindruck von freier Aktion voller Aktivität und Kraft vermittelt. Vorderläufe: gerade, mit viel Knochen, der Größe des Hundes angemessen. Vordermittelfuß kurz und gerade. Pfoten: geschlossen, rund und fest. Ballen voll und hart. Fehler: steile, senkrechte Schulter. Ausgedrehte Ellenbogen. Überknöchelnde oder zu weiche Gelenke. Vorderläufe krumm oder teckelartig. Pfoten lang, offen oder gespreizt.

In Anbetracht der Tatsache, dass der Beagle in jeder Hinsicht ein moderater Hund ohne Übertreibungen und die geforderte Front so »normal« ist wie man sie bei kaum einer anderen Rasse finden wird, fällt es mir schwer zu verstehen, warum eine fehlerfreie Front in der Rasse so schwer zu finden ist. Sowohl der britische als auch der amerikanische Standard beschreiben die Vorhand treffend. Verlangt wird eine gut gelagerte Schulter; dies trifft zu, wenn das Schulterblatt und der Oberarm einen Winkel von etwa 90 Grad bilden und die Schulterblätter von ausreichender Länge sind, so dass die Schulterblattspitzen am Widerrist eng beieinander liegen. Die Schultern sollten eng am Körper anliegen, sauber und athletisch sein und nicht im geringsten überladen. Ohne eine gut zurückliegende Schulter ist es nicht möglich, dass die Vorhand frei und mit gutem Vorgriff geführt wird. Steile Schultern sind ein verbreiteter Fehler; beim stehenden Hund vermitteln sie aber leider oft den Eindruck von aufrechter Erscheinung, die vom ungeübten Betrachter leicht mit Eleganz verwechselt werden kann. Die Vorderläufe sollten absolut gerade sein, mit runden Knochen, die zu den Pfoten hin nicht schlanker werden. Bei einigen Rassen, vor allem den Windhundrassen, wird ein flexibler und langer Vordermittelfuß gefordert, was beim Beagle aber als Vorhandschwäche angesehen wird. Gerade, runde Knochen sind wahnsinnig wichtig für den

Anatomie des Beagles
Gezeichnet von Viv Rainsbury.

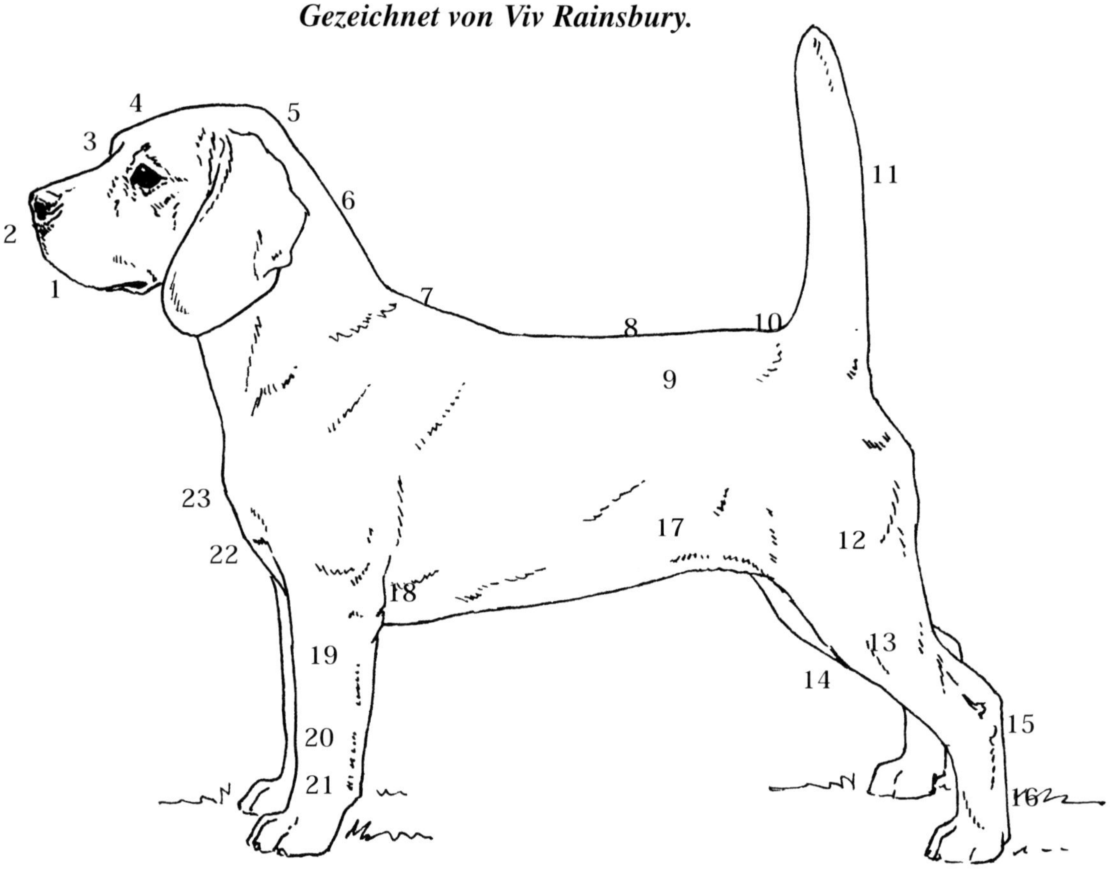

1. Lefzen
2. Fang
3. Stirnabsatz/Stop
4. Oberkopf
5. Hinterhauptbein
6. Nacken
7. Widerrist
8. Oberlinie
9. Lende
10. Kruppe
11. Rute
12. Oberschenkel
13. Unterschenkel
14. Kniegelenk
15. Sprunggelenk
16. Hintermittelfuß
17. Flanke
18. Ellenbogen
19. Vorderlauf
20. Vorderfußwurzelgelenk
21. Vordermittelfuß
22. Vorbrust
23. Bug

Gesamteindruck des Beagles; denn oft wird man auf Beagles treffen, die sich verjüngende Knochen haben, wodurch die Qualität des Gesamteindrucks beeinträchtigt wird. Die Ellenbogen dürfen kein »Spiel« haben, müssen vielmehr eng am Brustkorb anliegen. Betrachtet man den Beagle im Profil, so sollte der Ellenbogen auf der Hälfte zwischen Widerrist und Bodenfläche liegen. Auch müssen die Vorderläufe gut unter dem Brustkorb stehen und nicht weiter vorn angeheftet sein, wie dies unausweichlich bei einem Hund mit steiler Schulter und kurzem Oberarm sein wird. Die Pfoten des Beagles müssen gut geschlossen wie bei einer Katze sein, mit gut gepolsterten, kräftigen und harten Ballen, was für einen Gebrauchshund unverzichtbar ist. Die Vorhandmängel vieler Beagles haben mich lange verblüfft. Es ist wichtig, dass die Front eine gewisse Breite hat, da eine enge Terrierfront untypisch ist; doch habe ich oft Beagles gesehen, deren Front im Stand vorzüglich zu sein schien, die doch beim Laufen die seltsamsten Bewegungen mit ihren Vorderläufen ausführten. Manchmal kann dies an unzureichender Muskulatur liegen, doch ist dies nicht immer der Fall. Ich glaube, dass viele Beagles relativ steile Schultern, kurze Rücken und übermäßig gewinkelte Hinterhände haben. Laufen diese Hunde, so können Vor- und Hinterhand logischer Weise nicht miteinander harmonieren und die Vorderläufe werden in alle Richtungen geworfen. Auf der ganzen Welt scheint eine zu breit geführte Vorhand heute alltäglich zu sein, doch sind sich die Züchter bewusst, dass dies verbessert werden muss.

FCI/GB: Gebäude: Rückenlinie gerade und waagerecht. Brustkorb bis unter Ellenbogen herabreichend. Rippen gut gewölbt und gut zurückreichend. Kurze Lende, jedoch gut ausgewogen, kräftig und biegsam, ohne übermäßig aufgezogen zu sein.
USA: Brustkorb: tief und breit, aber nicht so breit, dass das freie Spiel der Schulter beeinträchtigt wird. Rücken: kurz, muskulös und kräftig. Lende: breit und leicht gewölbt, Rippen gut gewölbt, so dass Platz für die Lunge im Überfluss vorhanden ist. Fehler: überproportional breite Brust oder Brust von mangelnder Tiefe. Sehr langer, weicher oder gewölbter Rücken. Flache, schmale Lende. Abgeflachte Rippen.

Nach Ansicht einiger Rasseliebhaber soll ein ausgewogener Beagle von absolut quadratischer Erscheinung sein, wobei die Widerristhöhe in etwa der Entfernung vom Brustbein zum Steißbein entspricht. In Wirklichkeit weichen viele Beagles hiervon etwas ab, sind eher eine Idee länger als die Widerristhöhe beträgt, wenn sie sich korrekt und mit Raumgriff bewegen sollen. Die Körperlänge eines Beagles sollte immer von seinem Rippenkorb und nicht von der Lende herrühren. Allzu oft sieht man Beagles, die von ihrer Gesamterscheinung nicht zu lang sind, doch deren Rippenkorb viel zu kurz, die Lende hingegen deutlich zu lang ist. Während Kompaktheit beim Beagle erwünscht ist, so ist es doch eine Lebensweisheit, dass ein extrem kurzer Beagle gedrungen wirkt und es vor allem in der Bewegung an Raumgriff fehlen lassen wird. Meiner Erfahrung nach laufen die Beagles mit den kürzesten Rücken, die ich gesehen habe, nicht mit dem erforderlichen Raumgriff und Schub, wie man dies von einem auf der Spur jagenden Hund erwartet.

Beide Standards betonen die Bedeutung gut gewölbter Rippen und eines tiefen Brustkorbs, beides notwendig, um genügend Platz für Herz und Lunge zu bieten. Interessanterweise fordert der britische Standard eine gerade, waagerechte Oberlinie, während die amerikanische Version die gerade Oberlinie nicht erwähnt, aber eine leicht gewölbte Lendenpartie vorgibt. Tatsächlich zeigen amerikanische Beagles heute im Ausstellungsring ausnahmslos absolut gerade Rückenlinien, während britische Beagles in diesem Punkt nicht ganz so anspruchsvoll sind. Die meisten Gebrauchshunderassen zeigen über der Lende eine leichte Aufwölbung, die aber eher auf die Muskulatur als auf eine Verformung des Rückgrats zurückzuführen ist. Der britische Hinweis auf die korrekte Unterlinie des Beagles, »ohne übermäßig aufgezogen zu sein«, ist meines Erachtens wichtig, da es eine zunehmende Tendenz auch bei erfolgreichen Ausstellungshunden zu untypischen Unterlinien gibt, die fast so stark aufgezogen sind wie beim Whippet. Dies verändert das äußere Erscheinungsbild des Beagles erheblich und führt zu einer abgeschnitten wirkenden, unausgewogenen Silhouette. Beide Standards hätten vielleicht darauf hinweisen sollen, dass der Beagle in guter Kondition sein sollte, fit, straff und von gutem Gewicht, aber niemals übergewichtig oder in schlechter Verfassung. Blickt man von oben auf den Beagle, so sollte dort, wo die Rippen in die Lende übergehen, die »Taille« zu sehen sein - nur sehr leicht, aber sichtbar.

HINTERHAND
FCI/GB: Muskulöse Schenkel. Knie gut gewinkelt. Feste und tiefe Sprunggelenke, zueinander parallel.
USA: Hüfte und Schenkel kräftig und gut bemuskelt, um Schubkraft im Überfluss zu

verleihen. Hinterläufe und Pfoten: Knie kräftig und tief. Sprunggelenke fest, symmetrisch und angemessen gewinkelt. Pfoten fest und geschlossen. Fehler: Kuhhessigkeit oder steile Sprunggelenke. Zu schwache Bemuskelung und zu wenig Schub. Offene Pfoten.

Für einen Hund, von dem verlangt wird, dass er an einem Arbeitstag viele Meilen zurücklegt, ist eine kräftig entwickelte, korrekt konstruierte Hinterhand unerlässlich. Auch wenn nur wenigen Ausstellungshunden vergleichbar ausdauernde Bewegung abverlangt wird, so sollten die körperlichen Attribute aber doch vorhanden sein. Noch vor einigen Jahren gehörten steile Hinterhände mit zu geringer Kniewinkelung zu den Hauptfehlern der Rasse; doch heute sehen wir weit bessere Winkelungen, hin und wieder sogar Fälle zu starker Winkelungen. Angemessenheit bleibt das Schlüsselwort beim Beagle, und ein Hund mit übermäßiger Kniewinkelung wird nie die Schubkraft eines korrekt gewinkelten Hundes besitzen, dessen Winkelungen der Vor- und Hinterhand ausgewogen sind. Ein weiterer Fehler, den ich bei Hunden einiger Zuchtlinien gefunden habe, sind Sprunggelenke, die scheinbar ein Doppelscharnier besitzen. Anders gesagt, es genügt ein leichter Druck auf das Sprunggelenk, um dieses ohne großen Widerstand nach vorn springen zu lassen. Dies deutet auf eine Schwäche hin, die sich normalerweise im Gangwerk zeigen wird.

Der Beagle sollte gut bemuskelte Ober- und Unterschenkel haben; eine kräftige, gut gerundete Hinterhand, die aber nicht so stark entwickelt ist, dass sie schwer und überbaut wirkt. Kuhhessigkeit - also Hinterläufe, die zu den Sprunggelenken hin einwärts gedreht sind, bei recht eng stehenden Sprunggelenken und nach außen gedrehten Pfoten, scheint nicht sehr verbreitet zu sein. Auch Fassbeinigkeit tritt manchmal auf; hierbei sind beide Hinterläufe, wenn man sie von hinten betrachtet, nach außen gebogen, erinnern in ihrer Form an ein Fass.

RUTE

FCI/GB: Stark, von mittlerer Länge. Hoch angesetzt, fröhlich getragen, aber nicht über den Rücken gerollt oder vom Ansatz nach vorne geneigt. Gut behaart, besonders an der Unterseite.

USA: Mäßig hoch angesetzt; fröhlich getragen, aber nicht nach vorn über den Rücken gezogen; leicht gebogen; kurz im Vergleich zur Größe des Hundes; gut behaart. Fehler: Eine lange Rute. Zu stark gekrümmt oder vom Ansatz nach vorn geneigt. Rattenschwanz ohne Bürste.

Viele Betrachter mögen glauben, dass die Rute eines Hundes ein eher unbedeutendes Merkmal ist; aber ich bin der Überzeugung, dass eine schlechte Rute einen ansonsten vorzüglichen Hund ruinieren kann. Interessanterweise weichen die Forderungen des britischen und des amerikanischen Standards die Rute betreffend nicht unerheblich voneinander ab. Während der britische Standard eine Rute von mittlerer Länge verlangt, will der amerikanische eine im Vergleich zur Körpergröße kurze Rute. Letzteres ist in starkem Maße eine Frage der Interpretation, doch neigen amerikanische Beagles in der Tat dazu, kürzere Ruten als ihre britischen Kollegen zu haben.

Wesentlichere Unterschiede liegen wohl eher in der Rutenhaltung und im Rutenansatz. Nach britischem Verständnis ist die ideale Beaglerute hoch angesetzt und steht zur Rückenlinie wie der Minutenzeiger um »fünf Minuten nach«. Eine absolut senkrechte oder gar leicht nach vorn geneigte Haltung wäre ein Greuel. In den Vereinigten Staaten hingegen haben viele erfolgreiche Ausstellungshunde - trotz der Forderungen des eigenen Standards - eine Rutenhaltung, die für den britischen Geschmack viel zu fröhlich wäre. Ich glaube, dass einige amerikanische Richter tatsächlich Beagles mit einer »Terrierrute« bevorzugen, da diese den Rücken kürzer wirken lässt und den Hunden ein smarteres Aussehen gibt. Viele britische Richter würden einem Beagle mit nach vorn geneigter Rute keine größere Beachtung schenken, selbst wenn der Hund in anderen Punkten überragend ist. Die Rute des Beagles sollte an der Unterseite von hartem Haar bedeckt sein, das eine leichte Bürste bildet und wodurch das ausgewogene Gesamtbild des Beagles komplettiert wird.

Einige amerikanische Aussteller trimmen dieses Haar (obwohl der amerikanische Standard eine »fehlende Bürste« als Fehler auflistet), wodurch, wie ich meine, eine Rute entsteht, die wie ein Schürhaken aussieht, was zu einem harten, hässlichen Anblick führt.

HAARKLEID
FCI/GB: Kurz, dicht und wetterbeständig.
USA: Ein dichtes, hartes Haarkleid von mittlerer Länge. Fehler: Kurzes, dünnes Haar oder von weicher Beschaffenheit.

Diesem Punkt ist wenig hinzuzufügen, da die beiden Standards alles sagen, was wesentlich ist. Das qualitätsvolle Haarkleid eines Beagles wird sich hart anfühlen und dem Hund gute Dienste leisten, muss aber von Gesundheit und Vitalität glänzen. Nach einem Spaziergang im Regen sollte es nur eines kräftigen Schüttelns bedürfen, damit der Beagle wieder einigermaßen trocken ist. Ein weiches, offenes Haarkleid wird dies nicht ermöglichen und ist deshalb rasse-untypisch.

FARBE:
FCI/GB: Jede anerkannte Houndfarbe, mit Ausnahme von leberbraun. Rutenspitze weiß.
USA: Jede echte Houndfarbe.

Während in der Öffentlichkeit der dreifarbige Beagle mit schwarzer Decke als besonders typisch angesehen wird, sind doch alle anerkannten Houndfarben gleichermaßen korrekt, was sich auch im Ausstellungsring erweist.

Die Farbvielfalt umfasst: dreifarbig gesprenkelt (tricolour-mottle), schwarz mit weiß (black-and-white), blau, braun und weiß (blue-tan-and-white), blau gesprenkelt (blue-mottle), weiß (white), zitronengelb mit weiß (lemon-and-white), braun mit weiß oder rot mit weiß (tan-and-white oder red-and-white), zitronenfarben meliert (lemon-pied), hasenfarben meliert (hare-pied), dachsfarben meliert (badger-pied) und leberfarben, braun und weiß (liver-tan-and-white). Diese Farbschläge entstehen durch verschieden gefärbte Haare, die in unterschiedlich starkem Maße miteinander verschmelzen.

Einige Züchter haben hart darum gerungen, weniger verbreitete Fellfarben zu erhalten, welche aber immer ihre treuen Anhänger haben werden. Die weiße Rutenspitze ist Teil des Gebrauchshundeerbes und ein Merkmal, das erhalten werden sollte.

Ich glaube, ich sollte etwas über die Farbintensität bei den Dreifarbigen mit schwarzer Decke sagen, obwohl ich mich damit sicherlich auf dünnes Eis begebe. Es ist meine Überzeugung, dass ein »Schwarzmantel« auch genau das sein sollte - und zwar mit kräftigen, klaren Farben.

Oft kommen Beaglewelpen als Dreifarbige mit schwarzer Decke zur Welt und behalten diese Farbe bis über ihren ersten Geburtstag hinaus. Aber mit zunehmender Reife verblasst das Schwarz und - im Extremfall - wird aus einem bei seiner Geburt und nach seiner Ahnentafel dreifarbigen ein braun-weißer Beagle. Nun werden einige argumentieren, dass auch dies eine völlig korrekte Fellfarbe ist; aber ich stehe vor dem folgenden Rätsel: »Wann ist ein Dreifarbiger kein Dreifarbiger?« Welpen, die tiefschwarz im Rücken sind und die auch dann noch schwarz wirken, wenn man das Haar gegen den Strich mit der Hand durchfährt, werden selten verblassen. Und ob man über einen verblassten tricolour Beagle glücklich ist, entscheidet letztlich der persönliche Geschmack.

Ungewöhnliche Farben beim Beagle

Hare Pied/Hasenfarben meliert.

Blue fawn and white/Blau, falb und weiß.

Blue Mottle/Blau gesprenkelt.

Orange Mottle/Orange gesprenkelt.

Black und white/Schwarz und weiß.

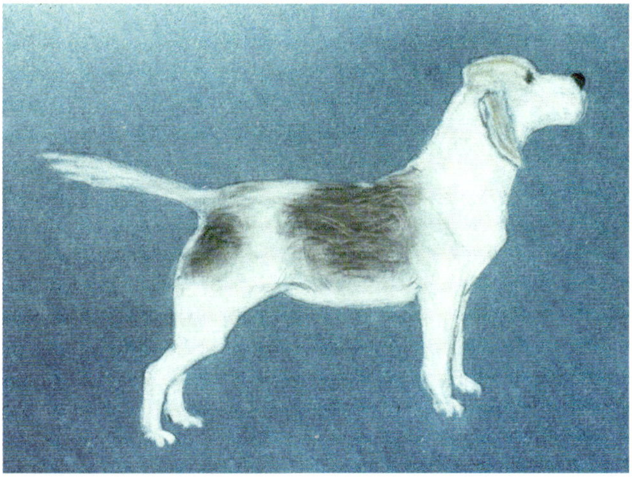

Badger Pied/Dachsfarben meliert.

Self Red/Einfarbig rot. *White or Cream/Weiß oder cremefarben.*

GANGART/BEWEGUNG

FCI/GB: Rücken gerade, ohne Anzeichen von Rollen. Frei ausgreifend, weiter Vortritt. Gerade, ohne die Läufe hoch anzuheben; deutlicher Schub aus der Hinterhand. Hinterhandbewegung sollte nicht eng sein, Vorhandbewegung nicht paddelnd oder kreuzend.

USA: *Merkwürdigerweise erwähnt der amerikanische Standard die Bewegung überhaupt nicht.*

Einen gut konstruierten Beagle in der Bewegung zu betrachten ist eine Augenweide. Nur ein korrekt aufgebauter Hund in bester Kondition, mit guter Bemuskelung und von idealem Gewicht wird sich optimal bewegen. Von der Seite gesehen sollte die Bewegung raumgreifend und mühelos sein, ohne dass dabei die Läufe hoch angehoben werden, vorn hoch getrabt wird, obgleich Hunde dies vorübergehend tun, bevor sie im Ausstellungsring in den richtigen Rhythmus fallen, oder wenn sie zu langsam vorgeführt werden. Die Hinterhand sollte, von hinten betrachtet, parallel geführt werden. Von vorn betrachtet sollten die Vorderläufe eine Idee enger als parallel geführt werden und sich mit zunehmender Geschwindigkeit einander weiter nähern. Wie ich schon sagte, ist die Vorhandbewegung vieler Beagles unerklärlich weit und lose, aber trotzdem sollte immer das Ideal angestrebt werden.

GRÖSSE:

FCI/GB: Wünschenswerte mindeste Widerristhöhe 33 cm. Wünschenswerte höchste Widerristhöhe 40 cm.

USA: Es soll zwei Varietäten geben: dreizehn Inch (33 cm) - diese soll für Hunde sein, die 13 Inch in der Höhe nicht überschreiten; 15 Inch (38 cm) - diese soll für Hunde sein, die über 13 Inch hoch sind, aber 15 Inch nicht überschreiten. Jeder Hund, der mehr als 15 Inch misst ist zu disqualifizieren.

Obwohl Beagles in den USA in zwei getrennten Varietäten, die sich nur in der Größe unterscheiden, ausgestellt werden und es auf Hundeausstellungen folglich zwei Rassebeste gibt, die im Ehrenring erscheinen, der 13 Inch und der 15 Inch Beagle, ist das Verpaaren von Hunden beider Varietäten miteinander durchaus üblich.

Als ich mich für die Rasse Beagle in den USA zu interessieren begann, glaubte ich tatsächlich, dass 13 Inch Beagles nur mit 13 Inch Beagles und 15 Inch Beagles nur mit 15 Inch Beagles verpaart würden. Ich fand jedoch bald heraus, dass dies nicht zutraf. Und das ständige Verpaaren

Am. Ch. Bayou Oaks Chianti. Der einzige zweifarbige 15 Inch Beagle, der auf einer Allgemeinen Rassehundeschau in den USA Bester Hund der Ausstellung wurde. Außerdem hat diese Hündin mehrfach ihre Gruppe gewonnen. Chianti stammt von Am. Ch. Barmere's Mario Andretti und Am. Ch. Bayou Oaks Viletta. Züchter und Besitzer: Alyce und Richard Gilmore. Foto: Kohler.

der beiden Varietäten untereinander mag der Grund für die mangelnde Festigung im Typ mancher Linien sein.

Die Tatsache, dass ein Beagle, der die Höhenobergrenze überschreitet, in den Vereinigten Staaten disqualifiziert werden kann, hat dazu geführt, dass einige hervorragende Hunde, welche die Widerristhöhe von 15 Inch überschritten, den Sprung über den Atlantik machten. Nur ein Schwachsinniger wird behaupten, dass dies nicht segensreich für die Rasse in Großbritannien war. Im Mutterland der Rasse, wo es nur eine Größeneinteilung gibt, mit einer Mindesthöhe von 13 Inch und einer Obergrenze von 16 Inch (die, wie ich betonen sollte, als »wünschenswert« bezeichnet wird) - besteht das Problem, dass viel zu viele Beagles, vornehmlich Rüden, die erwünschte Obergrenze deutlich überschreiten. Auch wenn ich nicht meine, dass man die Obergrenze rigide einhalten muss und Hunde, die diese überschreiten disqualifizieren sollte, da dies zum Ausschluss einiger ansonsten herausragender Hunde mit 16 ½ Inch geführt hätte, so kann zu viel Großzügigkeit doch zu Gleichgültigkeit und zu einer Schraube ohne Ende werden. Wenn wir Hunde mit einer Widerristhöhe von 17 Inch (43 cm) akzeptieren, so ist es nur eine Frage der Zeit, dass wir uns an diese Größe gewöhnen und dass auch 18 Inch (45 cm) große Hunde auf Ausstellungen gewinnen. Britische Züchter müssen sich des Größenproblems bewusst sein, und die gewissenhafteren Rasseliebhaber sind auch auf der Suche nach Hunden aus Übersee, welche die Größe herunterbringen können, ohne die vorzügliche Qualität zu beeinträchtigen.

Es belustigt mich, dass viele Besitzer größerer Hunde die Ansicht zu vertreten scheinen, dass Übergröße und Arbeitsfähigkeit Hand in Hand gehen. Und ich frage mich, wie gut sie mit der Geschichte der Rasse als Meutehunde vertraut sind. In dem Buch »Beagling«, das 1938 veröffentlicht wurde, schreibt der Autor C. B. Shepherd, Master der South Herts. Beagles: »Die obere

Wenn man einen Beagle nach dem Rassestandard beurteilt, sollte man nicht vergessen, dass durch die Farbgebung optische Täuschungen hervorgerufen werden können. Eine äußerst genaue Begutachtung des Hundes ist deshalb unerlässlich, da die Farbverteilung nicht Eingang in die Bewertung finden darf.

Betrachtet man die beiden völlig identischen Hunde, so scheinen sie recht unterschiedlich zu sein. Auf den ersten Blick scheint der links abgebildete Hund einen tieferen, besser geformten Fang zu haben. Der Hals wirkt länger, die Schulter scheint besser gelagert zu sein; auch scheint der Hund höher auf den Vorderläufen zu stehen, einen kürzeren Rücken und tiefere Sprunggelenke zu haben als der rechts abgebildete Hund. Genauere Betrachtung wird jedoch zu der Erkenntnis führen, dass dieser Eindruck allein durch die Farbverteilung hervorgerufen wird. Richter aufgepasst!

Widerristhöhe von 16 Inch wird auf der Hound Show, die jedes Jahr in Peterborough abgehalten wird, gefordert, doch gibt es mehrere Meuten in England, die höher als 16 Inch sind. 14 ½ Inch (37 cm) wird als zweckmäßigste Größe in normalem Gelände angesehen, wo Ackerland und Grasflächen sich abwechseln, und ohne Zweifel können Hunde dieser Größe unter sämtlichen Bedingungen eine vorzügliche Arbeit zeigen.« Ich vermute, dass ein überragend guter Rüde von 37 cm, wenn er heutzutage auf einer britischen Hundeausstellung erscheint, bei der so genannten »Gebrauchshundezunft« Stirnrunzeln hervorrufen würde. Ist dieser Hund aber korrekt in Typ, Aufbau und Bewegung, so ist er ein Gewinn für die Rasse - und als solcher sollte er auch betrachtet werden. Der Eindruck der Größe kann durch die Farbe beeinflusst werden. Zweifarbige Hunde können kleiner wirken als ihre ebenso großen dreifarbigen Wurfgeschwister. Manchmal lässt sich unser Auge täuschen. Was nun meine Haltung zu den Größengrenzen betrifft, so bin ich der Meinung, dass man immer nach dem Standard richten muss, der in dem Land in Kraft ist, wo das Richten stattfindet. Wenn ich nach dem britischen Standard richte, so hoffe ich immer, Beagles vorzufinden, die zwischen 13 und 16 Inch messen; ich bin aber zu einer gewissen Nachsicht bereit, wenn ich auf einen ansonsten vorzüglichen Hund treffe, der um maximal 2 cm nach oben oder unten abweicht. Ich frage mich oft, ob Richter, die Hunde mit einer Widerristhöhe von gut 42 cm bedenkenlos zu Siegern machen, genauso großmütig wären, wenn sie mit einem Hund konfrontiert würden, der eine Schulterhöhe von 31 cm hat!

Kapitel 7

DER BEAGLE AUF AUSSTELLUNGEN

Vorausgesetzt Ihr viel versprechender Beaglewelpe ist gut aufgezogen worden und hat sich zu einem qualitätsvollen Hund entwickelt, so werden Sie versucht sein, ihn auszustellen. Ganz offensichtlich werden genauso viele Hündinnen wie Rüden ausgestellt! Unterstellt, dass Ihr Welpe von einem verantwortungsbewussten Züchter kam, der selbst Erfolge auf Ausstellungen hatte, so ist es ratsam, ihn mit etwa fünf Monaten dem Züchter vorzustellen, um seine Aussichten beurteilen zu lassen. Sie sollten darauf vorbereitet sein, dass der Züchter Ihnen ehrlich seine Meinung sagt, und wenn er meint, dass der Welpe sich nicht zu einem Erfolg versprechenden Siegertyp entwickelt hat, sollten Sie dies akzeptieren und Ihren Beagle als Kameraden akzeptieren. Wenn er jedoch meint, dass Ihr Hund auf Ausstellungen gewisse Erfolgsaussichten hat, so ist intensive Arbeit nötig, um sich auf die Anforderungen des Ausstellens vorzubereiten.

GRUNDAUSBILDUNG

Haben Sie die Absicht auszustellen, so sollte die Ausbildung des Hundes das Kommando *Sitz*, das die meisten Hundebesitzer für unerlässlich halten, nicht umfassen. Von keinem Ausstellungshund wird je erwartet, dass er *Sitz* macht, und ich kann Ihnen in der Tat versichern, dass es äußerst schwierig ist, einen erfahrenen Ausstellungshund zum Sitzen zu bringen. Es gehört einfach nicht zum Instinktverhalten! Ich erinnere mich daran, wie ich Stunden mit einem Fotografen verbrachte, der Ada mit ihrer Tochter Birdie nebeneinander sitzend fotografieren wollte - es dauerte ewig! Das Ausstellungstraining sollte im frühen Alter begonnen werden, indem Sie Ihren Hund auf einem festen Tisch in der traditionellen Ausstellungshaltung aufbauen. Die Vorderläufe sollten dabei gut unter dem Hund stehen, absolut senkrecht und parallel zueinander. Die Hinterhand sollte so weit herausgezogen werden, dass die Mittelfußknochen senkrecht zur Tischplatte stehen. So wird sich ein harmonisches Bild ergeben; der Kopf des Hundes wird angehoben, indem man ihn unter dem Kinn hält und leicht krault, während mit der anderen Hand die Rute so hoch gehalten wird, dass sie anmutig, leicht gebogen getragen wird.

Beim Training auf dem Tisch sollte Futterbelohnung immer mit einbezogen werden. Beagles sind unersättlich und freuen sich auf alles, was sie mit Futter assoziieren. Sobald Ihr Welpe sich kooperativ gezeigt und die Ausstellungspose einen Moment lang beibehalten hat, belohnen Sie ihn mit einem Leckerle. Nachdem Sie mehrere Tage lang Ihren Hund aufgebaut haben, können Sie versuchen, ihn mit einem Leckerle zu animieren; und es bestehen beste Chancen, dass er seine Rute von allein hoch hält. Diese kann im Erfolgsfall weiter ausgebaut werden bis Ihr Hund sich von allein aufstellt und die korrekte Kopf- und Rutenhaltung einnimmt, während er an dem Leckerle knabbert. Nach und nach können Sie das Leckerle vom Hund weiter weg halten, bis er schließlich ganz von sich ohne jede Hilfe ruhig und korrekt steht.

BETONEN DER VORZÜGE DES HUNDES

In den Vereinigten Staaten bevorzugen die Richter es, wenn die Hunde so aufgestellt werden, dass sie alle in die gleiche Richtung blicken. In Großbritannien überlassen die Richter es in der

Regel dem Vorführer, wie herum er seinen Hund aufstellt. Da die meisten Menschen Rechtshänder sind, werden Hunde meist so aufgestellt, dass sich der Kopf zur Rechten, die Rute zur Linken des Ausstellers befindet. Bevor Sie jedoch entscheiden, wie Sie Ihren Hund aufstellen wollen, ist es ratsam, ihn vor einem großen Spiegel aufzubauen, um zu sehen, ob vielleicht eine Seite attraktiver wirkt. Da die meisten Beagles ungleichmäßig gezeichnet sind, kann ein Hund von der einen Seite ganz anders aussehen als von der anderen. Hat der Hund beispielsweise auf der einen Halsseite einen breiten weißen Kragen, so wird der Hals von dieser Seite gesehen länger wirken. Auch die Farbgebung am Körper kann erstaunliche optische Fehleinschätzungen hervorrufen. Ich hatte einmal einen »aufgerissenen« dreifarbigen Hund, der von der einen Seite im Rücken deutlich kürzer wirkte als von der anderen. Es erstaunt mich immer wieder, wie wenige Aussteller sich die Mühe machen, ihren Hund von jemand anderem aufstellen zu lassen, um ihn sich aus der Perspektive des Richters anzusehen. Es kann sehr hilfreich sein, sich seinen Hund auch einmal von der anderen Seite des Gartenzauns zu betrachten, denn so lassen sich wertvolle Hinweise für zukünftige Ausstellungen gewinnen.

Genauso wichtig ist es, dass Sie Ihren Hund schon zu Beginn seiner Ausstellungskarriere mit jemand anderem an der Vorführleine laufen lassen, um die optimale Geschwindigkeit herauszufinden. Einige Hunde scheinen sich bei langsamerer Geschwindigkeit korrekter zu bewegen, andere beeindrucken im schnelleren Trab. Mit der Hilfe eines Freundes können Sie herausfinden, welche Geschwindigkeit für Ihren Hund die beste ist. Im Zeitalter der Videokamera kann auch diese mit herangezogen werden, um den Hund im Stand und in der Bewegung zu studieren und herauszufinden, wann er am besten aussieht. Es gehört weit mehr dazu, einen Hund auszustellen als nur im Ring zu stehen und die Leine zu halten. Der Aussteller, der vorab viel Arbeit in seinen Hund gesteckt hat und sich sicher ist, wie er diesen aufbauen und mit welcher Geschwindigkeit er ihn vorführen muss, um ihn von seiner besten Seite zu zeigen, wird einem weniger gewissenhaften Vorführer gegenüber immer im Vorteil sein.

WIE MAN SEINEN HUND VORFÜHRT

Beagleaussteller haben zwei Möglichkeiten, ihren Hund vorzuführen. Da sind zum einen jene, die es bevorzugen, ihren Hund aufzubauen, d. h., sie stellen den Hund in Schaupose auf und halten dabei Kopf und Rute des Hundes hoch; und dann gibt es die anderen, die ihren Hund lieber frei vorführen, wobei der Hund nicht angefasst wird und Kopf und Rute von allein hoch hält. Ich glaube, die meisten Menschen stimmen darin überein, dass ein Beagle am allerbesten aussieht, wenn er sich frei zeigt, doch geht dies nur, wenn der betreffende Hund mitspielt. Einige sind Naturtalente und lassen sich ohne Schwierigkeiten frei vorführen; andere hingegen sind nicht so entgegenkommend. Trotz ihrer 42 Titelanwartschaften war Ch. Too Darn Hot for Tragband (Ada) nicht immer gewillt, sich im Beaglering frei zu zeigen. Ihr wurde schnell langweilig, und sie nahm die Rute herunter; also musste ich sie des öfteren aufbauen. Kam sie dann aber in den Gruppenwettbewerb, so gab es Hunde anderer Rassen und vieles mehr anzuschauen, und unweigerlich löste sie die Handbremse und zeigte sich frei von ihrer besten Seite. Einer ihrer Hauptkonkurrenten in der Rasse war zu jener Zeit Mal Phillips' Ch. Fertrac Brandy; und ich beneidete Mal, denn Brandy zeigte sich stets frei und hielt zuverlässig ohne jede Hilfe Kopf und Rute stolz empor. Und sicherlich war es dieses herausragende Showmanship, das Brandy so viele Bewunderer verschaffte. Viel zu viele Beagleaussteller neigen dazu, ihre Hunde automatisch aufzustellen, ohne ihnen jemals als Junghund die Möglichkeit zu geben, sich frei zu zeigen. Mein Rat geht dahin, mit ihnen das freie Aufstellen zu üben, und wenn dies nicht klappt, gehen Sie zum Aufbauen über. Haben die Hunde aber die Veranlagung frei zu stehen, dann versuchen Sie diese zu fördern; denn nichts wirkt beeindruckender. Ob der Hund frei steht, hängt stark von dessen Mentalität, seinem Selbstbewusstsein ab. Und ich glaube, dass Rüden leichter hierzu zu bewegen sind als Hündinnen, vor allem, wenn sie erst einmal gedeckt haben. Ist ein Hund selbstbewusst und neugierig, so wird er sich gern frei zeigen, und seine Rute wird auf neue Anblicke und Erfahrungen ansprechen. Als Ch. Dialynne Tolliver of Tragband (Mikey) zu mir ins Haus kam, fühlte ich, dass er diese Eigenschaft besaß und beschloss zu versuchen, ihn frei vorzuführen und nicht sofort aufzubauen. Ich war nie ohne Leckerle mit ihm im Garten, und wann immer er eine natürliche Haltung mit erhobenem Kopf und aufrecht gehaltener Rute einnahm, weil er etwas Interessantes erspäht hatte, so ermunterte ich ihn, kurz in dieser Pose zu verweilen und belohnte ihn anschließend mit einem Leckerle. Ich verbrachte täglich einige Minuten damit, ihn mit Hilfe eines Leckerle zu animieren, und nach und nach biss er an. Allerdings war ich dann etwas frustriert, als wohlmeinende Ausstellungsexperten mir dann rieten, ihn doch aufzubauen, da er ihrer Ansicht nach für das freie Stehen zu zappelig sei und schlimm aussehe. Doch hat es sich letztlich ausgezahlt, ihn als Junghund herumhampeln zu lassen, wie sein späterer Ausstellungsrekord zeigt!

DAS TRAINING FÜR DEN AUSSTELLUNGSRING

Der Hund sollte das Training für die Ausstellung immer als Spaß empfinden, und anfangs werden Sie ihn erst daran gewöhnen müssen, sich in »Ausstellungspose« aufbauen zu lassen. Beim Aufstellen auf dem Boden sollten Sie Ihren Hund unter dem Brustkorb leicht anheben, so dass die Vorderläufe senkrecht und parallel herabhängen. Tun sie dies nicht, so hat Ihr Hund einen Konstruktionsfehler, den Sie so gut wie möglich zu verbergen suchen, indem Sie die Vorderläufe neu ausrichten. Steht der Hund in der Front korrekt, so fahren Sie mit der Hand sanft an seiner Unterlinie entlang, heben dann vorsichtig die Hinterhand an, wobei sich Ihre Hand als Stütze unter den empfindlicheren Teilen des Hundes befindet - also vorsichtig - lassen Sie die Hinterhand dann so herunter, dass die Hintermittelfüße senkrecht und parallel stehen. Heben Sie den Kopf so weit an, dass die Fangoberlinie parallel zum Boden verläuft oder mit der Nase leicht abwärts zeigt, dieser Winkel garantiert, dass die Halslinie optimal zur Geltung kommt; heben Sie die Rute mit der anderen Hand so an, dass sie leicht gebogen getragen wird. Steht die Rute nicht senkrecht genug, so wird der Hund im Körper länger wirken. Wird die Rute zu weit über den Körper gebracht, so wirkt der Hund plump und gedrungen. Hat Ihr Beagle etwas zu viel Kehlhaut, so kann man diese diskret verbergen, indem man sie auf die dem Richter abgewandte Halsseite zieht.

Was die Vorführleine betrifft, so bevorzuge ich eine feine Kette an einer dünnen Nylonleine. Ich finde diese am unauffälligsten. Außerdem gibt sie dem Vorführer totale Kontrolle und kann direkt hinter den Ohren hoch gehalten werden, so dass die äußeren Umrisse des Hundes nicht beeinträchtigt werden. Beagles sollten beim Laufen nie an der Leine hochgezerrt werden, doch finde ich, dass der Hund sich frei bewegt, wenn die Leine direkt hinter den Ohren so hoch gezogen wird, dass sie straff ist, ohne dass dabei Druck ausgeübt wird. Ihr Beagle muss lernen, auf einer geraden Linie, im Dreieck und im Kreis durch den Ring zu laufen. Dabei sollte der Hund immer links geführt werden. Die Kette sollte so getragen werden, dass, wenn an ihr gezogen wird, die Öse nach oben gezogen wird. Vielen Ausstellern ist gar nicht bewusst, dass es eine richtige und eine falsche Art gibt, die Kette anzulegen.

DIE PFLEGE DES HUNDES

Was das Vorbereiten für den Ausstellungsring betrifft, so macht der Beagle hier wenig Arbeit. Viele Aussteller baden ihre Hunde vor der Ausstellung und lassen es damit genug sein. Einige verzichten selbst darauf! Obgleich ich das Trimmen bei unserer Rasse nicht unterstütze, so halte ich es doch für äußerst wichtig, den Hund in optimale Schaukondition zu bringen, also alles zu tun, damit er so gepflegt wie möglich ausschaut. Ich bin mir völlig bewusst, dass einige konser-

Es gibt zwei grundlegende Techniken, den Hund im Ring zu präsentieren. Jill Peak (Bayard) ist eine große Befürworterin des »Aufbauens«. Hier zeigt sie ihren eigenen Champion Bayard Zachariah (oben links) und den normalerweise sich frei zeigenden Ch. Bondlea Poet (unten links). Marion Hunt (Bondlea) bevorzugt das freie Vorführen und lässt ihre Hunde lieber natürlich stehen. Hier zeigt sie ihren eigenen Champion Bondlea Poet (unten rechts) und Ch. Bayard Zachariah (oben rechts), der die ihm ungewohnte Technik ausführt als sei sie ihm angeboren.

Fotos: Andrew H. Brace.

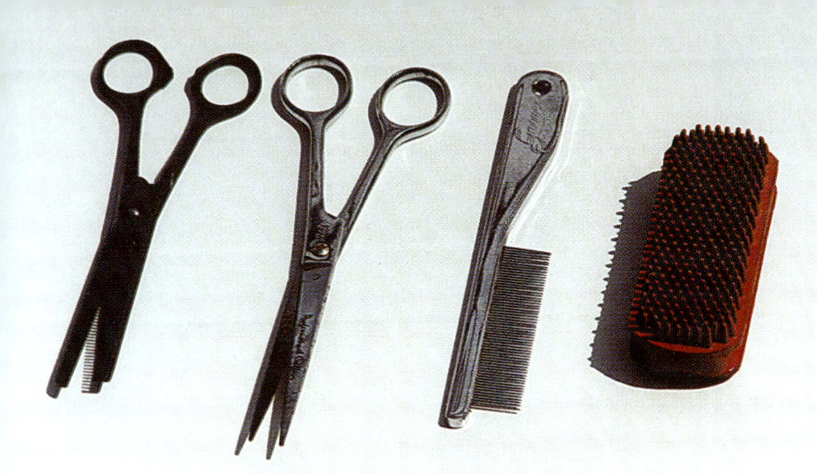

Der Beagle benötigt nur wenig Pflege für den Ausstellungsring, doch halte ich es für sehr wichtig, meine Hunde in optimale Schaukondition zu bringen. Hierzu braucht man (von links nach rechts): eine einseitig verzahnte Effilierschere, eine Hundeschere, einen feinzahnigen Flohkamm und einen Noppenstriegel.

Foto: Andrew H. Brace.

vative Aussteller entsetzt über mein Eingeständnis sind - sollen sie! Ich halte es für richtig, alles Menschenmögliche zu tun, um einen Hund im Ring so gut wie nur irgend möglich aussehen zu lassen, und ich freue mich über die Erfolge.

Die Vorbereitung auf die Ausstellung erschöpft sich nicht mit dem Baden des Hundes. Dazu gehören auch qualitätvolles Futter und genügend Bewegung. Ich meine, dass bis zum Alter von einem Jahr Beagles nur zu Haus im Garten oder im nahe gelegenen Park rennen sollten. Vom zweiten Lebensjahr an müssen Sie Ihrem Hund jedoch umfangreiche Bewegung bieten, vor allem, wenn Sie Ihren Hund regelmäßig und erfolgreich ausstellen wollen. Um die Muskulatur optimal entwickeln zu können, sollte ein erwachsener Beagle am Tag etwa sechs Kilometer im gleichmäßigen Trab - am besten neben dem Rad - zurücklegen. Ist dies nicht möglich, so sind inzwischen in den meisten Ländern »Laufmaschinen« erhältlich. Und diese sind ideal, um die Hunde in Form zu bringen, da sie sich einstellen lassen und man ein spezielles Trainingsprogramm mit der idealen Geschwindigkeit und Entfernung entwickeln kann. Die Maschinen bestehen aus einem Endlos-Gummilaufband, das an beiden Enden über zwei große Rollen läuft. Das ganze ist keine Tierquälerei, wie manche meinen, und die Hunde gewöhnen sich schnell daran. Nach etwa einer Woche springen sie freudig auf das Laufband und traben fröhlich los, ohne von Leine und Halsband zurückgehalten zu werden. Derartige Maschinen sind allerdings noch sehr teuer und kommen daher nur für äußerst engagierte Aussteller in Frage. Ich habe schon gelesen, dass sie der Front des Hundes schaden sollen! Schlechte Fronten sind auf eine schlechte Konstruktion zurückzuführen, und tatsächlich wird regelmäßige Bewegung eine nicht ganz optimale Front eher festigen als das Gegenteil bewirken.

Ausreichende Bewegung auf hartem Untergrund sorgt auch dafür, dass die Nägel Ihres Hundes kurz gehalten werden. Sind sie dies aber nicht, so sollten sie vier Tage vor der Ausstellung gekürzt werden. Ich finde die Nagelzangen, die wie eine Guillotine arbeiten, am besten, muss aber zugeben, dass ich diese Arbeit wirklich hasse. Passen Sie auf, dass Sie nicht in »das Leben« schneiden; passiert dies doch und es kommt zu Blutungen, so werden die Pfoten Ihres Hundes die nächsten Tage recht empfindlich sein. Schneiden Sie die Nägel daher nicht erst am Tag vor der Ausstellung. Regelmäßiges Feilen, einmal pro Woche, ist dem Schneiden vorzuziehen.

Zwei Tage vor einer Ausstellung stelle ich den Hund auf den Ausstellungstisch, um zu sehen, was noch in Schaukondition gebracht werden muss. Hierzu benutze ich (von der Nagelzange oder -feile einmal abgesehen) eine Hundeschere, eine einseitig verzahnte Effilierschere, einen engzahnigen Flohkamm und einen Noppenstriegel. Im Gegensatz zu vielen Ausstellern entferne ich mit der Hundeschere alle Barthaare an den Backen und am Fang, da so der Kopf sauberer wirkt und die Sanftheit des Ausdrucks verstärkt wird, lasse aber die Augenbrauen unberührt. Dann nehme ich die Effilierschere, öffne sie so weit wie möglich und ziehe die verzahnte Schneide -

immer mit dem Strich - durch das gesamte Haarkleid, beginnend am Hals, über den Rücken, die Flanken und die Hinterhand hinunter, auch die Unterseite der Rute hinauf, wobei ich darauf achte, nicht zu viel von der charakteristischen Bürste an der weißen Rutenspitze wegzunehmen. So wird die gesamte tote Unterwolle entfernt, und Sie werden erstaunt sein, wie viel Haar auf diese Weise herausgekämmt wird. Das Haar an der Rutenspitze sollte vorsichtig und unauffällig beschnitten werden, ohne dass das Rutenende einem Feuerhaken gleicht! Dies kann mit einem Trimmmesser geschehen. Massieren Sie anschließend das gesamte Fell mit dem Noppenstriegel, auch dies immer in Fellrichtung, wodurch die letzten toten Haare entfernt werden, die nach der Behandlung mit der Effilierschere noch verblieben sind. Beagles können am Hals sowie an den Rückseiten der Vorder- und Hinterläufe, manchmal auch an ihrer Unterlinie einige wirbelige Haare haben. Diese können eine ansonsten saubere Silhouette beeinträchtigen. Also kämme ich sie mit dem feinzahnigen Flohkamm vom Körper weg und schneide sie dann mit der Effilierschere. Anfänger sollten dies nicht versuchen, denn wenn man nicht weiß, wie es geht, kann das Ergebnis verheerend sein. Beobachten Sie also erst Aussteller, die wissen, was sie tun, oder üben Sie an einem Hund, der nicht ausgestellt werden soll. Andere widerspenstige Haare können in der gleichen Weise entfernt werden.

Anschließend können Sie den Hund baden. Ich benutze ein mildes, desinfizierendes Shampoo, das ich gut verdünnt mit einem Badeschwamm dem in der Wanne auf einer rutschfesten Gummimatte stehenden Hund auftrage. Feuchten Sie das Haar des Hundes erst gut mit der Handbrause an und massieren Sie dann das Shampoo mit dem Schwamm ein. Bei jedem Baden überprüfe ich, ob die Analdrüsen geleert werden müssen. Sind diese beiden Drüsen, die zu beiden Seiten des Anus sitzen, voll, so kann man dies leicht ertasten, wenn man denn weiß wo. Durch leichten Druck wird die übel riechende, braune Flüssigkeit freigesetzt. Auch dies sollten Anfänger nicht selbst ausführen. Neulinge sollten ihren Tierarzt aufsuchen, wenn unangenehme Gerüche in der Analgegend des Hundes auftreten. Es gibt eine Erscheinung, die man in der Rasse als »Beaglerute« bezeichnet (bei anderen Rassen spricht man von Hammelrute und ähnlichem). Hierbei handelt es sich um eine vorübergehende Erscheinung, bei der die Rute, vornehmlich das hintere Ende, schlaff und leblos herabhängt. Über die Ursache gibt es verschiedene Theorien; doch meinen viele, dass dieser Zustand oft nach dem Baden auftritt, auch wenn keine schlüssige Erklärung vorliegt. Leidet Ihr Hund unter der »Beaglerute«, so sollte er nach 24 Stunden wieder völlig in Ordnung sein - noch ein guter Grund, mit dem Baden nicht bis zum Tag vor der Ausstellung zu warten. Ist das Shampoo einmassiert, wird es nun wieder gut ausgespült und der Hund anschließend mit einem Handtuch so gut wie möglich abgetrocknet. Stecken Sie Ihren Hund nicht in einen mit Handtüchern ausgelegten Käfig. Nasse Hunde schütteln sich fortwährend, und vielleicht führt ja auch das Schütteln im engen Käfig zu der gefürchteten »Beaglerute« - wer weiß?

Ist der Hund so trocken wie irgend möglich, stellen Sie ihn wieder auf den Tisch und kämmen ihn mit dem engzahnigen Flohkamm, um zu sehen, ob an den Wirbeln noch Haare herausragen. Wenn ja, entfernen Sie auch diese mit der Effilierschere. Wieder völlig trocken sollte Ihr Beagle wie aus dem Ei gepellt aussehen, bereit die Welt zu erobern.

DIE ERSTEN AUSSTELLUNGEN

Es ist nicht empfehlenswert, als erste Ausstellung ein internationales Großereignis zu wählen, vor allem dann nicht, wenn Sie selbst auch Neuling sind; beginnen Sie also etwas kleiner, etwa auf einer Spezialzuchtschau oder einer Übungs- oder Spaßausstellung, wo Sie erfahrenere Aussteller beobachten und langsam alle Kniffe erlernen können. Ihr Hund wird auf dem Tisch stehen müssen, um sich vom Richter begutachten zu lassen, er wird in einer Linie mit den anderen Hunden in der traditionellen Ausstellungshaltung stehen und anschließend, wie vom Richter gewünscht, durch den Ring traben. Es ist nicht verkehrt, einige kleinere Veranstaltungen zu besuchen und dann zu Hause im Garten mit den anderen Familienmitgliedern und Freunden, die als Richter und Aussteller fungieren, eine praktische Ausstellungsübung durchzuführen. Geschützte Ausstellungen werden in den Publikationen der Hundevereine veröffentlicht, und Sie können sich Meldeformulare bei der Meldestelle des Veranstalters oder dem Ausstellungsobmann Ihres Vereins anfordern. Füllen Sie das Formular gemäß den Anweisungen aus und schicken Sie es per Einschreiben an die Meldestelle. (Sollte Ihre Meldung verloren gehen, benötigen Sie den Einschreibbeleg, um ausstellen zu dürfen.) *

Die amerikanische Ausstellungsszene: John und Peggy Shaw's Am. Ch. Shaw's Spirit of the Chase bei einem seiner vielen Gruppensiege, vorgeführt von Peggy. Er repräsentiert die sechste Generation von Shaw-Champions in direkter Linie und geht auch in direkter Linie auf den legendären Am. Ch. Starbuck's Hang 'em High zurück. Foto: Booth.

Nicht vergessen sollten Sie den Hundekäfig inklusive Decke, die Vorführleine, Wasser und Wassernapf, sowie etwas Trockenshampoo oder Kreide, falls Ihr Hund sich beim Betreten des Ausstellungsgeländes schmutzig macht. Ein Handtuch sollte genau so wenig fehlen wie die verführerischen Leckerlis. Der britische Kennel Club besteht darauf, dass ausschließlich Wasser zur Vorbereitung der Hunde auf Ausstellungen benutzt wird - meiner Ansicht nach eine unsinnige Regel, die nicht durchgesetzt werden kann, aber Sie sind gewarnt! **

Reisen Sie rechtzeitig an, bieten Sie Ihrem Hund vorher noch Auslauf sowie die Möglichkeit, sich zu entleeren (vergessen Sie nie, sein Häufchen zu entsorgen) und lassen Sie ihn sich an das Gelände gewöhnen. Wird Ihre Klasse aufgerufen, versuchen Sie nicht, an erster Stelle zu stehen. Sind Sie unerfahren, so hilft es, wenn Sie sehen, wie andere Aussteller ihre Hunde vorführen. *** Ist die Klasse versammelt, so achten Sie darauf, dass Ihr Hund so korrekt wie möglich steht, wenn der Richter die aufgereihten Hunde erst einmal gemeinsam betrachtet. Erste Eindrücke sind wahnsinnig wichtig, und hat ein Hund die Aufmerksamkeit des Richters erlangt, so ist auch dessen Interesse geweckt. Während der Einzelbewertung der vor Ihnen stehenden Hunde, lassen Sie Ihren Hund sich entspannen. Versuchen Sie nicht, ihn die ganze Zeit über korrekt stehen zu lassen, das wird ihn langweilen. Nutzen Sie die Zeit, um zu sehen, was die anderen Aussteller machen und merken Sie sich, wie und wo Ihr Hund später laufen soll. War der Hund vor Ihnen schon auf dem Tisch und nähert sich dessen Einzelbewertung dem Ende, stellen Sie Ihren Hund schon auf den Tisch und bauen Sie ihn möglichst korrekt auf. Der Richter wird wahrscheinlich nach dem Alter des Hundes fragen,

* In Deutschland nicht nötig, da im Allgemeinen eine schriftliche Annahmebestätigung durch den Veranstalter erfolgt, die dann als Einlassbeleg zur Ausstellung mitzuführen ist.

**Auch in Deutschland ist das Nachweißen mit Kreide auf vom Verband für das Deutsche Hundewesen geschützten Ausstellungen verboten.

*** In Deutschland wird die Reihenfolge durch die vom Veranstalter vergebenen Startnummern vorgeschrieben.

Die britische Ausstellungsszene: Peter Newman und Barry Day's Ch. Symphony of Dialynne, die hier die Gruppe 6 in Bournemouth unter dem Richter Terry Thorn gewonnen hat. Zweiter der Gruppe wurde Bill O'Loughlin's legendärer Ch. Bassbarr O' Sullivan, der erfolgreichste Basset aller Zeiten.

Foto: Russell Fine Art.

aber das ist auch alles. Versuchen Sie nicht, sich mit dem Richter zu unterhalten. Laufen Sie mit Ihrem Hund so wie vom Richter gefordert, und wenn Sie am Ende zu ihm zurückkommen, lassen Sie den Hund wieder so korrekt wie möglich stehen, da der Richter ihn sich sicherlich noch einmal genau im Stand anschauen möchte. Schließen Sie sich dann wieder hinten an die Reihe an und achten Sie darauf, wann der letzte Hund beurteilt wird, denn dann haben Sie nur noch Sekunden, um Ihren Hund wieder zum vorbildlichen Stehen zu bringen.

Werden Sie in die engere Wahl gezogen, so behalten Sie einen klaren Kopf und stellen Sie sich dorthin, wo man Ihnen sagt. Nutzen Sie aber immer den Ring aus und achten Sie darauf, dass Ihr Hund nicht auf einem abfallenden Geländestück oder mit den Füßen in einer Kuhle steht. Ist Ihr Hund in die Endausscheidung gekommen, werden Sie sicherlich noch einmal mit ihm laufen müssen, entweder einzeln oder in der Gruppe. Dann werden die Hunde ein letztes Mal aufgestellt, bevor die Platzierungen erfolgen. Sind Sie unter den Glücklichen, so macht es einen guten Eindruck, wenn Sie den besser Platzierten gratulieren. Und wenn Sie die Gelegenheit haben, so schauen Sie sich diese Hunde näher an und versuchen Sie zu sehen, weshalb sie Ihren Hund geschlagen haben. Die Vorzüge von Hunden anderer Aussteller zu würdigen, ist wichtig, wenn Sie Ihre Zeit im und am Ausstellungsring genießen wollen. Verliert Ihr Hund, so fahren Sie trotzdem nicht gleich nach Hause. Bringen Sie ihn in seinen Käfig, der an einem kühlen Platz stehen sollte und sehen Sie sich das Richten bis zu Ende an. Sie sollten versuchen, so viel wie möglich über die Rasse und die Feinheiten des Richtens zu lernen, denn eines Tages werden vielleicht Sie in der Ringmitte stehen!

Kapitel 8

DAS RICHTEN

Eine der wichtigsten und einflussreichsten Positionen im Ausstellungswesen ist die des Spezialzuchtrichters. Durch ihre Entscheidungen können Richter eine Rasse stark beeinflussen, da regelmäßige Sieger oft auch erste Wahl sind, wenn es zum Decken kommt. Und wenn Richter einen bestimmten Typ Hund gewinnen lassen, so werden viele Aussteller versuchen, genau diesen zu züchten. Ich spreche natürlich im Allgemeinen, denn es wird immer pflichtbewusste Züchter geben, die es vorziehen, Hunde zu züchten, die in Typ, Größe oder Farbe ihren Vorstellungen entsprechen, egal, ob sie mit ihnen im Ausstellungsring erfolgreich sind oder nicht. Diese Züchter lassen sich nicht zu Sklaven einer Moderichtung machen und erlangen ihre Bestätigung daraus, dass sie ihren eigenen Weg gehen. Die Mehrheit der Aussteller aber will gewinnen und wird den Hundetyp im Auge haben, welcher der Mehrheit der Richter gefällt. Aus diesem Grund ist es ungeheuer wichtig, dass all jene, die unsere wunderschöne Rasse richten wollen, sich ihrer wesentlichen Eigenschaften und ihrer ursprünglichen Aufgabe voll bewusst und mit dem Rassestandard in all seinen Feinheiten völlig vertraut sind.

GRUNDLEGENDE WANDLUNGEN IM AUSSTELLUNGSWESEN

In den letzten Jahren hat sich das Ausstellungswesen beträchtlich verändert. Die großen Zwinger im Besitz wohlhabender Landbesitzer, die es sich leisten konnten, zahlreiches Personal zu beschäftigen, das sich um die vielen Hunde kümmerte, sind verschwunden. Ersetzt wurden sie vorwiegend, zumeist wegen wirtschaftlicher Zwänge, durch Hobbyaussteller, die nur einige wenige Hunde besitzen. Es ist noch gar nicht so lange her, dass die Mehrheit der Richter aus der Landwirtschaft kam und nicht nur Hunde, sondern sämtliches Nutzvieh vom Rind bis zum Huhn richtete. Ihre Kenntnis einzelner Rassen war vielleicht nicht so vollkommen, wie man sich dies heute wünscht; aber sie hatten ein Auge für Ausgewogenheit, körperliche und wesensmäßige Korrektheit sowie Qualität, und entsprechend richteten sie. Sie waren die großen Allgemeinrichter der Vergangenheit, und die wenigen amtierenden Rassespezialisten waren in der Regel ältere, erfahrene Züchter, die von sich behaupten durften, nicht nur einen Zwinger, sondern eine »Linie« ihr Eigen zu nennen. Sie waren Spezialisten im wahrsten Sinne des Wortes, ganz im Gegensatz zu vielen der heutigen Spezialzuchtrichter, die einfach nur Leute sind, welche die Rasse richten. Ich habe das starke Gefühl, dass der Begriff »Rassespezialist« in den letzten Jahren an Wertschätzung deutlich eingebüßt hat. Er sollte aber ein Markenzeichen sein, das man sich hart erarbeiten muss. In jenen »guten alten Tagen« gingen Leute, die Hunde ausstellten, noch nicht automatisch davon aus, diese eines Tages auch zu richten. In England wurden sie nach einer längeren »Lehrzeit« von den alteingesessenen Richtern dazu eingeladen, auf einer kleineren Ausstellung einige Klassen zu richten. Ihre Tätigkeit wurde anschließend überprüft. Und jene, die ein gutes Verständnis von den Grundlagen der Rasse zeigten, wurden aufgefordert, weiterzumachen, während die anderen sich am Ende ihrer Karriere als Spezialzuchtrichter fanden, noch bevor diese begonnen hatte! Die verstorbene und bei so vielen beliebte Dolly Macro von den Deaconfield Beagles war ein klassisches Beispiel der alten Schule, die den steinigen Weg gewählt hatte und sicherlich die letzte Beaglerichterin dieser Generation war. Dolly musste zum Richten gezwungen werden, und selbst dann stimmte sie nur widerstrebend zu, trotz ihrer erstaunlich profunden Kenntnis all dessen, was Hunde betrifft. Bis zu ihrem Tod war sie von großer Bescheidenheit, doch ohne Zweifel eine der großartigsten Beaglerichter, die es je gab. Als sie auf »Crufts« richtete, wählte sie Ada als Rassebeste aus. Dieser Sieg ist mir bis heute der wertvollste, und ich werde mich immer an ihren Richterbericht erinnern, der wie folgt begann: »Sie betrat den Ring, als gehöre ihr die Welt.« Heute ist alles anders. Aussteller, die ihren ersten Hund mit mäßigem Erfolg vorgeführt haben, möchten auf den »Richterzug« aufspringen, und ich frage mich oft weshalb. Ich werde immer wieder eingeladen, Vorträge auf Seminaren für Richteranwärter zu halten; und als Erstes frage ich meine Zuhörer immer, wieso jemand überhaupt Richter werden wollte. Die Antworten, die ich erhalte, sind zahllos und sehr unterschiedlich. Einige meinen, es sei eine logische Entwicklung vom Ausstellen und Züchten zum Richten; andere sehen darin einen Weg, der Rasse etwas zurückzugeben. Und einige, die durch ihre Offenheit beeindrucken wollten, führten an, dass dies der Freifahrtschein für Reisen in ferne Länder sein könne!

VERANTWORTUNGSBEWUSSTES RICHTEN

Richten ist für mich eine große Herausforderung. Hier hat man die Gelegenheit, eine Anzahl Hunde zu beurteilen und die besten herauszufinden - alles im Vertrauen auf die eigene Rassekenntnis und das geschulte Auge. Was mich am Richten in erster Linie reizt, ist die stille Hoffnung, etwas wirklich »Besonderes« zu finden, vielleicht einen noch völlig unbekannten Junghund, von dem noch niemand etwas gehört hat und bei dessen Anblick im Ring einem der Atem stockt. Die Aussicht, einen echten Star zu entdecken, ist für mich der eigentliche Anreiz, mein Richteramt auszuüben. Zwar passiert dies nicht oft - und nur ein Ignorant wird einen unbekannten Hund herausstellen, ohne dass dieser die nötige Qualität besitzt, nur um etwas Neues gemacht zu haben - aber wenn man dann doch auf einen Junghund trifft, den man vorher noch nicht gesehen hat und der alle anderen Hunde im Ring aussticht, so ist dies eine beglückende Erfahrung, die sich kaum beschreiben lässt.

Richten darf nie auf die leichte Schulter genommen werden. Zuerst einmal muss man die Rasse Beagle in- und auswendig kennen - und das setzt intensivste Studien voraus. Lesen Sie sämtliche Bücher über Beagles, die Sie finden können. Informieren Sie sich gründlich über die Geschichte und Entwicklung der Rasse und versuchen Sie ein Gefühl für deren Herkunft zu entwickeln. Setzen Sie sich dann mit dem Rassestandard auseinander. Lesen Sie ihn mehrmals, bis Sie ihn wirklich verinnerlicht haben. Die Kenntnis der entsprechenden Fachausdrücke heißt noch lange nicht, dass man diese auch verstanden hat und richtig deuten kann. Wenn es heißt, dass die Schulter des Beagles gut zurückgelagert sein soll, so finden Sie heraus, weshalb dies so sein muss. Alle Standards wurden einst von den Ur-Vätern der jeweiligen Rasse entwickelt und basieren auf deren Erscheinungsbild und Funktion. Für alles gab es einen Grund, keine einzige Standardforderung beim Beagle fußt auf einer modischen Laune oder auf rein kosmetischen Gründen.

Das isolierte Studium des Standards hilft jedoch nur bedingt weiter, da Rassestandards von Natur aus recht vage und grobmaschig sind. Ihr Wert wird sich nur dem erschließen, der sie an Spitzenhunden messen kann. Sind Sie noch neu in der Rasse, so betrachten Sie sich die besten Rassevertreter im Ring und versuchen Sie, deren Vorzüge mit den entsprechenden Aussagen des Standards in Relation zu setzen. Nur so können Sie einen Blick für die Rasse bekommen. Es wird immer wieder gesagt, dass gute Richter als solche zur Welt kommen, man das nicht erlernen kann; und bis zu einem gewissen Grad teile ich diese Meinung. Während man das meiste, was man von einer Rasse wissen sollte, lernen kann, wird man doch nur dann ein hervorragender Richter, wenn man ein natürliches Empfinden für Qualität besitzt und Harmonie und Ausgewogenheit erkennt und zu würdigen weiß.

Die meisten Beagles sind frühestens mit 18 Monaten ausgereift. Spezialzuchtrichter müssen deshalb deren unterschiedliche Entwicklungsstadien kennen. Mit sechs Monaten sind die meisten Beagles noch deutlich unfertig, so wie man dies hier bei Beagriff Blue Jay, einem von Steven Seymour in Australien nach seinem Aust. Ch. Tragband Summer and Smoke gezüchteten Junghund sieht. Trotz ihrer Unreife sind die Qualitäten und das Potential dieser Hündin schon klar zu erkennen.

Foto: Steven Seymour.

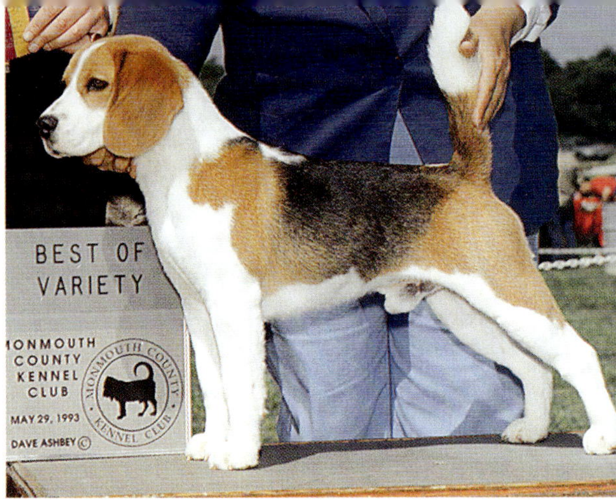

In den USA werden Beagles in zwei Varietäten gezeigt - bis 13 Inch, von 13 - 15 Inch. Ich richtete die Rasse im Mai 1993 in Monmouth County und kürte Whiskey Creeks Headliner, einen Hund aus den unteren Klassen, zum Besten Beagle der größeren Varietät. Er wurde von Sue Delia vorgeführt und steht im Besitz von Mark Delia und Michelle Sager.

Foto: Dave Ashbey.

DIE RICHTIGE EINSTELLUNG

Wesentliches Merkmal eines guten Richters ist auch seine Grundhaltung, die unbedingt positiv sein muss. Beim Richten von Hunden geht es darum, gute Hunde aufgrund ihrer Vorzüge nach vorn zu stellen und nicht darum, schlechte Hunde wegen ihrer Fehler auszuschließen. Jeder Hund hat seine Schwachstellen, doch wird ein guter Richter einen Hund wegen seiner Vorzüge schätzen und dessen kleinere Fehler zu diesen in Relation setzen.

Viel zu viele Richter (und vor allem Neulinge neigen zu diesem Fehlverhalten), die einen Hund mit - sagen wir - einem hellen Auge betrachten, sehen nur noch diesen Fehler. Sie verbeißen sich in diesen zwar offensichtlichen, letztlich jedoch rein kosmetischen und daher unbedeutenden Defekt und sehen dann den Wald vor lauter Bäumen nicht mehr. Wenn man keine positive Einstellung zum Richten entwickelt, wird man der Rasse auch keinen Dienst erweisen können - und genau das sollte die Aufgabe eines Richters sein: Die Verbesserung der Rasse.

Diese positive Grundhaltung kann man sich selbst beibringen, beginnend mit dem ersten Ausstellungsbesuch. Während Sie sich einen Hund im Ring anschauen, versuchen Sie herauszufinden, was ihn auszeichnet, welche Merkmale er besitzt, die ihn für die Verbesserung der Rasse in Frage kommen lassen. Es macht mich wütend, wenn Aussteller, die am Ring sitzen, andere Hunde schlecht machen, nur weil diese nicht vollkommen sind. Wenn Sie nur das Fehlerhafte sehen und das Positive und Korrekte nicht würdigen können, sollten Sie gar nicht erst in Erwägung ziehen, Richter zu werden. Sie haben der Rasse dann nichts zu bieten. Vorausgesetzt, Sie sind mit der Rasse vertraut, haben erfolgreich ausgestellt und gezüchtet und möchten nun endlich einmal selbst richten, so bitten Sie möglichst nicht um eine Einladung. So etwas wird allgemein übel genommen. Wenn Sie gute Hunde ausstellen, so werden Sie früher oder später eingeladen werden - die Verbände, die kleinere Ausstellungen organisieren, suchen immer nach neuen Richtern, da diese (nach der Theorie der unbekannten Größe) in der Regel hohe Meldezahlen bringen.

Bevor Sie Ihre erste Einladung annehmen, empfehle ich dringend, bei langjährigen Richtern als Sonderleiter oder Ringsekretär tätig zu werden. So gewöhnen Sie sich nicht nur daran, in der Ringmitte zu stehen und eine gewisse Autorität auszustrahlen. Sie können sich darüber hinaus auch mit dem Richterbuch sowie dem sonstigen Papierkram vertraut machen und hoffentlich auch Ihr Auge schulen und Ihre Art zu richten verfeinern, indem Sie den erfahrenen Kollegen über die Schulter schauen. Auch begrüßen die meisten Richter echten Enthusiasmus und werden gern bereit sein, ihre Platzierungen nach Beendigung des Richtens mit Ihnen zu diskutieren, vor allem, wenn Ihnen die ein oder andere Entscheidung nicht einsichtig war.

Ich möchte noch einmal auf meine Aussage zurückkommen, dass neue Richter hohe Meldezahlen erzielen. Ich ärgere mich sehr über Veranstalter von Ausstellungen, die offen zugeben, dass ihr Hauptkriterium bei der Wahl eines Richters die zu erwartende Meldezahl ist. Ich bin immer der Überzeugung gewesen, dass es nicht die besten Richter sind, welche die höchsten Meldezahlen erreichen. Weshalb dies so ist? Wenn man eine Rasse regelmäßig richtet, sehr klare Vorstellungen von ihrem Idealbild hat sowie gleichmäßig und konsequent urteilt, so werden einigermaßen intelligente Aussteller bald herausfinden, was einen Richter anspricht und was nicht. In meinem Fall werden nur wenige, die mich haben richten sehen, ihre Zeit damit verschwenden, Beagles bei mir auszustellen, die eindeutig zu groß sind, hässliche Köpfe haben oder Wesensmängel zeigen, da sie wissen, dass für mich korrekte Größe, typischer Ausdruck und gutes Wesen äußerst wichtige Rassemerkmale sind. Andererseits werden Richter, die scheinbar keinen Idealtyp haben und einmal niederläufige Hunde mit langen Rücken, beim nächsten Mal hochläufige mit kurzen Rücken gewinnen lassen, oft gute Meldezahlen erreichen, da Aussteller verständlicherweise hier von einem Glücksspiel ausgehen, bei dem jeder eine Gewinnchance hat. Man sollte Richter also nicht nach ihren Meldezahlen beurteilen - das mag seltsam klingen, ist aber wahr.

DIE RICHTERPERSÖNLICHKEIT

Sie haben also endgültig beschlossen, mit dem Richten beginnen zu wollen. Sind Sie wirklich dazu bereit? Die Ringmitte ist der einsamste Platz der Welt. Vor Beginn des Richtens werden Sie möglicherweise mehr Freunde haben als je zuvor; aber hinterher wird es Ihnen schwer fallen, auch nur eine Handvoll Aussteller zu finden, die sich mit Ihnen unterhalten möchten! Viel zu viele Aussteller nehmen die Bewertung ihrer Hunde persönlich und sind nicht in der Lage, objektiv zu bleiben, wenn es um die Beurteilung des Richtens geht. Für viele sind die Hunde die Verlängerung des eigenen Ichs. Und mag ein Richter ihre Hunde nicht, nehmen sie dies persönlich. Leider trifft dies auf viele Aussteller zu. Wirklich ernsthafte Züchter hingegen werden ein ehrliches und fundiertes Urteil begrüßen, egal, ob sie gewonnen oder verloren haben. Sie brauchen also ein dickes Fell, wenn Sie richten wollen. Außerdem ist ein hohes Maß an Integrität unerlässlich. Der Ausstellungsring ist ein Platz, der einen schnell korrumpiert. Viele, die heute bei Ihnen ausstellen, werden morgen als Richter Ihre Hunde beurteilen - und es kostet eine Menge Kraft, dies zu ignorieren. Sie werden die meisten der Hunde, die bei Ihnen ausgestellt werden, kennen, wissen, wie oft sie schon gewonnen haben, wie sie gezüchtet wurden, etc. All dies sind aber unerhebliche Fakten, die von Ihnen verdrängt werden müssen, wollen Sie als Richter Erfolg haben. Und da auch Richter Menschen sind, ist dies gar nicht so einfach.

Ein äußerst nützlicher Ratschlag, den ich vor Jahren erhielt, lautet: »Wenn Du beim Richten einen Hund siehst, der Dir wirklich gefällt, stell Dir vor, er würde von Deinem ärgsten Feind ausgestellt - gefällt er Dir noch immer?« Und wenn Sie einen Hund sehen, den Sie überhaupt nicht mögen, stellen Sie sich vor, Ihr bester Freund würde ihn vorführen - finden Sie ihn immer noch so scheußlich? Dies ist eine interessante, theoretische Übung, die zur Verfeinerung der Urteilsfindung beiträgt. Sie müssen sich als Richter immer unter Kontrolle haben und die Kunst entwickeln, einen Hund völlig emotionslos und unvoreingenommen zu betrachten und zu beurteilen, ganz gleich, wie viele Dinge Ihnen den klaren Blick verstellen.

DIE TECHNIK DES RICHTENS

Niemand sollte mit dem Richten beginnen - auch nicht auf kleineren Schauen - ohne Erfahrung im Ausstellen und Beurteilen von Hunden zu haben. Jeder muss seine eigene Technik entwickeln und an dieser während des gesamten Richtens festhalten, um jeden Hund gleich zu behandeln. Bei einer kurzhaarigen Rasse wie dem Beagle ist es nicht nötig, zu viel »Hand anzulegen«. Ich meine, dass man die Rasse ordentlich richten kann, indem man die Muskulatur, die Zähne und beim Rüden die Hoden kontrolliert, um dann Konstruktion und Körperbau in der Bewegung zu beurteilen - leider trauen viele Richter sich dies nicht zu. Unglücklicherweise legen wir in Großbritannien zu viel Wert auf die Begutachtung durch »Handauflegen«, was - vor allem bei den Allgemeinrichtern, die sich scheinbar verpflichtet fühlen, jeden Quadratzentimeter der Hundeoberfläche abzutasten, in dem Irrglauben, dies zeuge von besonderer Gründlichkeit - zu einer neuen Generation von »Wunderheilern« bei uns Richtern geführt hat, wo hingegen die Beurteilung in der Bewegung zu kurz kommt. Ich kann dem von mir als »Großes britisches Dreieck« bezeichnetem Bewegungsmuster nichts abgewinnen, auch wenn es von den meisten Richtern nach wie vor gefordert wird. Ich bin der Überzeugung, dass man weit mehr sieht, wenn man die Hunde einmal auf und ab und mindestens zweimal im Kreis laufen lässt. Die Nachteile des Dreiecks liegen in den beiden scharfen Winkeln, die dem Hund beim Laufen abverlangt werden. Viele Ausstellungsringe sind recht klein, und wenn ein Hund nur etwas Hirn hat, wird er das Absperrband vor sich sehen und schon auf halber Strecke mit dem Abbremsen beginnen. Anschließend muss er dann die Richtung ändern. Dieses eingeschränkte Bewegungsmuster lässt dem Hund keine Zeit, in einen flüssigen Trab zu kommen. Beagles müssen sich aber flüssig bewegen können und werden ihre Vorzüge nur zeigen, wenn sie frei und ohne den Schwung der Bewegung unterbrechende Richtungsänderungen laufen können. Ein weiterer Vorteil des Kreises liegt in der Tendenz einiger Beagles zu anfänglichem »Hochtraben«. Diese Hunde brauchen etwas Zeit, um in flüssigen Trab zu fallen und den korrekten Bewegungsablauf zu zeigen. Aus diesen Gründen sollte sich ein Beaglerichter seine Anweisungen, die das Laufen betreffen, gut überlegen. Genauso wichtig ist es, dass Richter bei der Beurteilung der Bewegung diese wirklich sehen und analysieren. Viel zu viele schauen zwar hin, sehen aber nichts - doch hiervon später mehr.

UNTERSCHIEDLICHE BEURTEILUNGSVERFAHREN

Lassen Sie uns nun über den Ablauf im Ausstellungsring reden und davon ausgehen, dass Sie kurz vor Ihrem ersten Richtereinsatz stehen. Vorab möchte ich Sie aber noch an einem Ratschlag teilhaben lassen, den mir der herausragende amerikanische Vorführer und heutige Richter Frank Sabella gab. Als ich diesen vor Jahren für *Dogs Monthly* interviewte, das Magazin, dessen Herausgeber und Redaktionsleiter ich zehn Jahre lang war, sagte er mir: »Wenn ein Hund in den Ring kommt, ist das Erste, was ich mich frage: ›Ist es das, worum es bei der Rasse geht?‹ Anders gesagt, ein Boxer muss in den Ring kommen und ausrufen: ›Ich bin ein Boxer‹, und genauso muss ein Beagle hereinkommen und Ihnen entgegen schreien: ›Ich bin ein Beagle‹. Jeder Hund muss von ausgeprägtem Typ sein, was sich aus gewissen Rassemerkmalen herleitet, die der Hund einfach besitzen muss, will er nicht einer unter vielen sein.« In der Tat ein weiser Ratschlag. »Ist es das, worum es bei der Rasse geht?« Auf den Beagle bezogen bedeutet dies meiner Meinung nach, dass dieser fröhlich und aufgeweckt den Ring betreten muss, korrekt in Größe und Aufbau, mit ausgewogenem Kopf und sanftem, ansprechendem Ausdruck. Dies sind die grundlegenden Eigenschaften - so weit es mich angeht. Aber zurück zu Ihrer ersten Ausstellungsklasse.

Im Ausstellungswesen gibt es auf der Welt zwei unterschiedliche Beurteilungsverfahren. In Ländern wie Großbritannien, den Vereinigten Staaten, Kanada und Australien werden die Hunde lediglich gegeneinander gestellt, in eine Reihenfolge gebracht. In den Ländern, die Mitglieder der Fédération Cynologique Internationale (FCI) sind, wird das Richten in zwei Stufen vollzogen. Zuerst wird jeder einzelne Hund an seinem Rassestandard gemessen und erhält einen ausführlichen Bericht mit einer Bewertung (Vorzüglich, Sehr Gut, Gut, etc. oder 1., 2., 3. etc.), die sich allein an den am Standard gemessenen Vorzügen des Hundes orientiert. Anschließend treten nur jene Hunde in Wettbewerb um die Platzierungen, welche die höchsten Bewertungsnoten erhalten haben. Dies ist ein langwierigeres und komplexeres Verfahren, doch eines, das meiner Meinung nach große Vorteile sowohl für die Aussteller als auch für den Richter bringt. Aber welche Methode auch immer zur Anwendung kommt, so geht es doch immer um dasselbe - Sie müssen den besten Hund herausfinden.

DIE ERSTE KLASSE WIRD GERICHTET

Die Hunde versammeln sich im Ring, und die Wahrscheinlichkeit ist groß, dass es sich um Hunde der Jüngstenklasse handelt. Sie werden also auf unerfahrene Junghunde treffen, die hier im Wettbewerb stehen. Sie sollten dem Rechnung tragen, sehr geduldig sein und Zugeständnisse machen, die Sie erwachsenen Hunden gegenüber unter Umständen nicht mehr zubilligen. Wenn die Hunde aufgebaut werden, schauen Sie vom Richtertisch aus die Reihe entlang, um zu sehen, ob irgendein Hund Ihren Blick einfängt. Erste Eindrücke sind beim Richten von Hunden ungeheuer wichtig; denn unweigerlich wird der Hund, der den Blick auf sich zieht und das gewisse »Etwas« hat, sich als der Beste erweisen, wenn er in allen anderen Belangen so gut wie die anderen ist.

Werfen Sie nun - immer noch am Richtertisch sitzend - einen beiläufigen Blick die Reihe entlang und beobachten Sie, wie die Vorführer ihre Hunde aufbauen. Aussteller können Richtern gegenüber äußerst behilflich beim Entdecken von Fehlern ihrer Hunde sein. Hat ein Hund eine problematische Oberlinie, so wird der Vorführer garantiert an dem Hund herum hantieren, ihn möglicherweise unter dem Bauch berühren oder an der Lende kraulen, damit er die Oberlinie anspannt. Einer nicht ganz perfekten Front wird ebenfalls das Hauptaugenmerk des Vorführers gehören, der versuchen wird, die Vorderläufe möglichst vernünftig hinzudrehen, bevor Sie sich den Hund ansehen! Ich habe betont, dass es beim Richten nicht darum geht, Fehler zu finden, doch ist es hilfreich, mitgeteilt zu bekommen, wo die Fehler eines Hundes liegen, ohne dass man nach diesen suchen muss.

Hat Ihnen der Sonderleiter mitgeteilt, dass die Klasse im Ring versammelt ist, sehen Sie sich diese nun von der Ringmitte an und versuchen Sie, einen Gesamteindruck von den Hunden zu bekommen und deren Qualität zu beurteilen. Die ganze Zeit über sollten Sie nach dem Hund Ausschau halten, der Sie ein wenig in Aufregung versetzt und elektrisiert, denn dies wird der Hund sein, der Ihr Interesse länger auf sich zieht als jeder andere. Nachdem Sie sich die gesamte Klasse im Stand angesehen haben, lassen Sie diese mindestens einmal im Kreis laufen. Da es sich um die Jüngstenklasse handelt und einige Hunde mit Sicherheit auf ihrer ersten Ausstellung sind, brauchen diese mindestens zwei Runden, um sich zurechtzufinden und sich zu akklimatisieren. Während die Hunde im Kreis laufen, studieren Sie deren Haltung und den Raumgriff (Vortritt und Schub) der Bewegung. Sticht einer heraus?

Beginnen Sie dann mit der Einzelbeurteilung auf dem Tisch. Steht der Hund auf dem Tisch,

Zu Beginn und am Ende der Bewertung muss für den Richter das Gesamtbild stehen. Dieses Foto von Ch. Dufosee Zenith ist eines meiner absoluten Lieblingsbilder, da es so deutlich zum Ausdruck bringt, was für mich korrekter Typ, Ausgewogenheit und Qualität ist. Es zeigt einen Hund wie aus einem Guss, voller Substanz und Qualität, maßvoll und frei von Übertreibungen. Der Gesamteindruck ist äußerst ansprechend und von völliger Harmonie.

Foto: Thomas Fall.

betrachten Sie ihn aus einer gewissen Entfernung (Sie werden einen Hund nie korrekt sehen, wenn Sie praktisch über diesem stehen), um einen Gesamteindruck zu erhalten. Dies ist ein Aspekt, den ich in diesem Kapitel immer wieder betonen werde - es ist der *Gesamteindruck*, der ausschlaggebend ist, ganz egal, um welche Rasse es geht. Vergessen Sie für einen Augenblick die Einzelheiten; ist der Hund von akzeptabler Größe? Stimmen die Längen- und Höhenproportionen? Ist er vorn und hinten gut gewinkelt? Strahlt er Qualität aus? Sind die Umrisse klar und fließend, ohne Ecken und Kanten? Sehen Sie den Hund als Gesamtbild. Stellen Sie sich diesen als schwarzen Schattenriss vor - das wird Ihnen helfen, das Gesamtbild des Hundes richtig zu sehen und zu beurteilen. Haben Sie die Gesamterscheinung des Hundes auf dem Tisch auf sich wirken lassen, so nähern Sie sich diesem von vorn. Einige Junghunde mögen etwas unsicher und handscheu sein, was man ihnen in diesem Alter noch bis zu einem gewissen Grad nachsehen sollte. Bei erwachsenen Hunden aber ist alles andere als einwandfreies Wesen schärfstens zu beanstanden. Ich zeige dem Hund meine Handfläche (Finger sehen zu sehr nach Würstchen aus!), damit er daran schnuppern und Freundschaft mit mir schließen kann. Bevor Sie den Hund näher untersuchen, sehen Sie sich seine Vorhand an. Betrachten Sie seinen Kopf und Ausdruck, beurteilen Sie den Behangansatz (der tief sein sollte), die Form der Augen (gerundete Mandeln) und deren Farbe (mittel- bis dunkelbraun), die Länge des Fanges im Verhältnis zum Oberkopf (1:1), die Qualität des Fanges (volle Lefzen, ohne dass diese zu schwer sind oder der Fang spitz wirkt) und den Stop. Letzterer sollte gut ausgeprägt, aber nicht zu hart sein. Richtet man aber sehr junge Hunde, so müssen diese in manchen Teilen erst noch ausreifen. Das Richten junger Hunde ist bei jeder Rasse besonders schwierig, und Allgemeinrichter, die Hunde dieser Rasse nie selber besessen haben, stehen vor einer fast unlösbaren Aufgabe. Richter, welche die Rasse selbst züchten, haben Erfahrung mit den unterschiedlichen Entwicklungsstadien heranwachsender Hunde und wissen, dass sich bestimmte Dinge mit zunehmendem Alter noch verändern. Und genau hierin liegt ihr Vorteil gegenüber »Rasseaußenseitern«. Sie wissen, dass eine lose Front sich noch festigen kann, eine ansteigende Rückenlinie bei einem sechs Monate alten Hund sich noch strecken und begradigen wird und ein etwas ausdrucksloser Kopf mit wenig Stop noch entwicklungsfähig ist. Das Dilemma beim Richten solch junger Hunde liegt darin, ob man sie so richtet, wie sie vor einem stehen und am Standard, der von einem fertigen, ausgereiften Hund ausgeht, misst, oder aber ihrer Jugend wegen Zugeständnisse bei gewissen Punkten macht, wobei man nie ganz sicher sein kann, ob diese mit zunehmender Reife verschwinden oder nicht. Es ist eine Situation, in der man es nie allen recht machen kann. Das Geheimnis liegt darin, dass man wissen muss, wie ein Junghund in den verschiedenen Entwicklungsphasen aussehen muss, wobei zu beachten ist, dass sich Hunde unterschiedlicher Linien durchaus auch unterschiedlich entwickeln können. Auf alle Fälle ist es wichtig, dass Sie schon erfahren genug sind, um zu wissen, welche Zugeständnisse Sie aufgrund fehlender Reife machen dürfen.

Sie haben Kopf und Ausdruck betrachtet - und bitte machen Sie nicht den Fehler vieler Allgemeinrichter, den Beagle durch die unterschiedlichsten Geräusche zum Aufstellen der Ohren zu bewegen. Der Beaglekopf muss beurteilt werden, wenn die tief angesetzten Behänge ruhig herabhängen und nicht, wenn sie aufgestellt werden, wodurch auch die Faltenbildung im Stirnbereich gefördert wird!

Diese Kopfstudie von Ch. Dialynne Princess of Webline zeigt einen wunderschönen, qualitätsvollen Beaglekopf. Er veranschaulicht, wie ich meine, vor allem die gewünschte Augenform, den idealen Stop und den korrekten, leicht gewölbten Oberkopf.

Foto courtesy: David Webster.

Überprüfen Sie nun den Kopf im Detail, kontrollieren Sie den Gebissschluss, indem Sie die Oberlippen vorsichtig anheben, auch ein Welpe muss ein einwandfreies Scherengebiss vorweisen. Ziehen Sie die Behänge nach vorn, um deren Länge zu überprüfen (sie sollten fast bis zur Nasenspitze reichen); erfühlen Sie gleichzeitig die gewünschte Feinheit der Behaarung.

Fahren Sie dann mit der Hand den Hals des Hundes hinab und überprüfen Sie, ob er zu viel lose Kehlhaut hat; denken Sie daran, dass Junghunde etwas lose Haut zeigen dürfen, in die sie noch hineinwachsen können. Überprüfen Sie die Vorbrust, die gut ausgefüllt und keinesfalls hohl sein sollte; kontrollieren Sie anschließend die Knochen der Vorderläufe - sind diese kräftig und rund? Heben Sie einen Vorderlauf an und prüfen Sie, ob die Ballen kräftig und gut gepolstert sind. Hat der Hund den Fuß wieder aufgesetzt, schauen Sie, ob die Pfoten gut aufgeknöchelt und geschlossen sind. Viel zu viele Beagles haben flache, offene Pfoten; ein schlimmer Fehler, der das Gesamtbild beeinträchtigt und züchterisch nur schwer zu bearbeiten ist. Flache Pfoten werden mit zunehmendem Alter nicht besser, und ein Beagle, der als Welpe schlechte Pfoten hat, wird immer schlechte Pfoten haben. Die Vorderläufe sollten übrigens nach dem Anheben von allein wieder parallel und senkrecht gestellt werden.

Gleiten Sie nach der Untersuchung der Vorhand mit Ihrer Hand den Nacken hinab, um festzustellen, ob dieser sauber und leicht geschwungen ist. Einige Hunde haben einen hässlichen »Schafshals«, statt elegant gebogen zu sein, verläuft die Halslinie konkav. Führen Sie dann Ihre Hand zum Widerrist, überprüfen Sie, ob die Schulter weit genug zurückgelagert ist und die Schulterblattspitzen eng beieinander stehen. Steile Schultern gehen mit zu kurzen Oberarmen einher, und in diesem Fall werden Sie mit Ihrer Hand die Schulterblätter schon fühlen, bevor Sie

LINKS: Es wird oft behauptet, dass zweifarbige Beagles nie die gleiche Qualität in Kopf und Ausdruck zeigen wie ihre dreifarbigen Verwandten. Ich habe dieses Foto von Ch. Norcis Foxy Lady in mein Buch aufgenommen, um diese Behauptung ad absurdum zu führen! Dieser Kopf ist von perfekter Ausgewogenheit mit den charakteristisch tief angesetzten Behängen, strahlenden, ausdrucksvollen Augen und den geforderten, gut geöffneten Nasenlöchern. Ich verlieh der jungen Foxy Lady die erste ihrer vielen Anwartschaften und halte sie bis heute für eine der herausragendsten Hündinnen, die ich je gerichtet habe.
Foto: Martin Leigh.

RECHTS: Der Kopf einer Hündin sollte feiner als der des Rüden sein. Ein Rüdenkopf muss kraftvoller sein, ohne jedoch grob zu wirken und sowohl Qualität als auch den unerlässlichen sanften Ausdruck zeigen. Diese Studie des dänischen Ch. Tragband In Hot Water vereint Qualität und Gelassenheit, kann aber niemals für einen Hündinnenkopf gehalten werden. Ich habe dieses Bild in das Buch aufgenommen, um zu zeigen, dass der sanfte Ausdruck durch ein mittelbraunes Auge hervorgerufen wird. Dunkle Augen, die fast schwarz sind, bewirken einen harten Ausdruck.
Foto courtesy: Jesper & Annette Pedersen.

richtig am Halsende angekommen sind. Überprüfen Sie mit der anderen Hand die Konturen der Vorbrust im Profil, um sicher zu stellen, dass der Hund auch eine hat!

Umspannen Sie dann mit beiden Händen den Körper, überprüfen Sie die Rippenwölbung und die Tiefe des Brustkorbs, stellen Sie fest, wie weit dieser nach hinten reicht. Viele Beagles sehen kurz und kompakt aus, doch besteht ihr Körper zu einer Hälfte aus dem Rippenkorb und zur anderen aus der Lendenpartie, wobei Letztere kurz sein sollte und der Rippenkorb den größten Teil des Körpers einnehmen muss. Indem Sie den Körper mit den Händen von vorn nach hinten abtasten, können Sie auch die Muskulatur der Lende überprüfen und feststellen, ob die Unterlinie

Dieses Foto von Baimor Impromptu zeigt eine Vorhand von korrekter Breite und mit gut ausgefüllter Vorbrust, geraden Läufen sowie gut bemuskelten, aber nicht überladenen Schultern. Beagles sollten eine gewisse Breite in der Front zeigen, da zu enge Terrierfronten unerwünscht und unzweckmäßig sind.
Foto courtesy: Maureen Tolver.

zu stark aufgezogen ist (und an einen Whippet erinnert). Dies ist in einigen Ländern ein häufiger Fehler und einer, der - wie ich glaube - allgemein auf dem Vormarsch ist.

Ertasten Sie dann den Rutenansatz, indem Sie Ihre Hand flach oberhalb der Lende auflegen, so dass Ihr Mittelfinger den Rutenansatz berührt. So werden Sie leicht feststellen, ob der Rutenansatz zu niedrig ist und dieser Fehler nur durch geschicktes Vorführen optisch kaschiert wird! Kontrollieren Sie auch die Stärke der Rute, die vor allem im Ansatz kräftig sein sollte.

Die Hinterhand kann leicht mit beiden Händen überprüft werden, wobei man die Muskulatur und Winkelung kontrolliert. Haben Sie die »manuelle« Arbeit abgeschlossen, treten Sie noch einmal zurück und betrachten Sie das *Gesamtbild.*

POSITIVES RICHTEN

Sie werden feststellen, dass ich in diesem Kapitel Fotos bestimmter Hunde ausgewählt habe, um einzelne Vorzüge darzustellen, nicht aber Fotografien oder Zeichnungen, die Fehler aufzeigen, wie dies die Autoren vieler Hundebücher tun. Dies ist ganz bewusst geschehen, da ich der Auffassung bin, dass die gesamte Richterphilosophie vom Positiven auszugehen hat. Jeder Schwachkopf kann steile Knie, überzogene Ruten oder Kuhhessigkeit bei einem Hund erkennen, aber nur der Kenner weiß Typ, Ausgewogenheit und Qualität richtig zu schätzen. Nichts kann gewonnen werden, wenn man beim Negativen verharrt, so wie man nie das Überragende erkennen wird, wenn man Mittelmäßigkeit studiert. Gute Richter müssen regelmäßig auf qualitätvolle Hunde treffen, und es ist äußerst wichtig, wenn Sie anfangen Hunde auszustellen, dass Sie sich die herausragenden Hunde der Rasse genau betrachten und herausfinden, was sie hervorhebt. Die Betrachtung mittelmäßiger Tiere und deren Fehler bringt Ihnen gar nichts. Es erstaunt mich immer wieder, wenn Neulinge, sofern sie nicht gewonnen haben, eine Ausstellung verlassen, bevor die Sieger gekürt sind. Und genau dies sind dann auch noch Leute, die später einmal richten wollen. Wie kann man die Hunde anderer bewerten, wenn man sich nicht einmal die Zeit nimmt, die besten Hunde genauer zu betrachten? Das Ideal eines jeden Richters - egal wie vertraut er auch mit dem Rassestandard ist - wird von den besten Rassevertretern geformt, die er gesehen hat. Mit den Jahren werden Sie immer mehr gute Hunde sehen, Ihr Blick wird sich schärfen und kritischer werden, denn Ihr Auge entwickelt sich immer weiter. Ich neige dazu, Richter nach den Hunden zu beurteilen, die sie selbst ausstellen. Und ich frage

Rosspark Mr Muffin war gerade 7 ½ Monate alt, als er seine erste Anwartschaft gewann und dieses Bild gemacht wurde. Ich wählte es aus, um zu verdeutlichen, dass ein kleiner (37 cm groß), kompakter Hund beispielhafte Knochen und Pfoten haben kann. Es zeigt einen Hund, der äußerst kurz im Rücken ist, dessen Rippenkorb aber weit zurückreicht. Es ist meine Überzeugung, dass dieser Hund, der 1968 geboren wurde, seiner Zeit weit voraus war.

Foto: C. M. Cooke.

Dieses Foto zeigt die vorzüglich entwickelte Vorbrust des Am. English Ch. Graadtres Hot Pursuit of Rossut. Ich richtete ihn auf seiner zweiten Ausstellung in Großbritannien und kürte ihn zum Besten der Rasse und beschloss, ihn zum Decken zu nehmen. Heraus kam die Rekordhalterin der Rasse Ch. Too Darn Hot for Tragband.

Foto: Diane Pearce.

Ich habe diese Studie des frei stehenden Ch. Newlin Prefect gewählt, um die exzellente Hinterhand mit gut bemuskelten Oberschenkeln und vorzüglicher Winkelung zu zeigen. Beachten Sie auch die gut entwickelten Unterschenkel.

Foto: Diane Pearce.

Dieses Foto von Ch. Dialynne Blueboy verdeutlicht di vorzügliche Hals- und Schulterlinie. Der Hals ist saube von guter Länge und elegant gebogen, die Schulte augenscheinlich gut zurückgelagert. Für mich ist Bluebo einer der besten Dialynne Beagles überhaupt, und ic versuche immer, auf ihn zurückzuzüchten.

Foto: Frank Garwoo

mich oft, wie jemand, der Spezialzuchtrichter ist, es ertragen kann, einen völlig nichts sagenden Hund vorzuführen. Wenn man davon ausgeht, dass Ihnen gefällt, was sie in den Ring bringen und sie mit dieser Qualität zufrieden sind, weshalb soll man dann Geld ausgeben, um ihre Meinung zu erfahren, wo sie sich doch offensichtlich mit schlechter Qualität zufrieden geben.

DIE BEURTEILUNG DER BEWEGUNG

Aber zurück zu Ihrer ersten Ausstellung. Nachdem Sie jeden Hund der ersten Klasse einzeln im Stand begutachtet haben, müssen Sie nun die Bewegung beurteilen. Sie mögen ein anderes Verfahren wählen, aber ich empfehle, dass Sie den Aussteller bitten, mit dem Hund zuerst einmal auf und ab zu laufen. So können Sie feststellen, wie korrekt die Front- bzw. Hinterhandaktion ist. Wenn der Hund sich von Ihnen weg bewegt, sollte er frei traben, mit Schub aus den tiefen, parallel gestellten Sprunggelenken. Sie werden sehen, dass einige Hunde die Hinterhand sehr eng führen; seltener sind Hunde, die hinten ungewöhnlich breit laufen. Beides deutet auf einen konstruktiven Fehler und ist nicht ideal.

Kommt der Hund auf Sie zu, sollte er sich wieder frei bewegen, mit am Brustkorb anliegenden Ellenbogen und fast parallelen Vorderläufen, wobei mit zunehmender Geschwindigkeit die Vorderpfoten etwas enger geführt werden, jedoch nur minimal, denn eine zu enge Frontbewegung ist fehlerhaft. Viele Beagles haben ein großes Problem mit einer zu weit geführten Front. Manchmal tritt dies zusammen mit losen Ellenbogen auf, was an zu schwacher Bemuskelung oder schlechter Winkelung von Schulter und Oberarm liegen kann. Häufig scheinen die Ellenbogen fest anzuliegen, und trotzdem werden die Vorderläufe lose geführt und der Hund scheint die Pfoten in entgegengesetzte Richtungen zu bewegen. Dies ist ein fehlerhafter, unökonomischer Bewegungsablauf. Der Beagle muss eine gewisse Breite in der Front zeigen; und wenn Sie bedenken, dass die Rasse gezüchtet wurde, um mit gesenktem Kopf einer Spur auf dem Boden zu folgen, so ist es vielleicht verständlich, dass aus diesem Grund die Frontaktion nicht ganz so korrekt ist wie bei manch anderen Rassen. Es kann für einen Richter verwirrend sein, wenn er auf einen Hund mit insgesamt enger Vorhand trifft, was allgemein als Terrier-Front bezeichnet wird. Die Front ist absolut gerade, die Vorbrust schwach entwickelt. Diese Beagles können vorn völlig parallel und gerade laufen, doch ist eine derart eng geführte Vorhand rasseuntypisch. Muss ich zwischen einer etwas losen und einer Terrier-Front wählen, würde ich mich für die erste entscheiden, da sie für den Beagle typischer ist.

Nur wenige Richter nehmen sich genügend Zeit, um die Bewegung im Profil zu beurteilen, obwohl dies von vitaler Bedeutung für einen Hund ist, bei dem Ausdauer ein wesentlicher Aspekt ist. Von der Seite gesehen, sollte der Beagle mit der Vorhand so weit ausgreifen, dass der Vorderlauf voll gestreckt ist, ohne dass dieser dabei zu weit angehoben wird. Die Bewegung sollte mühelos, der Bewegungsablauf von Vor- und Hinterhand gut koordiniert sein, wobei letztere elastisch und biegsam ist und viel Schub entwickelt. Genauso wie die vorderen, sollten auch die hinteren Läufe nicht übermäßig hoch angehoben werden. Es amüsiert mich, wenn Beaglerichter die Bewegung von Hunden loben, die eine übertriebene Hinterhandaktion zeigen, bei der sie die Sprunggelenke erst hoch und dann zurück werfen. Dieser sicherlich attraktive Bewegungsablauf wird manchmal bei extremeren Rassen wie dem Amerikanischen Cocker gesehen und dort auch akzeptiert und gefördert. Beim Beagle ist er jedoch untypisch und nicht effizient. Der Bewegungsablauf des Beagles sollte kraftvoll, flüssig und elastisch sein, mit viel Raumgriff bei möglichst geringem Kraftaufwand.

Ein weiterer Grund dafür, der Bewegung im Profil mehr Aufmerksamkeit zu widmen als dem »Kommen und Gehen«, liegt darin, dass man hierbei den ganzen Hund sieht. Sie sehen wieder das Gesamtbild und während der Hund sich natürlich bewegt seine Oberlinie, die Länge des

Rückens, den Rutenansatz und die Halslänge. Und was Sie hierbei sehen, kann sich deutlich von dem Bild unterscheiden, das Ihnen ein ausgefuchster Vorführer von seinem Hund im Stand vermittelt hat. Man kann die Halslinie länger erscheinen lassen, die Oberlinie gerader, die Winkelung stärker, wenn man etwas vom Vorführen versteht. In der Bewegung jedoch ist es unmöglich, derartige Fehler vor dem geübten Richterauge zu verbergen. Nehmen Sie sich also Zeit, um zu analysieren, was der Hund mit seinen Gliedern und seinem Körper macht - achten Sie auf die Oberlinie, die fest und leistungsfähig sein sollte; Sie werden überrascht sein, wie einfach es ist, die Schulterlage von der Seite zu erkennen, wenn ein Hund sich bewegt. Ich habe an anderer Stelle in diesem Buch die natürliche Kopfhaltung des Beagles erwähnt und verdeutlicht, dass diese nicht unbedingt mit der übereinstimmt, die allgemein im Ausstellungsring verlangt wird. Von Ausstellungshunden wird allgemein erwartet, dass sie mit stolz erhobenem Kopf laufen, doch wenn der Beagle mit durchschnittlicher Geschwindigkeit trabt, wird er den Kopf etwas tiefer nehmen. Beagles, die von allein mit hoch erhobenem Hals und Kopf laufen, zeigen einen abgehackten Bewegungsablauf mit wenig Vortritt, was an einer steil gelagerten Schulter und kurzem Oberarm liegt. Dies mag smart aussehen, ist aber nicht rassetypisch.

Nachdem ich den Hund in der Bewegung gesehen habe und er zweimal im Kreis gelaufen ist, lasse ich den Hund zu mir zurückkommen und möglichst ein paar Sekunden vor mir im Stand verharren. Nicht alle Hunde stellen sich automatisch in Schaupositur auf, was man auch gar nicht erwarten sollte. Aber es kann sehr aufschlussreich für den Richter sein, den Hund kurz im Stand zu betrachten, ohne dass er in Positur gerückt wurde. Wiederholen Sie diese Prozedur mit jedem Hund der Klasse und bemühen Sie sich, bei allen in gleicher Weise zu verfahren. Wenn Sie alle gesehen haben, sollten Sie sie noch einmal gemeinsam im Kreis laufen lassen, um einen abschließenden Eindruck von der gesamten Klasse zu erhalten.

DIE PLATZIERUNG

In England wird erwartet, daß man als Richter fünf Hunde platziert. Überprüfen Sie gemeinsam mit dem Sonderleiter, wieviel Platzierungskarten zur Verfügung stehen und sehen Sie zu, dass Sie auch genau so viele Hunde zum Schluss im Ring stehen haben. Sechs Hunde zu platzieren und dann nur fünf Preise zu vergeben, macht keinen überzeugenden Eindruck und bringt den an sechster Stelle stehenden Aussteller in eine unangenehme Situation. Haben Sie eine sehr große Klasse, können Sie eine Vorauswahl treffen, bevor Sie mit der eigentlichen Platzierung beginnen. Wollen Sie den ein oder anderen Hund noch einmal im Laufen sehen, so steht Ihnen das frei. Sie müssen sich schließlich sicher sein, die richtige Entscheidung getroffen zu haben, und man kann schon einmal vergessen, wie ein ganz bestimmter Hund gelaufen ist. Es ist völlig in Ordnung, wenn Sie ihn noch einmal laufen lassen. Besser jedenfalls als Wissen vorzutäuschen und dann die falsche Entscheidung zu treffen.

Der gesamte Beurteilungsprozess ist völlig subjektiv, und das macht Ausstellen zu einem unpräzisen Wettbewerb mit einigen offensichtlichen Anomalien. Es ist Ihre Interpretation des Rassestandards, für welche die Aussteller bezahlt haben, und Sie müssen Ihre eigene, ganz persönliche Prioritätenliste haben. »Des einen Tod ist des anderen Brot« gilt allemal auch im Ausstellungsring. Sie haben unter Umständen eine Aversion gegen flache Pfoten, tolerieren aber hellere Augen. Einen anderen Richter mögen flache Pfoten nicht stören, doch wird er Hunde mit zu hellen Augen nicht berücksichtigen. Und gerade diese unterschiedlichen Schwerpunkte führen dazu, dass Hundeausstellungen funktionieren. Gäbe es nicht unterschiedliche Ansichten, bräuchten wir nur eine Ausstellung im Jahr zu besuchen!

Während es gewisse grundlegende Dinge gibt, die außer Frage stehen und gleiche Beachtung finden sollten, so spielen bei vielen Entscheidungen letztlich auch persönliche Vorlieben und

Geschmack eine Rolle. Diese Präferenzen basieren im Allgemeinen auf der eigenen Erfahrung als Züchter. Haben Sie beispielsweise ein besonderes Problem mit steilen Schultern gehabt und es als äußerst schwierig empfunden, diese wegzuzüchten, ist es leicht möglich, dass Sie steile Schultern sehr kritisch sehen, während Sie einen Fehler, der Ihnen nie Kopfzerbrechen bereitet hat, viel großzügiger beurteilen. Aber wie auch immer, wichtig ist, dass Sie nicht zum Fetischisten werden. Ich habe schon so viele dumme Bemerkungen von Richtern über Fehler, die sie nicht zu tolerieren bereit sind, gehört. Die lächerlichste betrifft eine Spezialzuchtrichterin für Boxer, die sich damit rühmte, niemals einen Hund mit einem unpigmentierten dritten Lid zu platzieren! Ich beobachtete die Dame einige Wochen später beim Richten. Und sie hielt Wort. Es gab unter den platzierten Hunden weit und breit kein unpigmentiertes Augenlid, dafür aber reihenweise Hunde mit Rundrücken, steilen Hinterhänden und Köpfen wie Kübel!

DIE BEDEUTUNG DES WESENS

Alle Fehler müssen in Relation gesetzt werden, aber beim Wesen bin ich nicht zu Kompromissen bereit. Zwar würde ich einem Junghund eine gewisse Unsicherheit vergeben, doch kann ich einen offensichtlich nervösen Hund nicht akzeptieren. Und zeigt ein Hund im Ring Aggressivität, so werde ich ihn aus dem Ring weisen. In unserer Rasse ist kein Platz für schlechtes Wesen. Das fröhliche Naturell des Beagles gehört zu seinen größten Vorzügen und darf niemals hintangestellt werden, wie überragend die sonstigen Vorzüge eines Hundes auch sein mögen. Dies ist auch der einzige Fall, wo ich meine Theorie von der überragenden Bedeutung des »Gesamteindrucks« verwerfe! Es erschüttert mich, wenn ich höre, wie Aussteller das ängstliche Verhalten ihrer Hunde mit einer flatternden Zeltplane, einem Abfallbehälter, dem Regenschirm eines Besuchers, einem vorbei fliegenden Flugzeug oder ähnlichem entschuldigen. Ein gut aufgezogener Beagle sollte unerschrocken und furchtlos, fröhlich und ausgeglichen und vor allem ohne jedes Anzeichen von Aggression sein. Ich bin entsetzt, wenn ich auf den Ausstellungen Beagles sehe, die nach vorbei laufenden Hunden schnappen oder sich gar auf diese stürzen wollen. Diese Rasse ist die gutmütigste überhaupt, und dieser Ruf muss um alles auf der Welt erhalten werden.

DAS SCHREIBEN DER BERICHTE

Beim Richten müssen Sie die einzelnen Hunde miteinander vergleichen und zu einer Entscheidung kommen. Wichtigstes Kriterium dabei sollte sein, den Hund mit den größten Vorzügen zu finden. Erst dann sollten Sie dessen Fehler mit in die Urteilsfindung einbeziehen. Fragen Sie sich, was die einzelnen Hunde der Rasse bieten können. Wenngleich Entscheidungen nicht überstürzt werden dürfen, so ist doch nichts schlimmer als ein offensichtlich unentschlossener Richter, der sich zu keiner Entscheidung durchringen kann. Derartige Richter verlieren schnell das Vertrauen der Aussteller und Zuschauer. Sie müssen Ihre Entscheidung treffen und die Hunde platzieren. Tun Sie dies nach sorgfältiger Überlegung entschlossen und bestimmt, indem Sie die Besten in der Ringmitte aufreihen, den Sieger zu Ihrer Linken.

Füllen Sie Ihr Richterbuch aus. Muss ein Bericht geschrieben werden, machen Sie sich Notizen, mit deren Hilfe Sie den Richterbericht, der in Großbritannien üblicherweise in der Hundepresse veröffentlicht wird, erstellen können. In den FCI-Ländern müssen Richter im Allgemeinen vor Ort einen detaillierten Bericht zu jedem ausgestellten Hund anfertigen. Unterschiedliche Richter haben durchaus unterschiedliche Vorstellungen, wie solch ein Bericht abzufassen ist.

Nachdem ich so oft in Skandinavien richten durfte, verfasse ich - selbst wenn ich zu Hause im Vereinten Königreich richte - meine Berichte in der dort bevorzugten Art, d. h. ich beschreibe nicht nur die Vorzüge eines Hundes, sondern weise auch auf Schwachpunkte hin, die sich meiner

Ansicht nach noch verbessern sollten. Damit wird kein Hund verurteilt, sondern zum Ausdruck gebracht, dass die Vorzüge eines Siegers dessen Schwachpunkte deutlich übertrafen. Einige britische Richter erwähnen Fehler nicht, weil sie dies für schlechten Stil halten, da andere Richter die Kritik lesen und dadurch beeinflusst werden könnten. Lassen sich Richter durch Kritiken anderer Richter beeinflussen, sollten sie besser keine Richter sein! Bei den meisten Hunden fällt es nicht schwer, einen offenen und ehrlichen Bericht zu verfassen, und es ist sicher hilfreich, wenn man diesem entnehmen kann, weshalb der erstplatzierte Hund den zweitplatzierten geschlagen hat. Manchmal bekomme ich Berichte zum Lesen, wo dem Erstplatzierten einige Fehler zugeschrieben werden, während sich der Bericht über den Zweitplatzierten wie der Rassestandard selbst liest! Dies kann zu allerlei fragwürdigen Schlussfolgerungen führen. Manchmal hat man Glück und trifft auf einen Hund, der einen wirklich begeistert. Ist dies der Fall, sollte Ihr Bericht Ihre Begeisterung widerspiegeln.

Während der Arbeit zu diesem Buch habe ich tonnenweise alte Papiere durchgelesen, und dabei bin ich zufällig auf die Kopie eines Richterberichts gestoßen, den ich im Anschluss an die Open Dog Show in Horley, wo ich im Juli 1976 Beagles richtete, verfasste. Ich hatte das BOB an einen äußerst viel versprechenden Junghund vergeben und mein Bericht lautete: »Hin und wieder trifft man beim Richten auf einen Junghund, der so überragend ist, dass er einen bleibenden Eindruck hinterlässt. Dieser 8 Monate alte dreifarbige Rüde tut genau dies. Als er den Ring betrat, wusste ich, dass wohl nur noch er für das BOB in Frage kommen konnte. Gezogen aus zwei großen Champions überstrahlt er alle an Stil und Selbstbewusstsein, sein Kopf ist gut ausgewogen mit ausgefülltem Fang und sanftem Ausdruck. Hals, Schulter Oberlinie und Hinterhand verleihen ihm ein absolut ausgewogenes Gesamtbild mit fließenden Übergängen. Er hat einen gut entwickelten Körper, sowie gute Knochen und Pfoten. Es gibt kein Detail an ihm, das ich verändern möchte, er stellte mich völlig zufrieden. Und ich wage vorauszusagen, dass er das Zeug dazu hat, als ein ganz Großer in die Beaglegeschichte einzugehen. Ein Hund, den ich liebend gern selbst besitzen würde.« Wer war dieser Hund, der mich so begeisterte? Kein anderer als Ch. Beacott Buckthorn, der über viele Jahre hinweg den Rekord an gewonnenen Anwartschaften in der Rasse hielt. Bucky wurde in der Tat ein ganz Großer, und es war mir eine Ehre, als Ada später den Rekord von ihm übernahm.

Wenn Sie sich Ihre Notizen gemacht und das Richterbuch ausgefüllt haben, können Sie mit dem Richten der folgenden Klassen fortfahren, bis Sie dann alle Hunde gerichtet haben und es um den Besten der Rasse, das BOB geht. Vergessen Sie bitte nie den Wortlaut - »Bester der Rasse« - und versuchen Sie entsprechend zu richten. Ich möchte dieses Kapitel mit einem Ratschlag schließen, den mir einer meiner Mentoren gab, als ich am Beginn meiner Richterkarriere stand. Er sagte folgendes: »Wenn Sie richten, richten Sie so, als wäre es das letzte Mal. Verhalten Sie sich, als wäre es Ihr letzter Richtereinsatz, der, an den sich alle erinnern sollen.« Viel zu oft finden sich Richter in einer Situation, in der sie Gefahr laufen, »politisch« zu richten. Manchmal können sie der Versuchung nicht widerstehen, sagen sich aber immer selbst, dass sie beim nächsten Mal völlig unbeeinflusst und korrekt richten werden. Selbstverständlich wird daraus wieder nichts, denn sie haben die verbotene Frucht der Vorteilsnutzung gekostet. Denken Sie über diese weisen Worte einmal nach und versuchen Sie, sie zu verstehen. Wenn Sie sich an sie erinnern, wenn Sie zum Richten den Ring betreten, können Sie nicht viel falsch machen.

Kapitel 9

GEBRAUCHSHUNDE UND MEUTEN

Zurzeit gibt es in England und Wales etwa siebzig Beaglemeuten. Diese reichen von der alten 1845 gegründeten Royle Rock Meute bis zum 1993 entstandenen Welsh Foot Pack. Die meisten Meuten befinden sich im Besitz von Jagdverbänden. Acht Meuten werden von Schulen und Universitäten unterhalten, sieben gehören zur Beagle Association der Armee. Die meisten Meuten werden von den »Masters« sowie durch verschiedene, vorwiegend private Fördermittel finanziert. Alle Meuten sind bei der »Masters of Harriers and Beagles Association« registriert, die 1891 gegründet wurde, ein Jahr später als der Beagle Club. Die Vereinigung registriert die Grenzen der Bezirke, in denen die einzelnen Meuten arbeiten und führt die Hunde in einem Zuchtbuch. Weitere Informationen über »Beagling« findet man, indem man das 1987 bei David & Charles erschienene Buch »Beagling« von J. C. Jeremy Hobson liest.

Heute führen nur wenige Beaglezüchter und -aussteller in Großbritannien ihre Hunde jagdlich, doch gibt es nach wie vor ein großes Bestreben, die jagdliche Leistungsfähigkeit dieser Rasse am Leben zu halten. Viele Anhänger nehmen daher regelmäßig an Schleppjagden des Beagle Clubs teil. Die Ziele des Beagle Clubs sind seit 1890, als sie erstmals veröffentlicht wurden, unverändert geblieben. Sie lauten: »Die Türen stehen jedem weit offen, und wir heißen alle gleichermaßen willkommen: den Master of Beagles, der seine Meute mit Hilfe alter Blutlinien begründen oder aufrecht erhalten will; den Jäger, der ein paar Hunde für die Jagd auf Kaninchen oder Fasan hält; den gesunde Bewegung suchenden Sportsfreund, dem es Freude bereitet, die Hunde bei der Arbeit auf der Schleppe zu sehen und ihrem Geläut zu lauschen; den Aussteller, dessen Anliegen es ist, möglichst perfekte Hunde zu züchten, was das Aussehen betrifft und der dazu beiträgt, die Schönheit der Rasse weiter bekannt zu machen; die Dame, für die der Beagle der intelligenteste und interessanteste Haushund ist; und schließlich auch den älteren Sportsmann, dessen aktive Tage vorüber sind, der sich aber noch gut an die Vergangenheit erinnert und dessen vielfältige Erfahrungen von unschätzbarem Wert für eine jüngere Generation sind. Sie alle sind hier in gleichem Bestreben vereint.«

SCHLEPPJAGDEN

Eine Menge gedanklicher Vorarbeit und Planung ist nötig, um eine Schleppjagd durchzuführen, die in einigen Ländern zu den beliebten sportlichen Betätigungen gehört und bei der auch der Beagle eine wichtige Rolle spielt. Der ausrichtende Verein ernennt einen Verantwortlichen, der die Rolle des Field Masters übernimmt. Dieser wiederum bestimmt den Drag Hunt Secretary. Dieser protokolliert die Treffen der Schleppjagdmitglieder, Namen und Alter ihrer Hunde, notiert errungene jagdliche Preise, bestätigt mit den Landbesitzern abgesprochene Termine und teilt den Mitgliedern Termin und Treffpunkt der Veranstaltungen mit. Ihm obliegt es auch, das nötige Geld einzutreiben (den Beitrag, der von den Teilnehmern und Besuchern erhoben wird, um die Kosten der Schleppjagden zu decken). Während diese und andere Aufgaben auch vom Field Master selbst übernommen werden können, ist es doch ratsam, wenigstens einige Tätigkeiten zu dele-

Beagle bei der Fuchsjagd: Eine ungewöhnliche Studie des Am. Ch. Bayou Oaks Cappuccino, der 1993 auf der Spezialzuchtschau des Amerikanischen Beagle Clubs Rassebester (15 Inch) wurde. Er wurde 17mal bester Hund der Ausstellung (aller Rassen). Vater: Am. Ch. Barmere's Andretti, Mutter: Am. Ch. Bayou Oaks Violetta, Züchter und Besitzer: Alyce und Richard Gilmore.

Foto: Glazbrook.

gieren, so dass er sich ganz auf die Organisation einer erfolgreichen Veranstaltung konzentrieren kann. Drei bis vier Whippers-In (Einpeitscher) werden benötigt, um dem Field Master bei der Kontrolle des Feldes zu helfen. Es sollten begeisterte, regelmäßige Teilnehmer von Schleppjagden sein, die das Gelände kennen, um gemeinsam mit dem Field Master sicherstellen zu können, dass die Hunde keine falschen Fährten aufnehmen. Die Schleppenleger vollbringen einen weniger glanzvollen, aber ebenso wichtigen Dienst, indem sie unter der Anleitung des Field Masters die Schleppen legen. Sie brauchen ein gutes Auge für die Landschaft, um entscheiden zu können, was ein faires Hindernis für einen Beagle auf der Schleppe ist und wo die Spur auch einmal unterbrochen werden kann. Hierfür benötigt man eine Reihe freiwilliger Helfer.

Für eine Schleppjagd muss ein geeignetes Stück Land gefunden und die Genehmigung des Besitzers eingeholt werden. Im günstigsten Fall sollte das Gelände etwa 125 Hektar umfassen, so dass an einem Vormittag mehrere Schleppen im Gelände gelegt werden können, wobei jede einzelne eine Länge von ca. zwei bis drei Kilometer haben könnte. Das Land sollte möglichst leicht

Die Stowe Beaglemeute während der Jahrhundertausstellung des Beagle Clubs. Die Hunde sind deutlich großrahmiger und leichter gebaut als der moderne Ausstellungsbeagle.

Foto: Basil Waterton.

Die Schleppjagd ist in vielen Ländern ein beliebter Sport.

Foto: The Beagle Club.

wellig sein, mit Bächen und Hecken, und sicherstellen, dass man den Hunden zu Fuß oder aber wenigstens mit dem Auge leicht folgen kann. Die Zusammenarbeit mit den Farmern und Landbesitzern ist wichtig, und normalerweise wird der Field Master bei persönlichen Besuchen den Ablauf einer Schleppjagd erklären und die Zusicherung geben, dass etwaige Schäden an Zäunen oder dergleichen behoben oder erstattet werden. Die Dankbarkeit der Jagdgesellschaft kann dem Landbesitzer auf verschiedenste Weise zum Ausdruck gebracht werden, doch wird in Großbritannien das Land häufig für eine gute Flasche Whisky zur Verfügung gestellt!

Es ist ratsam, Zugang zu mehreren, möglichst unterschiedlich gelegenen Gebieten in der vorgenannten Größe von 125 Hektar zu haben; erstens, damit die Hunde Abwechslung haben, und zweitens, um möglichst vielen Hunden und Menschen die Teilnahme zu ermöglichen. Die Zahl der benötigten Gebiete hängt natürlich von der Zahl der Schleppjagden ab, die in der Saison, welche in Großbritannien normalerweise von Ende September bis Anfang April geht, vorgesehen sind. Was die Hunde betrifft, so ist es wünschenswert, dass diese möglichst von einheitlicher

Perrystar Vivid, im Besitz von Jerry Meek, auf dem Weg zu einem ihrer fantastischen zehn Arbeitszertifikate. Jerry Meek ist eine der frühen Züchterinnen und Ausstellerinnen, die nie das Interesse an der jagdlichen Arbeit verloren haben.

Foto: Harry Nicholson.

Größe sind, da es dann wahrscheinlicher ist, dass sie auch mit gleicher Geschwindigkeit laufen. Zehn bis zwanzig Hunde können gut auf einer Schleppe jagen, doch sollten alle mindestens ein Jahr alt sein.

Normalerweise werden vier bis acht Schleppen unter der Aufsicht des Field Masters gelegt, die jeweils etwa zwei bis drei Kilometer lang sind. Das Gelände sollte möglichst abgelegen sein, weit genug entfernt von Verkehrswegen, so dass möglichst keine Beeinträchtigungen und Gefahren für die Hunde durch den Verkehr auftreten. Die Schleppen werden gelegt, indem ein langes Seil, an dessen Ende ein saugfähiges Tuch oder ein kleines Handtuch befestigt ist, über den Boden gezogen wird. Letzteres ist mit der Flüssigkeit getränkt, die den interessanten Geruchsstoff enthält.

Die gewählte Mixtur sollte:

a) für die Hunde so anziehend riechen, dass sie dem Geruch gerne folgen wollen.
b) stark genug sein, dass den Hunden dies auch gelingt.
c) am Boden haften bleiben; zumindest sollte der Geruch nicht über Ellenbogenhöhe der Hunde aufsteigen, um diesen die Jagd bei gleich bleibender Geschwindigkeit zu ermöglichen.
d) den Geruch über eine längere Zeit abgeben und sich nicht verflüchtigt haben, bevor die Hunde mit der Arbeit beginnen.
e) die Hunde zum spurlauten Jagen ermuntern, auf keinen Fall zum stummen Jagen.

Es gibt verschiedene Rezepte für Schleppjagdmixturen. Hier die gebräuchlichsten:

1) tierische Exkremente (z. B. vom Hasen) vermischt mit reinem Anisöl und Paraffin. Das Paraffin dient der Fixierung und verhindert, dass der Geruch aufsteigt oder sich verflüchtigt.
2) chemische Lösungen, die vor allem bei Meutejagden zum Einsatz kommen.
3) reines Pflanzenöl gemischt mit einer kleinen Menge Anisöl und etwas Paraffin, damit es nicht aufsteigt.

Allerdings ist die unter 1 genannte Lösung äußerst übel riechend, die zweite recht schwer zu erhalten. Eine Mischung aus 60% reinem Pflanzenöl, 30% reinem Anisöl und 10% Paraffin ergibt eine vorzüglich geeignete Flüssigkeit, die sich in jeder gewünschten Menge herstellen und leicht transportieren lässt. Die Mixtur muss gut geschüttelt werden, bevor man mit ihr den als Schleppe dienenden feuchten Lappen tränkt. Es ist in jedem Fall besser, etwas zu viel als zu wenig Flüssigkeit zu nehmen, außerdem hängt die notwendige Menge auch von Untergrund und Wetter ab. Eine derartige Schleppe wird mindestens 45 Minuten stehen, was von den Schleppenlegern ein recht hohes Arbeitstempo verlangt. Es ist deshalb empfehlenswert, die Schleppe in etwa drei Teile zu zerlegen und jeden Abschnitt gleichzeitig von einem anderen Helfer legen zu lassen. Die Schleppenleger können dann anschließend gleich von ihren Positionen aus als Whippers-In fungieren und die Hunde daran hindern, eine falsche Fährte aufzunehmen.

Es bietet sich an, die Schleppe so zu legen, dass die Hunde dies nicht sehen können, da die Aufregung sonst zu groß wird. Der Verlauf sollte so geplant werden, dass das Ende der Schleppe etwa 30 m vom Ausgangspunkt entfernt ist. Auf diese Art und Weise können Besitzer von Hunden, die nicht die gesamte Distanz mitlaufen wollen, in der Nähe des Startplatzes bleiben und dort ihre hoffentlich das Ende findenden Hunde erwarten. Es ist wichtig, dass in den Verlauf der Schleppe natürliche Hindernisse wie Hecken, Bäche und Unterbrechungen der Geruchsspur (indem man den getränkten Lappen ein kurzes Stück den Boden nicht berühren lässt) eingebaut werden, damit die Hunde wirklich arbeiten müssen und Spurlaut geben. So wird die Schleppjagd einer echten Jagd ähnlicher und auch für die Zuschauer interessanter, die sehen, wie die Hunde arbeiten und ausschwärmen, um immer wieder nach der Spur zu suchen, statt nur in gerader Linie mit lautem Spurlaut dahinzujagen.

Der Spaß für Hunde und Besucher hängt in starkem Maße von dem Field Master und den Schleppenlegern ab. Ein erfahrener Schleppenleger muss sich bewusst sein, dass verschiedene Faktoren die Arbeit auf der Schleppe beeinflussen können und darauf entsprechend reagieren. So ist es sinnvoll, den Anteil des Fixiermittels (Paraffin) zu erhöhen, wenn es sehr windig ist. Ein heftiger Regenguss kann manchmal den Geruch wegwaschen; kräftiger Wind kann zur schnellen Verflüchtigung führen, genauso wie ein plötzlicher Temperaturanstieg. Frost kann die Geruchsbildung ebenso hemmen wie starke Sonneneinstrahlung.

Ideale Bedingungen sind gegeben, wenn die Erde feucht und wärmer als die Luft ist und die Temperaturen plötzlich gefallen sind. Als Untergrund eignen sich besonders Gras, Sand und Erde, nicht zu feste Wege, sowie Steine und Kies.

Am Ende der Schleppjagd-Saison werden in Großbritannien Prüfungen (Field Trials) durchgeführt, auf denen an ausgewählte Hunde Arbeitszertifikate vergeben werden und der beste Arbeitsrüde, die beste Arbeitshündin und der Rassebeste gekürt werden. Diese Arbeitszertifikate werden in Großbritannien vom Beagle Club anerkannt und unter der Schirmherrschaft des Kennel Clubs verliehen.

Diese Arbeitsprüfungen (Field Trials) laufen wie folgt ab:

a) Der Field Master lädt zwei mit diesen Prüfungen vertraute, erfahrene Richter ein.
b) Der Field Master entscheidet über die Zulassung der Hunde zu dieser Prüfung.
c) Der Field Master teilt die Prüflinge in Gruppen von fünf oder sechs Hunden ein; jeder Gruppe wird ein Buchstabe (A,B,C,D, etc.) zugeteilt. Jeder Hund einer Gruppe erhält einen leichten Überwurf gleicher Farbe mit einer Ziffer. Die Hunde der anderen Gruppen erhalten Überwürfe in anderen Farben (rot, schwarz, weiß, gelb, etc.). So können die Richter die einzelnen Hunde bei der Arbeit in den verschiedenen Gruppen leicht identifizieren.
d) Fünf bis sieben sorgfältig geplante Schleppen üblicher Länge sollten in genügendem Abstand voneinander gelegt werden. Jede Schleppe wird durch Fähnchen gekennzeichnet, so dass die Richter erkennen können, ob die Hunde auf der Spur sind.
e) Alle Gruppen beginnen die Prüfung auf der ersten Schleppe. Es beginnt Gruppe A, dann folgen B, C, D, etc. Auf der zweiten Schleppe ist die Reihenfolge der Gruppen dann B, C, D, A, etc.
f) Jeder Hund einer Gruppe trägt einen nummerierten, farbigen Überwurf. Farbe und Nummer werden während der gesamten Prüfung beibehalten, so dass Gruppe 1 aus fünf bis sechs Hunden besteht, die alle einen Überwurf gleicher Farbe mit einer Nummer tragen. Gleiches

Hunde beim spurlauten Jagen anlässlich eines Treffens des Beagle Clubs in Leicestershire. Foto: The Beagle Club.

gilt für die anderen Gruppen. Die Richter bezeichnen die Hunde als »Gruppe A, roter Überwurf, Nummer 1«, etc.

g) Den Richtern ist so weder die Identität der Hunde noch deren Besitzer bekannt. Der Field Master gibt jedem Richter eine Liste der Gruppen mit den Farben und Nummern und den Ziffern der verschiedenen Schleppen. Die Richter vergeben dann bis zu 10 Punkte an die einzelnen Hunde.

h) Die Richter postieren sich so, dass sie die Arbeit der Hunde gut verfolgen können - sie sollten Ferngläser dabei haben, um die Hunde auf der gesamten Strecke beobachten und anschließend beurteilen zu können.

i) Nachdem alle Gruppen die letzte Schleppe gearbeitet haben, entscheiden die Richter unter Zuhilfenahme sämtlicher Aufzeichnungen gemeinsam mit dem Field Master oder dem Jagdobmann über die Sieger - und darüber, welche Hunde ihrer Ansicht nach gut genug gearbeitet haben, um ein Arbeitszertifikat verliehen zu bekommen. Jede Urkunde muss den Namen des Hundes, seines Besitzers, Datum und Ort der Prüfung aufführen und vom Richter unterschrieben werden.

j) Aus der Gruppe der Hunde, denen ein Arbeitszertifikat verliehen wurde, müssen die Richter dann die beste Hündin, den besten Rüden und den absoluten Sieger wählen. Falls nötig, muss eine zusätzliche Schleppe gelegt werden, um den Richtern die endgültige Entscheidung zu ermöglichen. Nur dem Field Master und dem Jagdobmann sollte bekannt sein, welche Farben und Nummern zu welchen Hunden gehören.

Die Schleppjagd bietet nicht nur dem Beagle eine vorzügliche Gelegenheit, seine Anlagen auszuleben, sondern auch den Besitzern die Möglichkeit, sich an diesen zu erfreuen. Beaglehalter, die auf diesem Gebiet aktiv werden wollen, können privat mit dem Üben beginnen, indem sie sich, wie vorab beschrieben, die nötige Flüssigkeit für die Schleppe herstellen. Es muss jedoch gesagt werden, dass nicht alle Beaglebesitzer davon begeistert sein werden, dass ihr Hund beim ersten Anzeichen eines interessanten Geruchs spurlaut zu jagen beginnt. Und sollten Sie in einer dicht besiedelten Gegend wohnen, ist die Schleppjagd vielleicht nicht die beste Freizeitbeschäftigung. Es wird allgemein geglaubt, dass die Unterteilung der Rasse in zwei Größenvarietäten in den USA auf den Wünschen der Ausstellungsliebhaber basiert; doch kommt dies der Wahrheit nicht einmal nahe. In Wirklichkeit ist es die Jägerlobby, die die Rasse in den USA dominiert. Und die Kontrolle des »National Beagle Club of America« - und damit des Rassestandards - liegt fest in den Händen der Gebrauchshundeleute und kaum bei jenen, denen das allgemeine Erscheinungsbild vorrangig am Herzen liegt. Und es ist die jagdliche Fraktion, die erstmals die Idee der zwei Größenschläge bei den Beagles entwickelte.

Die Jagd mit dem Beagle ist in den USA äußerst populär, und die meisten regionalen Beagle Clubs unterhalten aktive Gebrauchshundeabteilungen, die regelmäßig jagdliche Prüfungen organisieren. Spezialzuchtschauen können nur mit ihrer Zustimmung abgehalten werden und werden oft von einem eigens hierfür eingesetzten Ausstellungskomitee durchgeführt, das mit dem Verein, unter dessen Schirmherrschaft die Ausstellung stattfindet, gar nichts zu tun haben muss.

Es gibt vier verschiedene jagdliche Prüfungen, die nach den Regeln des American Kennel Clubs abgehalten werden: Brace (paarweise) auf Kaninchen und Hasen; Small Pack (Kleinmeute) auf Kaninchen und Hasen; Small Pack Option auf Kaninchen und Hasen; und Large Pack (Meute) auf Hasen. Jährlich werden mehr als 400 vom AKC lizenzierte »Beagle Field Trials« abgehalten, die Mehrheit als »Large Pack« auf Hasen.

Die Unterschiede zwischen amerikanischen Meute- und Ausstellungsbeagles sind noch größer als in Großbritannien und folglich werden diese Hunde auch kaum einmal miteinander verpaart; wobei sicherlich beide Seiten meinen, dass ihre Interpretation des Rassestandards die richtige sei.

GEBRAUCHSHUNDE IN SKANDINAVIEN

Um in Schweden Champion im Ausstellungsring zu werden, sollte ein Beagle drei Anwartschaften (CAC) gewinnen; aber damit nicht genug. Zuerst einmal muss der Hund Arbeitschampion werden! In Finnland muss der Beagle einen ersten Preis auf der Hasenspur erlangen, bevor er Schönheitschampion werden kann; in Norwegen braucht er ebenfalls einen ersten Preis auf der Hasenspur oder einen ersten Preis auf Reh- bzw. Fuchsspur plus einem zweiten Preis auf der Hasenspur. Um Arbeitschampion zu werden benötigt der Beagle andererseits wenigstens einen zweiten Preis auf einer Ausstellung sowie drei erste Preise in der Offenen Klasse bei jagdlichen Prüfungen, von denen wenigstens einer (Norwegen), zwei (Schweden) oder drei (Finnland) auf der Hasenspur, die als die am schwierigsten zu verfolgende gilt, erworben werden müssen. Diese Vorschriften haben bewirkt, dass viele Ausstellungsbeagles nachgewiesen haben, dass sie jagen können, während andererseits die Jagdbeagles wenigstens von durchschnittlicher Erscheinung sind. Da nicht alle Beaglehalter Jäger sind bzw. Zugang zu Jagdrevieren haben, findet man viele sehr schöne Beagles in Skandinavien, die keine Titel tragen. Meiner Erfahrung nach kann das Richten auf Ausstellungen in diesen Ländern recht frustrierend sein, vor allem, wenn man mit Hunden konfrontiert wird, die wohl wunderbar auf dem Feld arbeiten, aber nur ausgestellt werden, um den unbedingt notwendigen Formwert zu bekommen, damit sie zur Zucht zugelassen werden. Einige dieser Hunde können entsetzlich hässlich sein und nur sehr bedingt dem Rassestandard entsprechen. Auch die Bewegung ist oft weit schlechter als die eines durchschnittlichen Ausstellungshundes. Und doch wird behauptet, dass sie im Wald gut arbeiten - da kann man sich nur wundern!

JAGDLICHE PRÜFUNGEN IN SKANDINAVIEN

Auf einer Prüfung arbeitet der Beagle einen Tag lang in der Offenen oder zwei Tage lang in der Elite Klasse. Ein Tag heißt, dass der Hund mindestens fünf Stunden lang von der Leine ist. Im Morgengrauen begibt sich der Beagle mit seinem Führer begleitet vom Richter zu dem ausgewählten Prüfungsgebiet, das mindestens 25 - 30 qkm groß sein sollte, und der Hund wird abgeleint. Da Beagles in Skandinavien einzeln und nicht in der Meute jagen, müssen sie gute Arbeit leisten und sich bei der Suche nach Hase, Reh oder Fuchs mehrere hundert Meter entfernen. Dies ist besonders wichtig bei der Jagd auf Rotwild, denn wenn dieses das Jagdteam sieht, versucht es in aller Regel, das Gebiet zu verlassen. Und ist der Hund ausdauernd, so kann er unter Umständen für den Rest des Tages verschwunden sein. Ein Beagle, der diese Art der Jagd beherrscht, wird das Reh dazu bringen, im Kreis zu flüchten. Dadurch erhält der Jäger immer wieder die Möglichkeit zum Schuss. Um dieses Fluchtverhalten auszulösen, muss der Beagle die Spur gut ausarbeiten und darf keine Haken abschneiden, da er sonst zu schnell wäre. Er muss kräftigen Spurlaut geben, damit das Reh genau weiß, wo der Hund sich befindet. Im Idealfall wird das Reh immer wieder anhalten und auf den Hund warten, um dann abermals ein kurzes Stück weit zu flüchten, um erneut nach dem Hund zu horchen.

Bei der Jagd auf den Hasen hingegen erhält der Hase durch einen zu langsamen Hund Gelegenheit, diesen in die Irre zu leiten. Etwa dadurch, dass er auf der eigenen Fährte zurückläuft oder seitlich einen Haken schlägt.

Bei der Fuchsjagd wiederum muss ein guter Hund auch eine kalte Fährte aufnehmen, etwa jene, die der Fuchs, der inzwischen in seinem Bau oder auf einem Felsen ruht, in der Nacht gelegt hat. Entdeckt der Fuchs den Jäger, wird er das Revier fluchtartig verlassen, und die Jagd ist für diesen Tag beendet! Der nichts ahnende Fuchs hingegen wird in engeren Kreisbahnen flüchten, oftmals eher aus Neugierde, denn aus Angst vor dem Hund. Nicht jeder Beagle muss für jede dieser Jagden geeignet sein, und oft genug entwickeln sie gewisse Stärken. Die Mehrheit der Beagles, die in Schweden auf jagdlichen Prüfungen geführt werden, jagen auf der Hasenspur (70 - 85%). Als Rasse scheinen sie die Hasenjagd zu bevorzugen; und in Finnland ist der Hase das einzige Tier, das sie überhaupt jagen dürfen.

Um einen 1. Preis bei einer jagdlichen Prüfung zu erhalten, muss der Hund das Beutetier wenigstens 90 Minuten lang in Hörweite effektiv hetzen. Dies heißt, dass er oft doppelt so lange jagen muss, da jede Unterbrechung, die länger als fünf Minuten dauert, von der Gesamtzeit abgezogen wird. Dies gilt auch für den Teil der Jagd, der außer Hörweite stattfindet. Für einen 2. Preis muss der Hund mindestens 60 Minuten lang jagen, für einen 3. Preis mindestens 45 Minuten. Bei der Jagd auf Rotwild zählen zwei 2. Preise (also zweimal 60 Minuten), die am gleichen Tag errungen werden, wie ein 1. Preis, da es für besser angesehen wird, ein Stück Rotwild nicht zu lange zu bejagen. Während einer echten Jagd erhält der Jäger auf diese Art unter Umständen auch eine bessere Schussmöglichkeit.

Während einer Prüfung wird hingegen normalerweise nicht geschossen. Um einen Preis zu erhalten, schreiben die schwedischen Regeln außerdem vor, dass der Hund spätestens drei Stunden nach Beendigung der Jagd zurück sein muss (üblicherweise um 15.00 Uhr). Jeder Hund, der mit dem Jagen nicht aufhört, vor allem bei der Jagd auf Rotwild, wird disqualifiziert. Während der Jagd werden die Hunde auch nach der Spursicherheit, dem Spurwillen, dem Spurlaut, dem Gehorsam, etc. beurteilt. Eine sehr hohe Punktzahl erhält der Hund, der sich von der frischen Fährte abrufen lässt. Unnötig zu betonen, dass nicht jeder Beagle so gut erzogen ist! Es muss also zusätzlich zu den zeitlichen Anforderungen für die Preise auch eine gewisse Punktzahl erworben werden.

DIENSTHUNDE

Wurde die überragende Nasenleistung des Beagles ursprünglich herausgezüchtet, um dem Jäger zu helfen, so haben sich die Zeiten geändert und es ist noch nicht lange her, dass eine neue Nische gefunden wurde, wo diese Rasse dem Menschen dienen kann - bei der Arbeit als »Schnüffelhund«. Die ersten Beagles wurden für die Arbeit auf Flughäfen in den USA und Kanada ausgebildet, seit kurzem kommen sie auch in Australien zum Einsatz. Beagles haben selbst nach Hundemaßstäben eine außerordentlich hohe Nasenleistung. Ihre Geruchsleistung soll mindestens 100 Mal so hoch sein wie die des Menschen. Da sie von ausgeglichenem Temperament sind, bleiben sie auch bei dem Betrieb, der im Bereich der Gepäckabfertigung herrscht, ruhig; und genau dies macht sie zu dem idealen Spürhund auf internationalen Flughäfen. Die australischen Behörden zeichneten die Ausbildungsprogramme für Beagles in den USA und Kanada mehrere Jahre lang auf und verpflichteten später einen Hundeausbilder aus dem Landwirtschaftsministerium der Vereinigten Staaten, 1991 ein Pilotprojekt in Australien zu beginnen. 28 Hunde wurden zu Beginn in einer ersten Auswahl begutachtet. Nach sorgfältiger Wesensbegutachtung und tierärztlicher Untersuchung begannen im November 1991 fünf Hunde in Brisbane mit der eigentlichen Ausbildung. Sie wurden auf verschiedene Gerüche trainiert, unter anderem Fleisch (roh und gekocht), frisches Obst und Gemüse, Blattpflanzen und Eier. Weitere Gerüche kamen später hinzu, darunter Reptilien, Bienen und - wohl erstmals auf der Welt - wurden sie auch im Aufspüren lebender Vögel ausgebildet. Der Beagle zeigt einen aufgespürten Zielgeruch dadurch an, dass er vor der Geruchsquelle sitzen bleibt und auf seine Belohnung (Futter) vom Hundeführer wartet. Dies wird als »Passive Response« bezeichnet und ist in der unmittelbaren Umgebung von Passagieren die einzig akzeptable Methode.

Die Hundeführer Rachel Holdforth und Harold Smithard wurden 1992 unter den Zollbeamten in Brisbane und Sydney ausgewählt, die fünfmonatige Ausbildung innerhalb eines Pilotprogramms zu absolvieren, was sie auch erfolgreich hinter sich brachten. Heute arbeiten sie mit ihren Beagles bei der Internationalen Flugabfertigung in Brisbane und Sydney. Das Ausbildungsprogramm ist seither ständig ausgebaut worden, so dass es zur Zeit vier Teams in Sydney und je eins in Melbourne, Perth und Adelaide gibt. Weitere Teams wurden in Westaustralien und

Eine neue Aufgabe für den Gebrauchsbeagle - Melody und Winston, zwei geschätzte Mitglieder der so erfolgreichen Zollhunde Australiens.

Foto courtesy: Sylvia Tutchener.

Tasmanien ausgebildet, und inzwischen kommen auf allen Internationalen Flughäfen Australiens Diensthunde zum Einsatz.

Die gegenwärtige Erfolgsquote liegt zwischen zehn und zwanzig Funden pro Team und Tag, bei durchschnittlich vier Stunden Arbeit pro Tag, wobei es zwischen den einzelnen Flügen immer wieder Pausen gibt. Bei 10 bis 11 von 1000 Passagieren werden die Hunde fündig, manchmal liegt der Anteil der nicht deklarierten Waren bei 80%. Vorwiegend wird Obst aufgespürt (60%), sowie Fleisch und Fleischprodukte, die etwa 18% der Funde ausmachen. Weitere Funde betreffen Eier, Honig und Pflanzen. Die Diensthundeabteilung des Zolls in Australien hat kürzlich das Ausbildungsprogramm erweitert und auf zwei Internationalen Postzentren Hunde eingesetzt, die nach der »Active Response Methode« arbeiten. Diese Hunde kratzen entweder an der Geruchsquelle oder beschnüffeln diese intensiv. Als Belohnung folgt ein kurzes, heftiges Spiel mit dem Hundeführer. Diese Methode eignet sich hervorragend auf Postumschlagplätzen, ist jedoch in der Nähe von Passagieren nicht akzeptabel.

Der Erfolg der Beagles auf diesem Gebiet hat der Rasse viel Aufmerksamkeit der Öffentlichkeit gebracht und ihr zahlreiche Bewunderer verschafft. Dies ist ein weiteres Beispiel für die Vielseitigkeit dieser kleinen, alten Hunderasse, der immer ein Platz an der Seite des Menschen garantiert sein wird, sei es um zu arbeiten, zu spielen oder das zu tun, was keiner besser kann, grenzenlose Treue und Zuneigung zu schenken.

Kapitel 10

DER EINFLUSS GAMBLES

DIE ULTIMATIVE KOMBINATION AMERIKANISCHER UND BRITISCHER BLUTLINIEN

In der britischen Beaglegeschichte muss das Auftreten eines Hundes als eine Art Wendepunkt angesehen werden, nicht nur, weil es sich um einen vom Erscheinungsbild her überragenden Rüden handelte, der den modernen Beagletyp verkörperte, sondern vor allem wegen seines Erbguts, das ihn unvergleichlich viele gute Nachkommen zeugen ließ. Und dieser Hund war selbstverständlich Ch. Dialynne Gamble. Die Geschichte seiner Vorfahren kann in dem Abschnitt über den Dialynne Zwinger detailliert nachgelesen werden. Aber es ist wohl angezeigt, etwas darüber zu spekulieren, weshalb dieser ungewöhnliche Hund der Rasse so viel geben konnte, nicht nur als Vater vieler Champions, sondern auch als Vater so vieler Hunde, die ihrerseits wieder gute Vererber waren und als Hund, auf den man mit großem Erfolg eng zurückzüchten konnte.

Eigentlich stammt Gamble aus einer Outcross Verpaarung zwischen einem amerikanischen Importrüden und einer englischen Hündin. Doch beide Elternteile kamen aus einer Linienzucht, wobei seine Mutter aus einer Halbbruder/Halbschwester Verpaarung stammte. Sein Vater, Appeline Validay Happy Feller war ein amerikanischer Import von idealer Größe und überragender Qualität. Und was wichtig ist, alle seine direkten Vorfahren waren ebenfalls von höchster Qualität und konnten alle etwas Positives weitergeben. Sein Vater Am. Ch. Herold's Prince Charles war von herausragender Eleganz und äußerst klaren Linien. Auch wenn Gambles Mutter oft als rein britisch angesehen wird, darf nicht vergessen werden, dass Ch. Dialynne Nettle eine doppelte Enkeltochter von Ch. Dialynne Huntsman war. Huntsmans Vater wiederum war der nordamerikanische Importrüde Barvae Benroe Wrinkles, Sohn des Am. Ch. Thornridge Wrinkles, dessen Mutter wiederum zwei Verbindungen zu Wrinkles hatte. Gamble war also ein vornehmlich amerikanisch gezogener Rüde aus recht enger Linienzucht. Und es ist interessant zu hören, dass auch heute noch einige amerikanische Züchter Thornridge Wrinkles als den überragenden amerikanischen Beagle aller Zeiten bezeichnen.

Ich habe verschiedene Zauberformeln mit einer Vielzahl von Züchtern verschiedener Rassen

Der legendäre Ch. Dialynne Gamble, der die englische Rasse revolutionierte, 26 englische Champions zeugte. Foto: Diane Pearce.

diskutiert und unweigerlich wurde gesagt, dass eine Outcross Verpaarung zweier unabhängig voneinander liniengezüchteter Tiere normalerweise vorzügliches Zuchtmaterial hervorbringen wird, mit dem man erfolgreich weiterzüchten kann.

In diesem Kapitel möchte ich die Zwinger aufführen, die einen Großteil ihres Erfolges der Tatsache verdanken, dass sie in ihren Anfangsjahren »Gambleblut« nutzten. Bis heute versuchen viele Züchter auf Gamble zurückzuzüchten, und es gibt nur wenige erfolgreiche Zwinger, die ganz ohne Gamble auskamen.

Barrvale Opera, eine Tochter von Ch. Dufosee Zenith und Dufosee Gingham of Barrvale, erster Champion von Peter und Val Davies. Ich erinnere mich gut, wie ich dieser bezaubernden Hündin in Bournemouth 1984 ihr erstes CC zusprach.
Foto courtesy: Peter und Val Davies.

BARRVALE

Der kleine Zwinger von Peter und Val Davies ist einer von vielen, die vorwiegend auf Dufosee-Linien basieren. Nachdem sie ihren ersten, nur als Haushund gekauften Beagle einmal ausgestellt hatten, beschlossen sie, sich eine Hündin von Ausstellungsqualität anzuschaffen. Sie erwarben Dufosee Gingham of Barrvale, eine Tochter von Ch. Dufosee Radleigh of Tragband und Ch. Rossut Fantom. Sie stammte aus einem der bemerkenswertesten Würfe überhaupt. Gingham wurde mit Ch. Dufosee Zenith (einem Bruder ihres Großvaters väterlicherseits, Harris Tweed) verpaart. Dieser Wurf brachte den Davies mit Ch. Barrvale Opera ihren ersten Champion, eine wunderschöne, aufgelöste dreifarbige Hündin, der ich 1984 in Bournemouth ihre erste Anwartschaft verlieh. Nach dem Gewinn ihres Titels wurde Opera auf der 25. Jubiläumsschau der Beagle Association mit einer Meldezahl von 203 Hunden beste Hündin. Später wurde Gingham mit Ch. Dufosee Mystro of Morsefield verpaart, der aus der Verpaarung Ch. Dialynne Gambles mit seiner eigenen Enkeltochter, Ch. Dufosee Quaker Girl of Tragband stammte. Dieser Wurf brachte Ch. Barrvale Rambler at Morsefield, der von Mike und Helen Caple zum Titel geführt wurde. Die Familie Davies versucht möglichst eng zu züchten und nur wenn nötig eine Outcross-Verpaarung vorzunehmen. Vor einiger Zeit erwarben sie Nivek Madelaine of Barrvale, in deren Stammbaum Dufosee Geisha, Gingham's Wurfschwester, mehrfach vertreten ist, aber auch Ch. Soloman of Dialynne. Sie wurde 1996 Champion.

BAYARD

Jill Peak ist in der Beagleszene für ihre Vorführkünste ebenso bekannt wie für ihre Fähigkeit, einen ganz bestimmten Typ Beagle zu züchten; sie hat den »Bayard-Look« vor allem seit Ch. Bayard Zachariah eindrucksvoll weiterentwickelt. Eine ihrer ersten bedeutenden Championhündinnen war Ch. Bayard Olga, eine kräftige und außerordentlich korrekte Hündin von vorzüglichem Typ. Ihre Vorfahren umfassten Dialynne, Gaytail, Barvae und Rossut, und sie erwies sich als guter Vererber. Aus der Verpaarung mit Ch. Dufosee Zenith stammten Ch. Bayard Zither, sowie deren Schwester Zena, die Mutter von Ch. Bouldin Zoe of Dialynne. Die Paarung wurde wiederholt und brachte Bayard Jennifer, die mit ihrem Halbbruder Ch. Dufosee Influence verpaart wurde. In diesem Wurf fiel Bayard Rachel, Mutter von Ch. Bayard Rumba, deren Vater Ch. Dialynne Gamble war, Rachels eigener Urgroßvater. Jill Peak führte auch Ch. Dialynne Vendor of Jayanna und Ch. Dialynne Guardsman of Bayard zu ihren Titeln. Verpaart mit Jennifer, brachte Vendor Bayard Gemma, die Mutter von Ch. Bayard Adam.

Ch. Bayard Rustle, eine gute Repäsentantin des typischen »Bayard look«. Gezüchtet von Jill Peak stammt sie aus der Verbindung Ch. Bayard Zachariah - Bayard Rival, Schwester von Ch. Bayard Rumba. Nach Erringen des britischen Titels kam Rustle in den Clarion Zwinger von Truda Mawby in Australien.

Der große Aufschwung kam, als Ch. Bayard Zither mit dem amerikanischen und britischen Champion Pin Oaks Dynasty of Appeline verpaart wurde und Ch. Bayard Zachariah fiel. Auch wenn ihm als Junghund der erste Preis auf einer Ausstellung, die noch immer in aller Munde ist, vorenthalten wurde, gewann Zac seinen Titel und hat inzwischen wie sein Vater erfolgreich an vielen Veteranenwettbewerben teilgenommen und sich als bemerkenswerter, dominanter Deckrüde einen Namen gemacht. Zachariah begründete den modernen Bayard-Typ. Eine Rumba Schwester, Bayard Rival, (aus Rachel und derem Urgroßvater Gamble) war eine von Zachariahs erfolgreichen Bräuten. Sie brachte Ch. Bayard Rustle, die später in den Clarion Zwinger nach Australien wechselte. Honor Eades ließ eine meiner Lieblingshündinnen, Ch. Jesson Thrifty, von Zac decken und erhielt mehrere Champions, vor allem die sehr erfolgreiche Ch. Jesson Quaintly. Ch. Bayard Adam war ebenso ein Sohn Zacs wie Ch. Bayard Larry aus einer Wiederholungsverpaarung. Um die Verbindungen mit den Dialynne- und Dufoseelinien zu festigen, kaufte Jill von mir Tragband Cat On a Hot Tin Roof at Bayard, eine Tochter von Ch. Dialynne Nimrod of Ramlacim und Ch. Too Darn Hot for Tragband. Sie erwies sich, verpaart mit Zac, als äußerst erfolgreiche Vererberin und ist Stammmutter aller nachfolgenden »Bayard-Cats». Am bekanntesten von ihnen ist Ch. Bayard Syndicat of Lowyck, Gruppensiegerin bei Crufts, Gewinnerin vieler Anwartschaften und Beste der Rasse in Windsor. Aus der Verpaarung von Bayard Sophisticat at Webart mit Ch. Bayard Larry, beides Zac Kinder, entstand Ch. Bayard Harvest Moon. Gemeinsam mit Veronica Bradley hatte Jill inzwischen Ch. Dufosee

Ch. Bayard Syndicat of Lowyck, Best of Breed auf Crufts, vorgeführt von Colin Lomax. »Sindy« war eine der vielen Sieger aus der Verbindung Tragband Cat On a Hot Tin Roof at Bayard nach Ch. Bayard Zachariah.

Lovebird zum Titel geführt. Lovebird und Zac brachten den bisher letzten Bayard Champion hervor, Ch. Perseverance of Bayard.

BUTTERMERE

Denise und Colin Ashmores Zwinger nahm einen deutlichen Aufschwung, als sie Dialynne Fairytale of Buttermere erwarben, eine Tochter von Ch. Dialynne Pedlar und Raimex Vita. Aus der Verpaarung mit Ch. Soloman of Dialynne stammt ihr erster Champion, Buttermere Barleycorn und deren Schwester Bracelet, die ihre Erfolge in Australien hatte. Barleycorn wurde mit ihrem Halbbruder Ch. Sentinel of Dialynne verpaart, und in diesem Wurf fiel Ch. Buttermere Clansman of Dialynne, der sich in Großbritannien als erfolgreicher Vererber erwies, bevor er nach Belgien verkauft wurde. Dialynne Charity of Buttermere, eine Tochter von Ch. Bayard Adam und Enkeltochter von Ch. Dialynne Solison, wurde mit ihrem Urgroßvater, Ch. Soloman of Dialynne verpaart und brachte den Ashmores ihren neuesten Ausstellungsstar, Ch. Buttermere Treasure.

DEANERY

Ursprünglich wollte Jean Parker sich einen Foxhound anschaffen; da man ihr aber sagte, dass diese sich als Haushunde nur schlecht eigneten, entschied sie sich für einen Beagle. Aus einem Zwinger, in dem mehrere Rassen standen, erwarb sie eine lemon & white Hündin, die als Newton Everest eingetragen wurde. Die Hündin hatte recht gute Vorfahren (Pinewood Custard - Danvis Brocade). Jean ließ ihre Hündin von einem jungen Rüden namens Dialynne Gamble decken, da dieser sie außerordentlich beeindruckt hatte. Dieser Wurf brachte ihr - und Gamble - den ersten Champion, Ch. Deanery Dream Girl. Ihre Wurfschwester wurde später - belegt von Ch. Southcourt Wembury Merryboy - nach Neuseeland geschickt, und die dort zur Welt gekommenen Welpen haben der Rasse in diesem Lande unschätzbare Dienste erwiesen. Dream Girl war eine wunderschöne, qualitätsvolle Hündin; zu ihren Gewinnen zählte auch ein BOB auf Crufts, sowie der 2. Platz in der Gruppe. Aus der Verpaarung mit Ch. Korwin Monitor stammte Ch. Deanery Dandylion, ebenfalls eine lemon & white Hündin. Dream Girl hatte auch einen Wurf nach Ch. Dufosee Clyde. Aus diesem stammte Deanery Day Dream, die, ebenfalls verpaart mit Ch. Korwin Monitor, den tragischerweise so früh verstorbenen Ch. Deanery The Dickler zur Welt brachte.

Buttermere Barleycorn, erster Champion von Denise und Colin mit ihrem Ashmore Zwinger aus einer Tochter von Ch. Dialynne Pedlar gepaart mit Ch. Soloman von Dialynne. Mit ihrem Halbbruder gepaart brachte sie den erfolgreichen Deckrüden Ch. Buttermere Clansman of Dialynne. *Foto: John Hartley.*

1979 heiratete Jean Parker Wal Westren, der in seiner Heimat Australien sowohl Beagles wie Welsh Corgies gezüchtet und ausgestellt hatte. Seither läuft der Zwinger unter beider Namen. Ch. Dandylion hatte einen Wurf nach Norcis Uri, einem Monitor Sohn. Aus diesem stammte Deanery Dulcimer, die wiederum von Norcis Lars gedeckt wurde. Letzterer hatte als Urgroßväter die herausragenden Vererber Ch. Dufosee Harris Tweed,

Ch. Deanery Dream Girl, erster Champion des Deanery Zwingers, erster Champion nach Ch. Dialynne Gamble.
Foto courtesy: Jean und Wal Westren.

Ch. Korwin Monitor, Ch. Dialynne Gamble und Ch. Saravere Hardy of Dialynne, also sehr viel Gamble-Blut hinter sich. Aus dieser Verpaarung stammte Deanery Dulcet. Für sie wurde, sicherlich wegen seiner engen Linienzucht auf Monitor, Rossgay Remedy als Deckrüde ausgewählt. Das ergab Ch. Deanery Dallas, eine weitere lemon & white Hündin aus diesem Zwinger. Da die Verpaarungen mit Norcis Hunden so erfolgreich waren, erwarb Jean Westren Norcis The Hooker at Deanery. Sie wurde mit Deanery Draper verpaart. Eine Hündin aus diesem Wurf, Deanery Beaulah, warf nach Ch. Bayard Zachariah Ch. Deanery Bellboy, den ersten dreifarbigen Championrüden dieses Zwingers, der eine seiner Anwartschaften auf Crufts gewann. Der bisher letzte Deanery Champion ist wiederum ein dreifarbiger Rüde, Ch. Deanery Donald (Norcis Murphy's Law - Ch. Deanery Dallas).

DIALYNNE

Die Auflistung der Erfolge der Dialynnes im Ausstellungsring und ihres Einflusses auf andere Züchter würde ein eigenes Buch füllen. Der Name Dialynne war anfangs auf Marion Spavin eingetragen, später kam der inzwischen verstorbene Bryan Moorhouse hinzu, und heute züchtet sie unter diesem Namen gemeinsam mit Stuart Milner, ihrer Tochter Dianna sowie ihrer Enkeltochter Melanie. Mit Dialynne verknüpft man Beagles von höchster Qualität und zahllose Champions. Bis heute gibt es über 60 Dialynne Champions in Großbritannien, und die meisten von ihnen gehen in direkter Linie auf Marions erste Hündin Derawuda Vanity zurück. In den 50er Jahren züchtete Marion Shelties, war aber nicht mit ihnen zufrieden, da sie solch schlechte Fresser waren. Irgendjemand erzählte ihr, dass Beagles unersättliche Vielfräße wären, also kaufte sie einen Beagle, um ihre Shelties zum Fressen zu animieren!

Vanity, die mit den heutigen Dialynnes nur wenig Ähnlichkeit besitzt, wurde auf ihrer ersten Ausstellung beste Junghündin, und der Rest ist - wie man so sagt - Geschichte. Verpaart mit dem Kanada-Import Barvae Benroe Wrinkles brachte sie Ch. Dialynne Huntsman, den ersten in einer ganzen Reihe außergewöhnlich erbstarker Deckrüden dieses Zwingers. Für Dialynne selbst brachte Huntsman Ch. Dialynne Ponder, dessen Schwester Ch. Dialynne Posy, die den Harrons gehörte, Ch. Dialynne Opal und Ch. Dialynne Shadow, außerdem war er der Vater von Ch. Deaconfield Renown. In jenen Tagen war die Zusammenarbeit unter den Züchtern wohl deutlich größer als heute, und als Marion Spavin und Glenda Young zur gleichen Zeit Würfe hatten, beschlossen sie, einen Welpen auszutauschen, um ihren Linien frisches Blut zuzuführen. Glenda's Welpe war ein jüngerer Bruder von Ch. Dialynne Ponder und wurde unter dem Namen Southcourt Tarquin ein vorzüglich vererbender Deckrüde. Marions Southcourt-Welpe legte den Grundstein für die Maldorlynn Beagles der Familie Scratcherd. Ponder, Posy und Tarquin stammten von einer Tochter Barvae Benroe Wrinkles, also aus einer Halbbruder-Halbschwester Verpaarung. Ponder war meines Erachtens seiner Zeit weit voraus, und ich bin fest davon überzeugt, dass er auch heute noch im Ausstellungsring erfolgreich wäre.

Ch. Dialynne Ponder, ein Rüde, dessen Qualitäten ihn vor seiner Zeit sahen. Gepaart mit Halbschwester Ch. Dialynne Shadow brachte er Ch. Dialynne Nettle, Mutter des unsterblichen Ch. Dialynne Gamble. Ponders jüngerer Bruder, Southcourt Tarquin, erwies sich als ebenso wichtiger Deckrüde.
Foto: C. M. Cooke.

In der Zwischenzeit hatte Marion von den Claytons Barvae Tamar gekauft, die ihr erster Champion wurde. Ihr Vater war Ch. Barvae Paigan, ihre Mutter eine Tochter von Radley Triumph of Appeline, und sie selbst brachte Ch. Dialynne Opal. Ponder deckte seine Halbschwester Shadow und hieraus entstand die ausgezeichnete Ch. Dialynne Nettle, eine herausragende lemon & white Hündin. Selbst eng gezüchtet, wurde sie in einer Outcross-Verpaarung von dem neuen amerikanischen Importrüden der Appletons, Appeline Validay Happy Feller gedeckt. Marion hatte das Gefühl, dass diese Verpaarung etwas von einem Glücksspiel aufwies und gab aus diesem Grund einem der Welpen den Namen Dialynne Gamble.

Es war, wie die Geschichte zeigte, ein Einsatz, der sich auszahlte. Nicht nur, dass Gamble ein großartiger Ausstellungshund war, voller Stil, sehr kompakt und substanzvoll sowie von kleinerem Typ, er erwies sich auch als herausragender Vererber. Er ist der Vater von 26 Britischen Champions, und egal, wie die Hündin gezüchtet war, Gamble brachte ihre guten Seiten zum Vorschein. Man konnte ihn mit einer Kuh verpaaren - und heraus kam ein Beagle-Champion! Er ist fraglos der Hund, der die Rasse in Großbritannien veränderte (und zwar eindeutig zum Besseren). Viele Züchter verdanken Gamble und der konsequenten Linienzucht auf ihn ihre Erfolge. In folgenden Zwingern gab es Champions nach ihm: Bayard, Chalmain, Copewell, Deanery, Dufosee, Forrardon, Harque, Kittoch, Mardabevian, Oudenarde, Pinewood, Raimex und natürlich Dialynne.

In den späten 60ern wurde Dialynne Promise (Tavernmews Rossut Ranter - Ch. Dialynne Opal) von Ponder gedeckt und brachte Ch. Dialynne Storm, einen attraktiven, maskulinen Hund, der viel gewann. Ponder erwies sich als vorzüglicher Vererber. Er deckte Ch. Strathdene Faithful. Ein männlicher Welpe kam zu den Dialynnes und wurde Ch. Dialynne Strathdene Fettle, der später im Besitz von Jack Peden stand. Fettle brachte bemerkenswerten Nachwuchs, unter anderem aus der Verpaarung mit einer Halbschwester, Ch. Dialynne Mystic, der von der Frau des bekannten Allgemeinrichters W. E. Foster, Margaret Foster, zum Champion geführt wurde.

Gamble Champions kamen im Dutzend, nicht nur für andere Züchter, sondern auch für den eigenen Zwinger. Unter den ersten waren Ch. Dialynne Astra und Ch. Dialynne Eldon, der bei den Ystrad Davies in Wales lebte. Wie dies für einen Zwinger mit vielen guten Deckrüden nicht ungewöhnlich ist, ergab sich immer wieder die Gelegenheit, Welpen nach den eigenen Rüden zu erwerben. Hin und wieder stammten diese von Hündinnen aus früheren Deckakten mit Dialynne Rüden, manchmal aber auch aus Outcross-Verpaarungen. Dies stärkte die Position des Dialynne Zwingers in der Rasse enorm, denn so bot sich die Gelegenheit sowohl zur Linienzucht als auch zum Einbringen frischen Blutes, ohne selbst extrem viele Würfe züchten zu müssen. Mit ihrem Blick für viel versprechende Welpen gelang es Marion Spavin immer wieder, zukünftige Champions auszuwählen. Solch ein Welpe war auch Ch. Solomist of Dialynne, ein Gamble Sohn aus einer Fettle Tochter. Er gewann viel, war als Deckrüde erfolgreich und ging dann nach Neuseeland, wo man ihn - und auch heute noch oft erstaunlich weit vorn - in den Stammbäumen vieler Spitzenhunde findet. Eine Tochter Gambles, Ch. Dialynne Tamar of Charterwood, wurde Jill Philpotts erster Champion, während Ch. Saravere Hardy of Dialynne von dem erfolgreichsten Protegé der Dialynnes, John Emerson, ausgestellt wurde. Hardys Vater war Eldon.

Obwohl sie keine direkten Dialynne Vorfahren hatte, wurde eine 1975 geborene Junghündin zugekauft, Honey of Dialynne. Sie wurde zur ersten erfolgreichen Zucht- und Ausstellungshündin eines jungen Beagleenthusiasten namens Stuart Milner. Diesem war damals wohl kaum bewusst, wie sehr sich sein Familienleben mit dem der Dialynnes verflechten würde.

Unter dem Zwingernamen Copewell züchtete Stuart seine erste Championhündin, Ch. Copewell Charity, als er Honey von Gamble decken ließ. John Emerson führte eine andere Gamble Tochter zu Titelehren, Ch. Symbol of Dialynne, während Bill Hayes mit Dialynne Kelly of Cranwood, die aus einer Verpaarung Gambles mit seiner Großmutter Shadow stammte, erfolgreich war. Kelly kehrte später zu den Dialynnes zurück, wo sie sich einen Namen als Zuchthündin machte, genauso wie ihr Bruder, Dialynne Kennedy, der, verpaart mit einer Gamble Tochter, die Champion-Schwestern Ch. Sonya of Dialynne (B: S. Milner) und Ch. Sonnet of Dialynne (B: H. Eades) brachte.

Ch. Trewint Speculation of Dialynne war eine wunderschöne Hündin, für die ich immer eine Schwäche hatte. Sie entstammt der Verpaarung von Gamble mit einer Tochter des amerikanischen Importrüden Annasline Page Mill Playboy und wurde im äußersten Südwesten von »Stevie« Stevenson gezüchtet. Später brachte sie es in Südafrika zu Titelehren.

Ch. Senator of Dialynne wurde von Bill McInnes und Noel Jobson ausgestellt. Er stammte aus der Verpaarung Hardys mit einer Hündin, die auf Elmhurst- und Towpath-Linien zurückging. Er wiederum brachte, verpaart mit Crestamere Trinket of Rossut, Jobsons Ch. Glenivy Intrepid. Auch Ch. Dialynne Essence war ein smarter Hund, der gut vererbte - kein Wunder, stammte er doch aus einer Verpaarung von Gamble mit einer seiner Enkeltöchter. Seine Großeltern mütterlicherseits waren Ch. Fettle und Ch. Harque to Bella.

Einer meiner absoluten Dialynne-Favoriten war Ch. Dialynne Blueboy; und ich bin der festen Überzeugung, dass Blueboy, wäre er in Großbritannien geblieben, einen noch grundlegenderen Einfluss auf die Rasse genommen hätte. Aber wie es nun einmal war, trug er entscheidend zur Verbesserung der Qualität in Neuseeland bei. Blueboy stammte von dem Gamble Sohn Ch. Oudenarde Gaffer of Rossut und Dialynne Bluebell, einer Gamble Enkeltochter und war äußerst elegant, mit wunderschöner Halslinie und vorzüglichen Schultern. In den wenigen Würfen, die nach ihm fielen, bevor er das Land verließ, gab es immer wieder große Vererber. Hierin lag seine große Stärke, Nachzucht zu bringen, die wiederum gut vererbte. Trotz der großen Konkurrenz von Ch. Jondor Crocus brachten auch Bill und Molly McInnes ihre Hündin Ch. Dialynne Music zum Titel. Sie stammte aus Dialynne Kelly of Cranwood und Cranwood Statesman. Statesman hatte einen recht interessanten Stammbaum: Sohn von Ch. Dufosee Harris Tweed (einem Gamble Sohn) und Ch. Beston Harmony (einer Tochter von Southcourt Hatchet), und doppelter Enkelsohn von Ponders jungerem Bruder Southcourt Tarquin. Die Verpaarung von Kelly mit Ch. Dialynne Blueboy brachte Margaret und Alec Watson mit Dialynne Nimrod of Ramlacim, der auch die Gruppe gewann und gut vererbte, ihren ersten Champion. In der Tat wurde er als Deckrüde für den zweiten Wurf von Ch. Too Darn Hot for Tragband ausgewählt, von dem später noch zu lesen sein wird. Essence deckte die Gamble Tochter Bayard Zena, daraus stammte Ch. Bouldin Zoe of Dialynne; und mit der exzellenten Zuchthündin Dialynne Lemonade (Astra - Hardy) brachte er Ch. Dialynne Alice, die später in Dänemark viel für die Rasse tat.

1983 hatte sich die Freundschaft zwischen den Familien Milner und Spavin so weit entwickelt, dass man beschloss, sich zusammen zu tun, und Stuart Milner wurde zum Partner der Dialynnes. Sie zogen auf ein größeres Anwesen in Lincolnshire und investierten schließlich 1990 in eine große Hunde- und Katzenpension in den Midlands. Heute ist Dialynne ein Unternehmen, bei dem ein großer Beaglezwinger parallel zu einem regen Geschäftsbetrieb läuft. Es ist in erster Linie ein Familienunternehmen:

Marion, die mit Stuart, Dianna und Melanie das Zuchtprogramm bespricht, Stuarts Vater George, der sich mit um die Versorgung der Hunde kümmert, während Stuarts Mutter Annice ganz vorzüglich kocht, und dies nicht nur für die Familie, sondern auch für den nicht abreißenden Strom von Besuchern, welcher die allseits geschätzte Gastfreundschaft bei Dialynne genießt. Es ist bedauerlich, dass George Milner nicht zum Richten überredet werden konnte, hat er doch ein unglaubliches Auge für Welpen, dem nie ein kommender Topstar entgeht.

Stuart ließ Honey von Gamble decken, erhielt Copewell Candy, und diese wiederum wurde von amerikanischen Importrüden Ch. Am. Ch. Graadtres Hot Pursuit of Rossut gedeckt. Es fiel Ch. Dialynne Pedlar, dem ich 1984 in Bournemouth das BOB verlieh, was zugleich seine zweite Anwartschaft bedeutete. Hot Pursuit war auch der Vater von Ch. Dialynne Vendor of Jayanna (Mutter: Lemonade), der von Jill Peak ausgestellt und später nach Deutschland verkauft wurde. Vendors Schwester Venetta wurde mit Nimrod verpaart, und sie brachten Ch. Dialynne Riot, eine äußerst smarte Hündin, die eine der vielen Dialynnes war, die sich für den prestigeträchtigen Wettbewerb Junghund des Jahres qualifizierten. Als Outcross wurde der in Norwegen gezogene Ch. Amaritas Bim Uno aus Dänemark importiert. Er deckte die Schwester von Ch. Alice und brachte Ch. Dialynne Quentin, den Vater von Ch. Bennae Kilroy. Pedlar selbst war ein hervorragender Vererber. Mit einer Hündin, die Gamble mehrfach in ihrem Stammbaum hatte, brachte er Ch. Dialynne Spice of Crestamere, die von Wyn Mahoney zum Titel geführt wurde. Aus einer Wiederholungsverpaarung stammte Jill Peaks Ch. Dialynne Guardsman of Bayard, ein vorzüglicher dreifarbiger Rüde, dem ich seine erste Anwartschaft und das BOB verlieh und der später nach Neuseeland exportiert wurde. Mit Dialynne Snowflake, einer zweifachen Enkeltochter von Gamble brachte Pedlar Ch. Dialynne Beau.

In den frühen 80ern kamen zwei Hunde zu den Dialynnes, die einen enormen Einfluss auf die weitere Entwicklung der Rasse nehmen sollten. Aileen Kirkland hatte ihre Hündin Kittoch Garland (eine Tochter von Ch. Beacott Buckthorn und einer Enkeltochter von Gamble) von Gamble decken lassen. Und heraus kam Soloman of Dialynne.

In der Zwischenzeit hatten die berühmten Doggenzüchter Di und Carl Johnson Dufosee Geisha, eine Urenkeltochter von Gamble, von Veronica Bradley gekauft. Sie verpaarten sie mit Ch. Dialynne Blueboy (Gamble Sohn - Gamble Enkeltochter), und in dem Wurf waren zwei sehr viel versprechende Hündinnen. Die Johnsons ließen mir freundlicherweise die erste Wahl, und ich entschied mich für Dicarl Gay's The World, die ich Ken Sinclair und Adrian Edwards gab, mit der Maßgabe, sie wieder zur Zucht zu bekommen. Die Johnsons behielten Dicarl Get Going, die sie später Marion Spavin anboten, da sie sich doch nicht so stark bei den Beagles engagieren wollten. Gay's The Word erhielt den Namenszusatz Araki und wurde die Mutter von Ch. Too Darn Hot for Tragband, während Get Going zu Ch. Dicarl Get Going of Dialynne wurde. Sie hatte mehrere Würfe nach Ch. Soloman of Dialynne, der inzwischen eine Vielzahl an Anwartschaften gewonnen hatte und ist die Mutter von fünf englischen Champions, ein Rekord für eine Beaglehündin. Diese Champions sind: Ch. Dialynne Peppermint (die später nach Neuseeland verkauft wurde), Ch. Dialynne Nymph of Riversong (B: Basil Waterton), Ch. Dialynne Caesar, Ch. Dialynne Nester of Rosspark (B: Jack Holland) und Ch. Dialynne Princess of

Webline (B: David Webster).

Die Dialynnes erwarben von Jean Westren Deanery Darkness, Nachkomme der Champions Hardy und Dandylion. Sie wurde von Soloman gedeckt, und es fiel Ch. Dialynne Solison, den später Christine Lewis erwarb, und der den Grundstein für ihren Fallowfield Zwinger legte. Eine Darkness Tochter nach Pedlar, Dialynne Actress, wurde ebenfalls von Soloman gedeckt, und es fiel Ch. Dialynne Passion. Eine weitere Deanery Hündin, Dilly, brachte mit Soloman Ch. Dialynne Satin. Als Satin mit Lyndex Tango of Dialynne - einem Sentinel Sohn aus Dialynne Black Lace (Ch. Dialynne Nimrod of Ramlacim - Dialynne Actress) - verpaart wurde, fiel Ch. Dialynne Valentine, die schon als Junghündin Anwartschaften gewann. Verpaart mit einer Schwester von Spice und Guardsman brachte sie Soloman Ch. Marcus of Dialynne, der von Joan Buchan zu Titelehren geführt wurde.

Ch. Dialynne Solison wurde zum Schlüsselvererber in dem Fallowfield Zwinger von Christine Lewis.

Foto: Diane Pearce.

Als Honor Eades ihre Hündin Ch. Jesson Thrifty von Soloman decken ließ, brachte ihr das Jesson Mercy. Mercy wurde anschließend von dem Ch. Am. Ch. Pin Oaks Dynasty of Appeline gedeckt. Aus diesem Wurf stammte Ch. Jesson Chancy of Dialynne. Sie brachte, wiederum mit Soloman, Ch. Dialynne Chances Are, die von Peter Newman und Barry Day zum Titel geführt wurde. Schon vorher hatten diese beiden mit Ch. Symphony of Dialynne, einer wunderschönen Hündin, gezüchtet von der Familie Knight aus Soloman und ihrer Hündin Adendale Kenine Inca, einer Tochter von Ch. Dialynne Beau, den Titel erworben.

Und noch etwas früher hatte Symphony's älterer Bruder Ch. Sentinel of Dialynne, der später erfolgreich auf dem europäischen Festland ausgestellt wurde, seinen Titel erworben. Die Ashmores wählten Sentinel für ihre Hündin Ch. Buttermere Barleycorn (Soloman Sohn - Soloman Tochter) und züchteten Buttermere Clansman of Dialynne. Als er Ch. Symphony deckte, fiel der letzte Dialynne Champion, Dialynne Augustus. Clansman ist auch der Vater von Ch. Dialynne Bryony at Kybo.

Ich hatte Tragband Sweet Bird of Youth, eine Tochter meiner Ada, die schon eine Anwartschaft gewonnen hatte, an Dialynne unter der Bedingung abgegeben, eine Tochter von ihr zu bekommen, eine Enkeltochter, die Ada zu Hause Gesellschaft leisten sollte. Birdie bedankte sich, indem sie mit Soloman fünf Rüden brachte! Obwohl ich keinen Rüden wollte, sah ich mir den Wurf an, und einige Monate später zog Dialynne Tolliver of Tragband bei mir ein! Vor seinem zweiten Geburtstag hatte er neun Anwartschaften gewonnen sowie viermal die Gruppe. Und während ich dieses Buch schreibe, habe ich die große Freude, diese überragende Hundepersönlichkeit weiter auszustellen. Der Schluss zu dieser Geschichte geht wie folgt: Als Birdie ihren nächsten Wurf für Dialynne brachte, warf sie acht Hündinnen! Ganz allgemein kann man sagen, dass, wo auch immer über Beagles gesprochen wird, Dialynne und Erfolg Synonyme sind - und es gibt nur sehr wenige Zwinger, die ihre Erfolge nicht auch ein wenig Marion Spavin und ihrer Zucht verdanken.

DUFOSEE

Wie so viele Züchter kaufte sich Veronica Bradley ihren ersten Beagle als Familienhund. Aber schon bald standen Beagles im Mittelpunkt des Familienlebens, und sowohl ihr damaliger Ehemann David (später Liz Calikes Partner bei den Newlin Beagles), als ihre ältere Tochter Sue (mit der ich gemeinsam einige Tragband Champions ausstellte) und ihre jüngere Tochter Jane (die nach ihrer Heirat mit Jeff May den Janfrey Zwinger gründete), teilten ihren Enthusiasmus für Beagles. Heute gehören die Dufosee Beagles Veronica und Ken Burgess, der vorher äußerst erfolgreich die Plattburn Welsh Springer Spaniels züchtete und ausstellte. Die erste Hündin bei Dufosee war Belinda of Gwanas, von einem Sohn Ch. Barvae Pilots und einer Tochter des rein amerikanisch gezogenen Swansford Letton Yale. Belinda wurde mit Ch. Baimor I'm A Rebel (Sohn des amerikanischen Importrüden Am. Ch. Colegren's Little Rebel of Clovergates und einer Tochter von Ch. Barvae Pilot) verpaart. In diesem ersten Wurf war Ch. Dufosee Bonnie Girl, die den Grundstein für die Dufosee Beagles legte, eine äußerst korrekte Hündin, deren raumgreifende, schwungvolle Bewegung bis heute Anerkennung findet. Bonnie mag eine Idee zu kräftig für jene gewesen sein, die einem feminineren Hündinnentyp den Vorzug geben, aber ihre Leistung als Mutterhündin kann nicht in Frage gestellt werden. Im Ausstellungsring gewann sie etliche Anwartschaften sowie die Gruppe. Bonnie wurde mit außerordentlichem Erfolg mit Ch. Dialynne Gamble verpaart. Mehrere Würfe mit ihm brachten Ch. Dufosee Clyde, Ch. Dufosee Harris Tweed (dessen Wurfbruder Gatsby der erste Beagle mit dem Zusatz Tragband wurde), sowie die Wurfgeschwister Ch. Dufosee Zenith und Ch. Dufosee Ziggy.

Dann wurde von den Suttons eine wunderschöne zweifarbige Hündin, Rossut Fantom, hinzugekauft, die Champion wurde. In nachfolgenden Generationen erwies sich die Verpaarung von Nachzucht aus Bonnie und Fantom als äußerst erfolgreich. Und tatsächlich hat Dufosee, abgesehen von einer von mir gezüchteten Hündin nach einem Dufosee Rüden, seit Fantom keine Beagles hinzugekauft. Bonnie Girl's anderer »Ehemann« wurde Ch. Wembury Archie; und sie brachten den dänischen Ch. Dufosee Kismet, den australischen Ch. Dufosee Kinsman sowie Dufosee Katrina. Kinsman erwies sich als vorzüglicher Vererber auf der anderen Seite der Erde, während Kismet noch vor ihrem Export mit ihrem Halbbruder Ch. Dufosee Harris Tweed verpaart wurde. Hieraus stammte mein erster Champion, Ch. Dufosee Radleigh of Tragband. Katrina, die im Dufosee Zwinger blieb, wurde von ihrem Halbbruder Ch. Dufosee Zenith gedeckt, woraus Ch. Dufosee Influence stammt, noch immer einer der smartesten Erscheinungen, die ich kenne, und dem ich gern seine dritte Anwartschaft verlieh, die ihn zum Champion machte.

Eine bemerkenswerte Verpaarung in ihrer Linienzucht gelang Veronica Bradley als sie Ch. Dufosee Clyde mit seiner Großmutter Belinda verpaarte. Eine Hündin aus dieser Paarung wiederum, Dufosee Fandangles, ließ sie von deren Urgroßvater Rebel decken. Es fielen Ch. Dufosee Quaker Girl of Tragband, eine Hündin von vorzüglichem Typ, deren Ausdruck viele Herzen zum Schmelzen brachte. Ch. Rossut Fantom wurde zuerst mit Rossut Gaffer verpaart, dann mit Ch. Dufosee Harris Tweed, aber erst ein Wurf nach Ch. Dufosee Radleigh of Tragband brachte ihr den ersten Championnachwuchs, Dufosee Aria of Tragband und deren Wurfschwester Dufosee Almond of Ivelsyde, die erste große Erfolgshündin für Geoff Place. Eine Wiederholungsverpaarung brachte dann aber einen Wurf, der unter dem Gesichtspunkt der Vererbung in der modernen Beaglegeschichte seinesgleichen sucht. Ein Rüde, Dufosee Going to Penavon, ging nach Neuseeland, wo er viel zur Weiterentwicklung der Rasse beitrug.

Ein Bruder, Dufosee Galleon of Thorndon brachte seiner neuen Besitzerin Georgina Kemp, die heute unter dem Namen Timamso züchtet, ihren ersten Champion. Drei Hündinnen machten sich einen Namen in der Zucht: Ch. Dufosee Garbo, die im heimatlichen Zwinger blieb, Dufosee

Eine wichtige Familiengruppe, Dokumentation des Materials des Dufosee Zwingers mit Ch. Dufosee Bonnie Girl (oben Mitte) und einigen ihrer Nachzuchten. Oben links: Ch. Dufosee Harris Tweed (Sohn von Gamble); oben rechts: Ch. Dufosee Clyde (Sohn von Gamble); unten links: Ch. Dufosee Radleigh of Tragband (nach ihrem Sohn Tweed aus ihrer Tochter Danish Ch. Dufosee Kismet); unten rechts: Ch. Dufosee Quaker Girl of Tragband (aus Bonnie Girls Vater Ch. Baimor I'm a Rebel nach Dufosee Fandangles, gezüchtet aus Clyde, einem Bonnie Sohn nach Bonnies Mutter.)
Foto: Thomas Fall.

Geisha (Mutter von Ch. Dicarl Get Going of Dialynne und Dicarl Gay's The Word of Araki - die ihrerseits beide wiederum Rekordhalter brachten) und Dufosee Gingham of Barrvale (auf welcher der Barrvale Zwinger praktisch aufbaut). Die äußerst eng gezüchtete Ch. Quaker Girl wurde mit ihrem Urgroßvater Ch. Dialynne Gamble verpaart, und es fiel Ch. Dufosee Mystro of Morsefield für die Familie Caple. Ch. Dufosee Clyde verpaart mit Dufosee Topaz, einer Tochter von Clydes jüngerem Bruder Ch. Harris Tweed und Rossut Fantom, brachte Ch. Dufosee Kirsty.

In der Zwischenzeit war mit Ch. Garbo (aus Ch. Rossut Fantom) erstmals in die Rossutlinie zurückgezüchtet worden, indem sie mit Ch. Rossut Peanut, einem Enkelsohn von Ch. Fantoms Bruder Foremost, verpaart wurde. In diesem Wurf fiel Ch. Dufosee Nobility, der Jane May, geb. Bradley, gehörte. Jane stellte außerdem Ch. Dufosee Modesty und deren Schwester Madonna, die zwei Anwartschaften gewann, aus. Ihr Vater war Ch. Influence, nach Topaz, einem zweifachen Bonnie Girl Enkelsohn verpaart mit einer Bonnie Girl Enkeltochter. Ch. Influence deckte außerdem eine Tweed/Fantom Tochter, Dufosee Encore of Tragband. Hieraus folgte Ch. Dufosee Yen. Mit Topaz, der älteren Schwester von Encore, brachte er Ch. Dufosee Quaver. Ich wählte dann Influence als Deckrüden für Ch. Too Darn Hot for Tragbands ersten Wurf. Hieraus stammen Ch. Tragband In Town Tonight at Newlin (er wurde von David Bradley und Liz Calikes ausgestellt), mehrere ausländische Champions und eine Hündin, Tragband In Favour at Dufosee, die für den Zwinger ihres Vaters hervorragende Nachzucht brachte. Verpaart mit ihrem Großvater Ch. Zenith brachte sie Ch. Dufosee Vindicator. Ch. Garbo wurde von dem im Rossut Zwinger stehenden Ch. Am. Ch. Graadtres Hot Pursuit of Rossut gedeckt. Ein Sohn, Dufosee Falcon, gewann eine Anwartschaft und die Gruppe, bevor er in die Schweiz verkauft wurde, wo er seine Siegesserie fortsetzte.

Eleanor Bothwell hatte Ch. Harris Tweed mit ihrer so siegreichen Hündin Ch. Norcis Hannah verpaart und Norcis Taurus erhalten. Als Taurus Ch. Garbo deckte, fiel Ch. Dufosee Wild Flower. Ch. Kirsty und Ch. Vindicator brachten Ch. Dufosee Lovebird und gemeinsam mit Ch. Dufosee Wild Flower brachte Vindicator den bisher letzten Dufosee Champion, Capability. Als die Appletons aus den USA Ch. Pin Oaks Dynasty of Appeline importierten, wurde er von Ken Burgess ausgestellt und zu Titelehren geführt. Auf seiner ersten Ausstellung wurde dieser Rüde, von dem schon so viel in der Beagle-Gerüchteküche zu hören war, von David Appleton selbst vorgeführt. »Nugget« (Dynasty) kam in England an, als »Corkie« (Hot Pursuit) seine große Zeit hatte. Es ging das Gerücht, dass ein neuer Amerikaner auf der Welsh Beagle Club Show 1983 sein Debüt geben sollte. Douglas war mit Nugget da, Corkie wurde von dem Berufsvorführer Geoff Corish vorgeführt, beide in der Offenen Klasse. Für uns Zuschauer war klar, dass es eine hauchdünne Entscheidung geben werde, hatten wir einen solchen »Kampf der Titanen« vorher doch noch nicht erlebt. Der Richter Jack Holland entschied sich für Nugget, und auch für ihn hätte sein Richterdebüt nicht dramatischer verlaufen können. Auch wenn beide Rüden weitere Siege errangen, so bin ich doch sicher, dass sie nie wieder gegeneinander in Wettbewerb standen. Corkie musste an diesem Tag mit der Reserveanwartschaft zufrieden sein, hatte aber die Freude, dass seine kleine Tochter Too Darn Hot ihre vierte Anwartschaft aus der Puppy Klasse heraus gewann. Nugget wurde anschließend Bester Hund der Ausstellung. Er wechselte später in den Besitz von Ken und Veronica und wurde ein beliebter und erfolgreicher Deckrüde. Ironischerweise brachte er aber für den Dufosee Zwinger selbst keinen Champion.

Ich fand es immer amüsant, dass viele meinten, man müsse einen dieser beiden Rüden lieben, den anderen aber hassen. Ich bewunderte beide aus unterschiedlichen Gründen, denn sie waren sehr verschieden. Beide aber hatten viel zu bieten und, wie die Zeit zeigte, hat die Rasse beiden eine Menge zu verdanken. Der Dufosee Zwinger hat viele jüngere Züchter mit Zuchthunden versorgt, auf denen diese ihre Zucht aufbauten. Sie haben sich an ein strenges Linienzuchtprogramm gehalten und gehören zu den Zwingern, die nie Größenprobleme hatten, alle Dufosees liegen gut im Standard.

ROSSMAITH

Wie so viele erfolgreiche Züchter kauften auch Ada und Tommy Anderson ihren ersten Beagle als reinen Familienhund. Ein kleiner Rüde namens Toby wurde von Jean Westren gekauft, der dem inzwischen verstorbenen Sohn der Andersons seine ganze Zuneigung schenkte. Dieser brachte dem Hund bei, die Leiter zum Dachboden hinaufzuklettern, um dort gemeinsam mit der Eisenbahn zu spielen - leider führten seine Kletterkünste auch dazu, dass die Andersons einen Fensterputzer verloren! Nachdem sie ihren Hund auf kleineren Ausstellungen gezeigt hatten, beschlossen sie, einen Ausstellungshund zu erwerben. Und so kam 1978 Deanery Dazzler of Rossmaith in den Haushalt. Sie war erfolgreich, obgleich sie Auto fahren nicht besonders mochte. Aus diesem Grund wurde sie nicht länger ausgestellt und bekam ihren ersten Wurf nach Ch. Dialynne Essence. Aus dieser Paarung stammte Rossmaith Restless. Restless wurde von Ch. Dufosee Zenith, Amaritas Bim Uno of Dialynne und Ch. Am. Ch. Graadtres Hot Pursuit of Rossut gedeckt. Der bemerkenswerteste Hund aus diesen Würfen war Rossmaith Isis, der einige Reserveanwartschaften gewann und eine wichtige Rolle im Zuchtprogramm für diesen Zwinger spielen sollte. Dazzler wurde später mit Ch. Dufosee Zenith verpaart und es fiel Rossmaith Gala. Rosalind wurde von Ch. Dialynne Gamble gedeckt und in dem Wurf war Rossmaith Clarissa. Als sie mit Ch. Dufosee Yen verpaart wurde, erhielten die Andersons ihren ersten Champion mit Ch. Rossmaith Ally und ihrem Bruder Rossmaith Thomas. Eine Ally Tochter brachte mit Thomas die

Ch. Rossmaith Ally (Ch. Dufosee Yen - Rossmaith Clarissa, einer Tochter von Ch. Dialynne Gamble). Erster Champion von Ada Anderson. Foto: Diane Pearce.

hoffnungsvolle Rossmaith Zamba, die zur Zeit ausgestellt wird. Gala brachte mit Isis die Klassehündin Rossmaith Banjo. Als sie mit Ch. Bayard Zachariah verpaart wurde, fielen die wunderschönen Geschwister Ch. Rossmaith Watchful und Ch. Rossmaith Whisper. Banjo wurde 1995 beste Zuchthündin der Rasse.

ROSSPARK

Jack Holland hat seit 1962 mit der Rasse Beagle zu tun. Grundstein seines Zwingers war Dialynne Nymph. Verpaart mit dem Int. Ch. Appeline Top Ace brachte Nymph die wunderschöne 35 cm große Hündin Rosspark Imp. Jack Holland hat immer den kompakten, smarten Typ aus Linien mit amerikanischem Hintergrund favorisiert. Imps erster Wurf war nach dem kanadischen Importrüden Tonawanda Sibiche; und dieser brachte Rosspark Miss Muffet. Als diese noch ein Junghund war, sah Jack auf einer Ausstellung in Blackpool Maureen Tolvers Baimor Annasline Solitaire, einen prächtigen tricolour Rüden; und obwohl auch dieser noch sehr jung war, wurde an Ort und Stelle gleich ein Deckvertrag gemacht. Als es dann endlich soweit war, fiel ein herausragender Rüde, Rosspark Mr. Muffin, der seiner Zeit weit voraus war. Im zarten Alter von sieben Monaten und einer Woche gewann Muffin unter Carol Appleton in Richmond die Anwartschaft und das BOB. Interessanterweise ging die Anwartschaft bei den Hündinnen an Dialynne Nettle, ebenfalls ihre erste. Nicht viel später gewann Dialynne Gamble ebenfalls mit sieben Monaten seine erste Anwartschaft, und wieder hieß die Richterin Carol Appleton. Auf der nächsten Crufts Dog Show gewann Muffin seine beiden Klassen und die Reserveanwartschaft hinter Ch. Southcourt Wembury Merryboy, der an diesem Tag seinen Championtitel vollendete.

Jack Holland hat immer versucht, auf Gamble zurückzuzüchten und sein nächster bestechender Hund war der zweifarbige Rosspark Elder, dessen Mutter Gamble zweimal im Stammbaum führt und dessen Vater ein Gamble Sohn war. Er gewann eine Reserveanwartschaft unter Reg Wright MH, entwickelte dann aber leider eine Abneigung gegen den Ausstellungsring. Von Judith Ireland wurde eine Annasline Hündin zugekauft und mit Ch. Beacott Buckthorn verpaart. Ein Rüde, Rosspark Ransom, wurde behalten. Jack verpaarte ihn mit Rossut Madcap, einer Tochter von Ch. Rossut Foreman, und züchtete Rosspark Rosebud. Sie legte den Grundstein für den erfolgreichen Fertrac Zwinger. Später wurde ein von Dialynne gekaufter Welpe zu Ch. Dialynne Nester of Rosspark, einer der berühmten Soloman/Get Going Champion-Geschwister. Sie wurde mit Ch. Am. Ch. Pin Oaks Dynasty of Appeline, dem Jack seine erste Anwartschaft und das erste BOB in England gegeben hatte, verpaart. Eine Hündin aus diesem Wurf war Rosspark Reach, die auf Crufts eine Reserveanwartschaft gewann. Mit Ch. Raimex Kracker brachte sie Rosspark Rema of Raimex, die schon eine Anwartschaft gewonnen hat.

TRAGBAND

Wenngleich mein erster Rassehund ein Boxer war, so wurde mein Interesse doch auch stark von den Toyrassen angezogen, und ich hatte große Erfolge mit meinem Pekingesen. Eines Tages fiel mir auf einer kleinen regionalen Ausstellung in meiner Heimat Südwales eine Beaglehündin ins Auge. Zwar hatte ich schon vorher Beagles gesehen, diese aber ziemlich langweilig und gewöhnlich gefunden. Diese Hündin aber war kompakt, voller Frische, mit wunderschönem Kopf und Ausdruck, so dass ich beschloss, mehr über sie herauszufinden. Es handelte sich, wie ich herausfand, um Imdee Aimee, eine Tochter von Appeline Validay Happy Feller, des Importrüden der Appletons. Überzeugt davon, dass ich diese Rasse gut leiden kann, wenn sie so ausschaut, stellte ich Nachforschungen an, wer wie züchtete und fand heraus, dass Veronica Bradley einen Wurf nach Ch. Dufosee Bonnie Girl und Ch. Dialynne Gamble, einem Sohn Happy Fellers, hatte. Aus diesem Wurf brachte ich Dufosee Gatsby of Tragband nach Hause, meinen ersten Beagle und einen Wurfbruder von Ch. Dufosee Harris Tweed.

Mein erster Hündinnen-Champion war Ch. Dufosee Quaker Girl of Tragband nach Ch. Baimor I'm A Rebel aus einer seiner eigenen großartigen Enkelinnen. Quaker war 1979 die siegreichste Beaglehündin, war Mutter von Ch. Dufosee Mystro of Morsefield.
Foto: Thomas Fall.

Da ich zu dieser Zeit noch bei meinen Eltern lebte, konnte ich keine weiteren Beagles halten. Als ich aber eines Tages den Dufosee Zwinger besuchte, sah ich den jungen Rüden ihrer Tochter Sue, Dufosee Radleigh, im Auslauf. Veronica teilte mir mit, dass er in Kürze ins Ausland verkauft werde, da Sue an die Universität gehe und keine Zeit mehr habe, ihn auszustellen. Ich bot an, ihn unter beider Namen auszustellen, wenn sie ihn behielten. Radleigh wurde sehr erfolgreich und gewann um die zwölf Anwartschaften und belegte unter dem verstorbenen Arthur Westlake den zweiten Platz in der Gruppe. Bei einem weiteren Besuch bei Dufosee sah ich eine, wie ich meinte, fantastische Hündin im Auslauf. Ich erkundigte mich nach ihr und fand heraus, dass sie als Zuchthündin vorgesehen war, da Veronica meinte, sie sei wegen ihres Temperaments nicht unbedingt die ideale Ausstellungshündin. Ich leinte sie an, spielte eine Weile mit ihr und fand sie so sanft und reizend, genau so, wie ich mir einen Beagle immer erträumt hatte. Nach einigem Zureden wurde entschieden, dass Dufosee Quaker Girl of Tragband Sue und mir gemeinsam gehören könne. Und auch sie wurde Champion. Sie war eine äußerst beliebte Hündin, und es war für mich eine große Anerkennung, dass sich noch so viele an sie erinnerten, als die Zeitschrift des englischen Kennel Clubs führende Richter bat, die drei Hunde einer Beaglerasse zu benennen, die sie ganz besonders beeindruckt hatten.

Quaker war eine »unmögliche« Ausstellungshündin. Manchmal genoss sie jede Minute im Ring und zeigte sich, als gebe es kein Morgen. An anderen Tagen schmollte sie ohne ersichtlichen Grund, zog den Rücken auf und sah entsetzlich aus. Bis heute erinnere ich mich an jenen Tag in Blackpool, als Honor Eades erstmals richtete. Wir wussten, dass ihr Quaker sehr gefiel, aber es regnete in Strömen, und die Beagles wurden in einer schlammigen Ecke eines miserablen Zeltes, dessen Planen flatterten, gerichtet. Wir entschieden, dass es sinnlos sei, auch nur zu versuchen, sie auszustellen. Also blieb sie im Warmen und Trockenen. Als sich dann die Offene Klasse im Ring versammelte, sah Honor Sue und mich am Ring stehen und fragte in ihrer bühnenreifen Stimme: »Wo bleibt Quaker?« Ich schlug Sue vor, sie zu holen. Kaum in den Schlamm gesetzt, zeigte sich Quaker wie sie dies noch nie zuvor getan hatte und machte das BOB! Sie gewann etliche Anwartschaften und warf, verpaart mit ihrem Urgroßvater Gamble, Ch. Dufosee Mystro of Morsefield.

Eine Lieblingskopfstudie von Ch. Dufosee Aria of Tragband (Ch. Dufosee Radleigh of Tragband - Ch. Rossut Fantom). Eine Wiederholungspaarung ergab den historisch bedeutsamen Dufosee-G-Wurf mit Ch. Garbo, Geisha, Gingham, Galleon und Going to Penavon.

Foto: Thomas Fall.

Veronica hatte Ch. Rossut Fantom von Radleigh decken lassen, und aus diesem Wurf zeigten Sue und ich Ch. Dufosee Aria of Tragband. Fotos von ihr verwundern Neulinge in der Rasse noch immer, da sie meinen, ich fände nur dreifarbige Beagles mit geschlossener Decke ansprechend. Und Aria war eine fast weiße Hündin mit nur wenigen Flecken. Wir besaßen auch ihre jüngere Schwester Encore, die später in den Besitz von Dufosee zurückging, wo sie die Mutter von Ch. Dufosee Yen wurde. In der Zeit, als ich Aria ausstellte, schloss ich Freundschaft mit den Johnsons, denen die Dicarl Doggen gehören. Sie bewunderten Aria und beschlossen, sich auch in der Beaglezucht zu versuchen. Sie kauften Dufosee Geisha, Arias jüngere Schwester, verpaarten sie mit Ch. Dialynne Blueboy und erhielten Dicarl Gay's The Word und Dicarl Get Going. Als ich die Welpen sah, entschied ich mich für Gay's The Word und nahm sie mit nach Hause. Da ich in meinem damaligen Wohnsitz nicht so viele Hunde halten konnte, gab ich sie Ken Sinclair und Adrian Edwards, welche die Araki Tibet Terrier züchteten, unter der Bedingung, dass ich eines Tages einen Welpen von ihr bekommen würde.

Nachdem ich Hot Pursuit von den Suttons auf seiner zweiten Ausstellung gerichtet hatte, war ich sicher, dass er der perfekte Deckrüde für Gay's The Word sei und bat Ken, sie bei ihrer nächsten Hitze von ihm decken zu lassen. Sie hatte fünf Welpen, und als diese vier Wochen alt waren, besuchte ich sie. Eine Hündin stach heraus - sie sah aus wie gemalt und war voller Qualität. Sie musste mir gehören! Ich beschloss, sie im Alter von etwa neun Wochen zu mir zu holen. Nach dem Abendessen hörten wir Musik. Die Platte, die Adrian auflegte, hieß »Too Darn Hot« - und so bekam sie ihren Namen, und Ada kommt von Adrian. Etwa eine Woche später erhielt ich einen

Telefonanruf von Ken. Mrs Sutton hatte angerufen und gefragt, ob er mit den Welpen nicht zu Rossut kommen könne, um sie ihr zu zeigen. »Prima«, sagte ich, »aber vergiss bloß nicht, welches meine ist!« Nach dem Ausflug zu Rossut erhielt ich einen amüsanten Anruf von Ken, der alle Welpen mitgenommen hatte, um sie Catherine zu zeigen. Ihr gefiel vor allem eine Hündin, und sie fragte Ken, ob sie sie kaufen könne, was dieser bejahte. »Aber welche wird Andrew bekommen,« fragte sie Ken, der ihr Ada zeigte. »Oh je,« spottete Catherine, »ich fürchte, sie kann etwas rüdenhaft werden.« Ich habe Catherine nie an diese Unterhaltung erinnert, schon gar nicht, als sie Ada den ersten ihrer sieben Gruppensiege gab!

Ada gewann ihre erste Anwartschaft mit sieben Monaten unter Terry Thorn und weitere drei als Puppy, außerdem wurde sie bester Hund der Ausstellung auf der West Mercia Beagle Club's Championshipshow. Die fünfte Anwartschaft brachte ihr dann den Championtitel. Im folgenden Jahr war sie der jüngste Champion auf Crufts. »Wohlwollende Freunde« hatten mir geraten, dort nicht auszustellen, da die Richterin, die inzwischen verstorbene Dolly Macro, sie nicht mögen werde, da sie substanzvollere Hunde bevorzuge. Aber es war Crufts, und man hatte mir immer wieder gesagt, dass man nichts gewinnt, wenn man zu Hause bleibt. Ada gewann die Anwartschaft und wurde Rassebeste. Ich war in Tränen aufgelöst, und bis heute ist dieser Sieg das Ereignis in meinem Leben, das ich am höchsten in Ehren halte; nicht so sehr wegen des Ortes, sondern wegen der Richterin, die ihn wahr werden ließ. Ada hatte überragende Erfolge und gewann 42 Anwartschaften unter 40 verschiedenen Richtern, in sieben aufeinander folgenden Jahren, was ihr den Rekord in der Rasse brachte, den sie bis heute hält. Sie wurde dreimal auf Crufts ausgestellt und gewann jedesmal die Anwartschaft. Für zwei Würfe machten wir eine Ausstellungspause - wobei ihr Kritiker prophezeit hatten, solch eine hübsche, »kleine« Hündin (Ada war im Übrigen 38 cm groß) werde sowieso keinen Nachwuchs bringen.

Die Wiederholung jener Verpaarung, aus der Ada stammte, brachte Ch. Tragband Too Hot to Handle by Rossut, Singapore Ch. Tragband Brother It's Hot of Crouchmead (der später nach England zurückkehrte, als Nancy und Douglas Beaton sich zur Ruhe setzten und wieder heim kamen) und Tragband Hot Gossip About Crickhallow, die für den Zwinger der Familie Dempster gut vererbte und die Mutter ihres ersten Champion wurde. Adas erster Wurf war nach Ch. Dufosee Influence, der genauso gezogen war wie ihr Großvater Radleigh. In diesem Wurf fielen Ch. Tragband In Town Tonight at Newlin, DK Ch. Tragband In Hot Water, DK Ch. Tragband In For a Penny, Tragband In With The In Crowd at Derriford (der nur wenig ausgestellt wurde, aber für den Trewint Zwinger gute Nachzucht brachte) und Tragband In Favour at Dufosee, die für Veronica Bradley und Ken Burgess eine vorzügliche Zuchthündin wurde.

Der zweite Wurf war nach Ch. Dialynne Nimrod of Ramlacim, einem Blueboy Sohn, während Ada ja eine Blueboy Enkeltochter war. Aus diesem Wurf stammen der Australische Ch. Tragband Summer and Smoke, der einen erstaunlichen Einfluss auf die Beaglezucht auf der anderen Seite der Erde hatte; Tragband Battle of Angels at Janfrey, der für die Mays ins Zuchtbuch eingetragen wurde, dann aber etwas zu stolz auf seine Rute wurde! Tragband American Blues, der in Holland gut vererbte; Tragband The Rose Tatoo, die in den Gold Line Zwinger nach Dänemark kam; Tragband Candles in the Sun, die nach Südafrika ging, um dort mit Ch. Tragband Too Hot to Handle by Rossut, Adas jüngerem Bruder, verpaart zu werden; Tragband Cat on a Hot Tin Roof at Bayard, die für diesen Zwinger hervorragende Nachzucht brachte; und meine eigene Tragband Sweet Bird of Youth, die eine Anwartschaft und einige Reserves gewann, bevor sie zu Zuchtmietbedingungen in den Dialynne Zwinger kam.

Verpaart mit Ch. Soloman of Dialynne brachte sie, während ich dieses Buch schrieb, meinen neuesten Champion, Ch. Dialynne Tolliver of Tragband, den alle als Mikey kennen. Er war nicht

Ch. Dialynne Tolliver at Tragband im Alter von 18 Monaten. Ein Sohn von Ch. Soloman of Dialynne nach Tragband Sweet Bird of Youth - »Mikey« gewann sechs CCs, stand an der Spitze von drei Hound Groups, wurde zweimal Reserve Best in Show aller Rassen, noch ehe er die Juniorklassen verließ. 1995 war er »Number One Beagle«, stand innerhalb der »Top Ten for all breeds«.

Foto: Sally Anne Thompson.

nur bester Ausstellungsbeagle 1995, sondern stellte 1996 den Rekord seiner Großmutter ein, indem er einmal Bester der Ausstellung (BIS), dreimal zweitbester Hund der Ausstellung wurde und sieben Mal die Gruppe gewann. Als er auf der Championship Show des Schottischen Kennel Klubs »Bester Hund der Ausstellung« wurde, half er, ein weiteres Stück Geschichte zu schreiben; denn so wurde Ada die einzige Beaglehündin, die »Beste der Ausstellung« wurde und zwei Töchter brachte, die wiederum Mütter zweier Beagles sind, die diesen Erfolg verbuchen konnten (nämlich Tragband Cat On a Hot Tin Roof, Mutter von Ch. Bayard Syndicat of Lowyck und Tragband Sweet Bird of Youth, Mutter von Ch. Dialynne Tolliver of Tragband).

Kapitel 11

BEAGLES IM BRITISCHEN AUSSTELLUNGSRING

Die Zahl derer, die im Laufe der Jahre die Entwicklung des Beagles als Ausstellungshund in Großbritannien gefördert haben, ist zahlreich. Aber viele sind nicht mehr aktiv dabei; einige werden hin und wieder noch einmal am Ausstellungsring gesehen, wo sie ein wachsames Auge auf den Beagle werfen, andere haben die Hundewelt völlig hinter sich gelassen und sich anderen Interessen zugewandt. Da dieses Buch ein zeitgenössisches Werk sein soll und auch nur begrenzt Platz zur Verfügung steht, ist es unmöglich, die Aktivitäten und Erfolge all jener aufzuzählen, die am Voranbringen der Rasse beteiligt waren. Deshalb möchte ich mich auf die Entwicklung der letzten zwanzig Jahre konzentrieren. Später in diesem Kapitel möchte ich auf die Zwinger eingehen, die auch heute noch mit beachtlichem Erfolg ausstellen. Bevor ich aber dazu komme, halte ich es für angemessen, einige jener Zwingernamen ins Gedächtnis zurückzurufen, die in früheren Jahren entscheidenden Einfluss hatten, heute aber nicht mehr regelmäßig ausstellen.

BARVAE

Es ist zweifelsohne äußerst angemessen, dass der erste Zwingername, der hier erwähnt wird, der von Gladys Clayton und ihrer Tochter Patricia, die inzwischen viele Rassen richtet, ist. Ihr Zwinger stellte vielen kommenden Spitzenzüchtern den Grundstock für deren Zucht zur Verfügung. Der Name wurde 1936 erstmals von Gladys Clayton registriert, die mit Deutschen Doggen und einigen anderen Rassen große Erfolge hatte. Patricias Interesse am Beagle führte dann 1952 zum Erwerb von Lindsey Makeway, einer Hündin, die zwei Champions unter ihren Nachkommen hat. Die vorzüglichen Anlagen in Barvae machten es möglich, dass eine große Zahl an Hunden - oft 30 bis 40 - zur gleichen Zeit gehalten werden konnte. Der Grundstock für die Zucht wurde aus verschiedenen Quellen im ganzen Land erworben, um auf breiter Basis Linienzucht betreiben zu können. Viele spätere Würfe dieses Zwingers wiesen über fünf Generationen nur Hunde mit dem Zwingernamen Barvae auf.

Einige der ersten Hunde wurden direkt aus Meuten erworben. Limbourne Valiant, der sowohl bei der »Association of Masters of Harriers and Beagles« als auch beim Kennel Club registriert war, kam, wie auch seine beiden Töchter Spotlight und Wilful, von Mrs C. J. Davies. Alle drei waren sowohl im Ausstellungsring als auch als Vererber von Champions erfolgreich. Wilful, die Patricia gehörte, wurde der erste Beagle Champion von Barvae. Sie führte eine Linie von fünf Generationen von Champions an, Ch. Wilful, Ch. Barvae Willing, Ch. Barvae Wynder, Ch. Barvae Shuna und Ch. Barvae Stamford. Der glücklichste Erwerb war aber wohl der von Barvae Paigan. Mrs Clayton erhielt ihn ungesehen als kleinen Welpen aus einer privaten Meute. In den späten 50er Jahren hatte er nicht nur seinen Championtitel erworben, sondern es auch zum erfolgreichsten Vererber der Rasse gebracht. Auch ein Zeitgenosse von Paigan, Ch. Barvae Statute,

Der Beagle Club wurde 1890 gegründet und feierte 1990 sein 100jähriges Jubiläum mit einer unvergesslichen Clubsiegerschau.

Foto: Harry Nicholson.

Ch. Barvae Wynder, eine Champion Hündin nach Barvae Benroe Wrinkles, die 1960 für ihre Zeit einen ausgesprochen modernen Typ verkörpert.

Foto: C. M. Cooke.

schrieb Beaglegeschichte für seinen Besitzer Fred Watson vom bekannten Derawuda Zwinger. Er wurde mit 17 Anwartschaften nicht nur Rekordhalter der Rasse, er war auch der erste Beagle, der auf einer Allgemeinen Rassehundeausstellung 1958 in Chester unter dem angesehenen Allgemeinrichter Dr. Aubrey Ireland »Bester Hund der Ausstellung« wurde.

1959 wurde Barvae Benroe Wrinkles aus Kanada importiert. Sein Vater war einer der ganz Großen der Beaglegeschichte, Am. Can. Ch. Thornridge Wrinkles, Vater von über 90 amerikanischen Champions. Seine Mutter, Can. Ch. Benroe Belle's Babe, war von Frau Clayton gezielt für diesen Deckakt ausgesucht worden. Auch ihr Stammbaum führte zweimal auf Wrinkles zurück, wodurch eine hohe Konzentration seines Erbguts bei den Welpen sichergestellt wurde. Barvae Benroe Wrinkles war von Anfang an ein erfolgreicher Zuchtrüde. Mit Barvae Varner, die wartete, bis er aus der Quarantäne kam, brachte er in seinem ersten Wurf Ch. Barvae Acrobat. Vier Tage nach Varners Wurf, warf deren Mutter Barvae Progress, ebenfalls nach ihm. Diesmal fiel Ch. Barvae Aider. Insgesamt wurde Wrinkles der Vater von zehn Champions und hielt damit für viele Jahre den Rekord in der Rasse.

FORRARDON

Die inzwischen verstorbene Pamela Harris und Leonard Pagliero begannen Ende der 50er Jahre Beagles zu züchten und ließen sich den Zwingernamen Forrardon 1959 schützen. Leonard war der Welt der Rassehunde aber schon früher beigetreten und hatte Deutsche Schäferhunde besessen. Ihr erster Beagle war Derawuda Velvet, und das frühe Zuchtprogramm dieses Zwingers vereinte Appeline und Limbourne Blutlinien. 1962 wurde mit Chance der erste Forrardon Champion geboren. Sie gewann ihre drei Anwartschaften unter den Rassekapazitäten Wilf Herrick, Charles Hardwick und Douglas Appleton, bevor sie ein Jahr alt war. Zu jener Zeit musste nicht wenigstens eine der Anwartschaften nach Vollendung des ersten Lebensjahres gewonnen werden, wie es heute der Fall ist. Weitere Champions folgten - Ch. Forrardon Chantress, Ch. Forrardon Appeline Beeswing, Ch. Forrardon Frolic, Ch. Forrardon Foxtrot, Ch. Forrardon Rumba, Ch. Forrardon Warrior, Ch. Forrardon Kinsman, Ch. Houndsmark Mindful of Forrardon und Aust. Ch. Forrardon Gambol.

Der Forrardon Zwinger hält den einzigartigen Rekord, innerhalb von zwölf Jahren fünfmal das BOB auf Crufts gewonnen zu haben: 1965 - Beeswing (die außerdem die Gruppe gewann und zweitbester Hund der Ausstellung wurde, noch immer die höchste Auszeichnung für einen Beagle auf dieser berühmten Ausstellung); 1967 - Frolic; 1970 - Foxtrot (der ebenfalls die Gruppe gewann); 1972 - Foxtrot; 1977 - Warrior. 1975 gewannen sowohl Warrior als auch seine Mutter Rumba unter Janet Lee Gordon auf der prestigeträchtigen Hound Show sozusagen das »Doppel«, ein weiterer seltener Erfolg. Viele Forrardon Hunde gewannen Arbeitszertifikate des Beagle Clubs, und der erste war Foxtrot, der in jenen frühen Tagen unbestrittener Leithund war.

Ch. Forrardon Appeline Beeswing stand im Besitz der inzwischen verstorbenen Pamela Harris und von Leonard Pagliero. Sie wurde 1965 auf Crufts Zweitbester Hund der Ausstellung, bis heute der größte Erfolg für einen Beagle auf dieser berühmten Ausstellung.
Foto courtesy: Leonard Pagliero.

Leonard Pagliero sieht in Foxtrot den größten Forrardon aller Zeiten, der alles verkörpert, was einen Beagle ausmacht. Für ihn war der größte Erfolg, als Foxtrot 1977 im Alter von zwölf Jahren in der Veteranen- und Gebrauchshundeklasse gezeigt wurde, nur gemeldet, weil einige Rassekenner seinen Besitzer dazu überredet hatten, diesen überragenden Hund einmal Neulingen zu zeigen. Der Richter war Charles Hardwick, Master of Hounds der Chilmark Beagles, und Foxtrot gewann das BOB bei einer Meldezahl von 150 Hunden und schlug dabei eine Reihe berühmter, weit jüngerer Champions. In seinem Bericht schrieb der Richter über Foxtrot: »Herausragender Hund dieses Tages war Ch. Forrardon Foxtrot, trotz seines Alters eine Klasse für sich. Ein klarer Sieger und Rassebester.«

KORWIN

Christine Watson ist eine der Züchterinnen, die in Schottland echte Beaglehochburgen gründeten. Christine kaufte ihren ersten Beagle 1964. Im darauf folgenden Jahr kam Rossut Ruffle dazu, und als sie mit Tavernmews Butler verpaart wurde, fiel Korwin Bramble, die Mutter des ersten Korwin Champions, Dancer of Korwin. Christine formte schnell einen eigenen Typ und mehrere ihrer Hunde, vor allem Korwin Butler, wurden von Rassekennern als vorzügliche Rassevertreter und Zuchthunde angesehen, obgleich sie nie zu Titelehren kamen.

PINEWOOD

Als Ch. Barvae Statute Rassegeschichte schrieb, indem er in Chester »Bester der Ausstellung« wurde, waren Leonard und Heather Priestley begeisterte neue Aussteller von Pointern. Der Anblick Statutes überzeugte sie jedoch davon, dass der Beagle »ihre Rasse« sei. Einige Monate später kauften sie eine Tochter von Ch. Barvae Paigan. Die Priestleys erkannten bald deren begrenzte Möglichkeiten und kauften einige Jahre später von Peggy Slapp Pinewood Crumpet. Sie gewann ihre erste Anwartschaft und das BOB unter Reg Wright MH 1962 in Bournemouth, vorgeführt von Leonard Priestley, der dies erst- aber auch letztmals tat! Crumpet hatte einen Wurf nach Ch. Appeline Top Ace und begründete so den Pinewood Zwinger; leider starb sie schon im Alter von drei Jahren. Der kanadische Importrüde Tonawanda Sibiche kam in den Zwinger, ein smarter dreifarbiger Rüde mit kurzem Rücken, der seinen Nachkommen seine guten Knochen und geschlossenen Pfoten mitgab. Verpaart mit den großrahmigen, langrückigen Hündinnen jener Zeit, tat er viel Gutes für die Rasse. Aber wie Heather feststellte: »Es zeigte sich, dass kurze Rücken mit kurzen Hälsen einhergehen und mit Sibby durfte deshalb nicht zu eng gezüchtet werden. Eine seiner berühmtesten Töchter war Ch. Pinewood Crocus, die mit Ch. Rossut Triumphant Pinewood Custard brachte, stolze Gewinnerin einer Anwartschaft und von elf Reserveanwartschaften!

In den späten 70er Jahren kauften die Priestleys von Glenda Young Southcourt Wembury Merryboy, der schon drei Anwartschaften gewonnen hatte. Sie errangen mit ihm weitere elf Anwartschaften und zwei Gruppensiege. Außerdem wurde er 1971 auf der Three Counties Ausstellung unter dem verstorbenen Allgemeinrichter Herbert Essam bester Rüde. Ich bin der Überzeugung, dass Merryboy seiner Zeit deutlich voraus war und auch heute noch ein gutes Bild im Ausstellungsring machen würde. Merryboy kam oft als Deckrüde zum Einsatz. Zusammen mit der Pinewood Linie schuf er die Grundlage für den Zwinger von Silke und Jochen Eberhardt in Deutschland. Viele weitere Pinewoods kamen im Ausland zu Titelehren. Es muss den Priestleys viel Freude geben, wenn sie sich daran erinnern, dass Merryboy der Vater von Ch. Beacott Buckthorn ist, der über viele Jahre den Ausstellungsrekord der Rasse hielt, und dass Ch. Pinewood Castor die Mutter von Ch. Jondor Crocus war, die ihrerseits eine Zeit lang den Rekord bei den Hündinnen hielt. Heute sind Leonard und Heather den Cavalier King Charles Spanieln eng verbunden, doch lebt der Name Pinewood durch andere Zwinger auch bei den Beagles fort.

SOUTHCOURT
Glenda Young hat nie übermäßig viel gezüchtet und doch trugen einige herausragende Hunde ihren Zwingernamen, wie zum Beispiel der überragende Deckrüde Southcourt Tarquin (der jüngere Bruder von Ch. Dialynne Ponder), Tarquins berühmte Söhne Ch. Southcourt Wembury Merryboy und Ch. Southcourt Wembury Fiddler, sowie Merryboys Söhne, die Wurfgeschwister Ch. Southcourt Hatchet und Ch. Barterhound Southcourt Hamilton. Ihre erste Hündin hatte vornehmlich Barvae-, Derawuda- und Dialynneblut, und ihre eigene Championhündin Southcourt Melody bewies, dass dieser Zwinger nicht nur gute Rüden brachte.

WEMBURY
Für Bette Hasties kleinen Zwinger im West Country stand Qualität an erster Stelle. Ihre Hündin Wembury Tinkerbell Chantress brachte einige vorzügliche Beagles wie Merryboy und Fiddler sowie Ch. Wembury Archie, der auch vom Dufosee Zwinger mit gutem Erfolg zum Decken genommen wurde. Wembury Morag erwies sich für Rossut als gute Zuchthündin, und schon vorher war Ch. Wembury Anna zu einer bedeutenden Hündin in Ann Pickthalls Clovergates Zwinger geworden.

Dies sind nur einige Namen, die mir in den Sinn kommen, wenn ich zurückdenke. Es sagt viel über die Eigenschaften des Beagles aus, dass so viele, die sich für diese Rasse entscheiden, ihr ein Leben lang verbunden bleiben, was nicht auf alle Rassen zutrifft, wo dann schnell ein Wechsel erfolgt. Dies spiegelt, wie ich meine, das vorzügliche Wesen dieser Rasse wieder, aber auch den Menschen, der sich von dieser Rasse angezogen fühlt. Im Großen und Ganzen sind die Beagleleute genauso fröhlich und unkompliziert wie ihre Hunde.

A - Z DER HEUTE FÜHRENDEN ZWINGER

ALMARDA
Alan und Margaret Davies Zwinger wird mit smarten, kompakten Beagles mit geschlossener Decke und von idealer Größe in Verbindung gebracht, was nicht weiter verwundert, betrachtet man ihre Vorfahren. Fardene Evening Star war eine Tochter des amerikanisch gezogenen Ch. Baimor I´m a Rebel und einer Baimor Hündin. Sie wurde mit Pippatine Showpiece verpaart, der auf Ch. Fardene High Hopes zurückging. Aus dieser Verpaarung stammt ihr erster Champion,

Almarda Mudlark. Als Mudlark mit dem amerikanischen Importrüden Pin Oaks Dynasty of Appeline verpaart wurde, fiel Ch. Almarda Trickster, der erste Champion für Mark Price.

1969 von Glenda Young gezüchtet, wurde Ch. Barterhound Southcourt Hamilton von Barbara Roderick zum Titel geführt. Er ist der Vater ihres Ch. Barterhound Hammerlyn und stammt selbst von Ch. Southcourt Wembury Merryboy, einem Sohn von Southcourt Tarquin und Southcourt Harmony, ihrerseits eine Tochter von Tarquin und Southcourt Mandy. Sowohl Tarquin als auch Mandy stammten von Ch. Dialynne Huntsman. Insofern war Hamilton äußerst eng auf Huntsman gezogen, führte ihn in der dritten Generation seiner Ahnentafel in drei von vier möglichen Linien.
Foto: Diane Pearce.

BAIMOR

Maureen Tolver ist ein gutes Beispiel für eine Anhängerin des amerikanischen Beagletyps. Sie bevorzugt einen kompakten Hund mittlerer Größe, und ihr gesamtes Zuchtprogramm basiert auf diesen Überzeugungen. Sie begann mit Baimor Annasline Solitaire und Baimor Bettwend Harmony, einem Sohn und einer Tochter des amerikanischen Importrüden Ch. Rozavel Elsy´s Diamond Jerry. Maureen züchtete ihren ersten Champion 1969, als Baimor I'm a Rebel geboren wurde. Er stammte von dem amerikanischen Champion Ch. Colegren's Little Rebel of Clovergates und Baimor Serenade, einer Tochter von Harmony und Ch. Barvae Pilot. Rebels Ausstellungskarriere wurde vom Auslandsaufenthalt seiner Besitzerin unterbrochen, doch vollendete er seinen Titel dann im Alter von fünf Jahren. Er war ein Hund, der sich frei und kraftvoll bewegte und vor allem gute Hündinnen brachte, unter ihnen Ch. Dufosee Bonnie Girl, die das fantastische Gangwerk ihres Vaters erbte. Als er eine seiner Urenkelinnen deckte, wurde er auch der Vater meiner ersten Championhündin Dufosee Quaker Girl of Tragband. Eine Tochter nach Baimor Sibelle, die von dem kanadischen Import Tonawanda Sibiche stammte, spielte eine Rolle bei der Gründung des Fardene und Almarda Zwingers. Auch wenn sie nicht ständig ausstellt, züchtet Maureen weiterhin ihren idealen Typ und hatte erst kürzlich einen Wurf, unter dessen Ahnen Rebel zwanzigmal vertreten ist.

BARTERHOUND

Barbara Roderick erreichte erstmals höchste Ehren in der Beaglewelt mit einem zweifarbigen Spätentwickler, Barterhound Southcourt Hamilton; er war fünf Jahre alt, als er seine erste Anwartschaft gewann, doch sollten vier weitere folgen, drei davon in Bournemouth, wo er in drei aufeinander folgenden Jahren siegte!

Außerdem gewann Hamilton ein Working Certificate des Beagle Clubs. Da Hamilton äußerst eng auf Ch. Dialynne Huntsman gezüchtet war, überraschte es nicht, dass er gut vererbte. Verpaart mit Barterhound Bramble, einer Tochter von Ch. Lanesend Tallarook und einer Cornevon Hündin, brachte er Ch. Barterhound Hammerlyn. Und Barbara war eine Zeit lang die einzige Ausstellerin, die zwei lemon Rüden zu Champions gemacht hatte. Hammerlyn war ein Hund mit hervorragendem Gangwerk und gewann auch einmal die Gruppe. Für Barbara brachte er mehrere Hunde, die Anwartschaften gewannen, und für mich war es erstaunlich, dass nicht mehr Züchter ihn als Deckrüden wählten. Eine, die dies mit Erfolg tat, war Mollie Field, die mit seinem Sohn Ch. Houndsmark Mudlark sieben Anwartschaften gewann. Über einen anderen Sohn, Nedlaw Nightowl, ist er Großvater des »Best In Show« Siegers Ch. Julemark Hotspur by Nedlaw. Eine Hamilton Tochter, Barterhound Carol, wurde in den 70er Jahren Australischer Champion für Noreen Harris, während Barterhound Legend of Dialynne Spanischer Champion wurde.

Eine äußerst charmante Kopfstudie von Ch. Beacott Buckthorn, der Phil Tutchener gehörte. Das Foto erinnert stark an seinen Vater Ch. Southcourt Wembury Merryboy. »Bucky's« Mutter war Ch. Beacott Cornevon Minuet. Über mehrere Jahre war er der erfolgreichste Ausstellungsbeagle aller Zeiten. Seine Ausstellungskarriere schließt mehrere Gruppengewinne - darunter einen bei Crufts - ein, und er ist bis heute mit 38 Anwartschaften der erfolgreichste Ausstellungsrüde der Rasse.
Foto: Michael Wheeler.

BEACOTT

Sylvia Tutchener und ihr inzwischen verstorbener Ehemann Phil kauften ihren ersten Beagle 1961 als Gefährten für ihren Terriermix. Mit zwei durchschnittlichen Rüden auf den »Ausstellungsgeschmack« gekommen, kauften sie von den Gibsons Cornevon Minuet (Ch. Raimex Tally - Ch. Cornevon Pensive), eine lemon & white Hündin und hängten ihren Zwingernamen, der sich vom Namen ihres Hauses »Beagle Cottage« ableitete, an. Als Minuet etwa 18 Monate alt war, wurde Sylvia der Rat gegeben, sie decken zu lassen, da ein Wurf ihr die nötige Reife und Vollendung geben sollte, die sie zu jenem Zeitpunkt noch nicht besaß. Sie folgte dem Ratschlag, und ein Wurf nach Southcourt Tarquin brachte Beacott Benedict und Bountiful, beide zweifarbig, Daphne Aylands Beacott Brevity und John Marshs Beacott Boniface. Minuet kehrte in den Ausstellungsring zurück, wurde Champion und hatte noch drei weitere Würfe. Mit Ch. Southcourt Hatchet brachte sie Ch. Beacott Belle, aber ihr herausragender Nachkomme lag in dem Wurf nach Ch. Southcourt Wembury Merryboy, und dies war der legendäre Ch. Beacott Buckthorn.

Ich erinnere mich noch lebhaft daran, als ich »Bucky« zum ersten Mal sah. Er war gerade acht Monate alt und in der »Puppy Class«, als ich die Horley Open Show richtete. Dieser Hund hatte Charisma, und ich zögerte nicht, ihn trotz seines jugendlichen Alters zum Rassebesten auszuwählen. Der Richterbericht ist an anderer Stelle in diesem Buch nachzulesen. Einige Wochen später gewann Bucky seine erste Anwartschaft unter »Beefy« Sutton und begann eine fantastische Ausstellungskarriere, die fünf Jahre dauerte und ihm 38 Anwartschaften brachte (noch immer der Rekord für einen Beaglerüden), 27 Mal das BOB und 7 Gruppensiege, darunter 1981 auch Crufts. Außerdem war er mehrfach Rassebester auf Clubveranstaltungen. Auch im Veteranenwettbewerb, wo er meist von Jill Peak ausgestellt wurde, war er äußerst erfolgreich. 1988 gewann er

Marion Hunts und Jo Norris's Ch. Valsacre Tactful of Bondlea wurde von Val Hargrave gezüchtet (Ch. Raimex Cracker - Ch. Valsacre Liberty). Das Foto zeigt sie mit dem Pokal, den sie 1995 unter der Richterin Diana Brown für das BOB auf Crufts gewann.

Foto courtesy: Marion Hunt.

auf Crufts die Reserve-Anwartschaft aus der Veteranenklasse heraus; er war 12 Jahre jung! Bucky starb im Alter von 17 ½ Jahren und hinterließ in Sylvia Tutcheners Leben eine große Lücke; sie hatte wirklich einen »Hund fürs Leben« verloren. Der verstorbene Phil Tutchener verbrachte viele Stunden damit, Buckys Stammbaum zu erforschen und brachte schließlich acht volle und zehn fast komplette Generationen zusammen. Phil veröffentlichte außerdem die hervorragende Spezialarbeit von Andrew Smalley *Any True Hound Colour*. Bei seiner Arbeit verfolgte Phil Buckys Vorfahren bis zum Beginn des Jahrhunderts zurück, als ein Beaglerüde, Wooddale Pirate, eine Harrier Hündin deckte, Roundway Pastime. Pastimes Ururururgroßmutter, die Harrierhündin Aldenham Restless war ihrerseits Nachkomme der Foxhounds Whaddon Chase Tarquin und Oakley Sarah. Auf diese Weise haben wir ein faszinierendes Bindeglied zur Vergangenheit erhalten.

Als Vererber hatte Bucky nur eine recht kurze Karriere, da er recht früh steril wurde. Aber er ist der Vater von Ch. Fertrac Anika, der Mutter mehrerer Fertrac Champions, von Sylvias Beacott Bellman (Vater von Ch. Bondlea Poet) und natürlich von Kittoch Garland, der Mutter von Ch. Soloman of Dialynne, einem herausragenden Vererber. Ich war sehr gerührt, als Sylvia Mikey (Ch. Dialynne Tolliver of Tragband), einem Soloman Sohn und damit Bucky Enkel, seine zweite Anwartschaft und das BOB verlieh und in ihrem Bericht schrieb: »Als ich ihn im Gruppenwettbewerb betrachtete, fiel mir seine große Ähnlichkeit mit dem jungen Bucky auf.« Sylvia machte auch die von Mal Phillips gezüchtete Ch. Fertrac Bramble of Beacott zum Champion, eine Tochter von Ch. Soloman of Dialynne und Ch. Anika, die damit Bucky auf beiden Seiten ihres Stammbaums trägt.

BONDLEA

Marion Hunts Zwingername wurde 1970 registriert und ihr erster Beagle, Sonnet of Bondlea, eine Tochter Ch. Rossut Foremans, wurde vom Rossutzwinger gekauft. Verpaart mit Ch. Deaconfield Rampage, brachte sie Bondlea Cherish, die zwei Anwartschaften gewann. Sie hatte zwei Würfe; da es aber gesundheitliche Probleme mit den Welpen gab, stand für Marion fest, dass sie eine weitere Zuchthündin brauchte. Von der verstorbenen Nicky Wetton erhielt sie Chasedene Carmen of Bondlea, eine Tochter von Brackenvale Bellman (Ch. Dufosee Harris Tweed - einer Tochter von Ch. Raimex Tinder) und Chasedene Cornelia, die vorwiegend Chasedene Vorfahren hinter sich hatte, verbunden mit Forrardon, Clovergates und Korwin Linien. Carmen gewann eine Anwartschaft und ein Reserve, überzeugte jedoch als Zuchthündin. Mit Beacott Bellman, einem echten Outcross, brachte sie Ch. Bondlea Poet, Marions ersten Champion, der elf Anwartschaften und acht Working Certificates gewann. Er gewann bis zum Alter von elf Jahren auch viele Veteranenwettbewerbe und trotz eher begrenztem Einsatz in der Zucht, brachte er doch mehrere recht erfolgreiche Nachkommen. Carmens zweiter Wurf fiel nach Ch. Mistylaw Willy Nilly, hinter dem viel Korwinblut steht; und geboren wurde Ch. Bondlea Pebbles, die neun Anwartschaften und drei Working Certificates gewann. Ihren irischen Titel gewann sie auf fünf aufeinander folgenden Ausstellungen, eine echte Seltenheit! Sie hat Sieger unter ihrer Nachkommenschaft, doch sah es eine Zeit so aus, als sollte sie keine Welpen bekommen. Deshalb kaufte Marion von Val Hargrave Valsacre Tactful of Bondlea, eine Tochter von Ch. Raimex Tinder und Ch. Valsacre Liberty. Sie wurde bis zu ihrem Titelgewinn gemeinsam mit Jo Norris ausgestellt und wurde 1995 Rassebeste auf Crufts.

Reg und Hazel Harrons Ch. & Ir. Ch. Broharrons Duffy stammt von Ch. Broharrons Harlequin und von einem Bruder von Ch. Broharrons Carly. Ich bin mir sicher, dass er weit mehr gewonnen hätte, wäre er in Großbritannien ansässig gewesen.
Foto: Diane Pearce.

BROHARRONS

Da Reg und Hazel Harron in Nordirland lebten, hatten sie immer beträchtliche Entfernungen zurückzulegen, um ihre Hunde auszustellen. Und trotzdem hat ihr kleiner Zwinger mehrere vorzügliche Hunde im Laufe der Jahre hervorgebracht, von denen einige zweifelsfrei eine größere Zahl an Siegen erreicht hätten, wären sie auf der Hauptinsel ansässig gewesen. Die Harrons stießen 1962 mit O'Mally's Rifleman, einem in ihrer Gegend gezogenen Hund, zur Beagleszene; und er war auch der erste Beagle in Irland, der »Bester Hund der Ausstellung« wurde. Dann kauften sie von den Claytons Barvae Rimple, die 1963 in Belfast ihre erste Anwartschaft unter Douglas Appleton gewann. Sie wurde für Hazel und ihren inzwischen verstorbenen Ehemann der erste britische Champion. Dialynne Posy kam hinzu und wurde ebenfalls Champion. Später wurden drei Cornevons hinzugekauft, die Wurfgeschwister Gaylad und Greensleeves, sowie Finian. Aus der Verbindung Finian - Posy kamen wunderschöne Köpfe, gute Knochen und freie Bewegung; und diesen beiden Hunden schreibt Hazel auch den größten Teil ihrer Erfolge zu. Von ihren Nachkommen wurde Ch. Broharrons Thistle Champion, während sich Broharrons Clover um die Zucht verdient machte. Mit Ch. Dialynne Gamble brachte sie Ch. Broharrons Harlequin, eine wirklich zauberhafte Hündin.

Später wurde Deanery Deloes, ein Sohn von Ch. Korwin Monitor und Ch. Deanery Dream Girl, dazugekauft, und auch er wurde irischer Champion. Zu seiner Nachzucht gehören Ch. Broharrons Silk und deren Wurfschwester Sash, die, verpaart mit Kieldorn's Karl, einem Sohn von Broharrons Thatch und Broharrons Clementine (beide gleich gezogen, mit starken Verbindungen zu den Cornevon Hunden) Ch. Broharrons Carly warf. Ch. Broharrons Thistle wurde von Ch. Southcourt Wembury Merryboy gedeckt und warf Broharrons Merrygirl. Verpaart mit Irish Ch. Deanery Deloes warf sie Ch. Broharrons Repeat, mit dem Pat Huey ihren erfolgreichen Lismoyle Zwinger startete. Der erste Championrüde, den die Harrons selbst zum Titel führten, war der äußerst attraktive Ch. Broharrons Duffy. Er war der Sohn von Ch. Harlequin und Broharrons Dooley, einem Bruder von Ch. Carly. Ich bin mir sicher, dass Duffy viele, viele Anwartschaften gewonnen hätte, wäre er in ganz Großbritannien ausgestellt worden; und meiner Ansicht nach ist er der beste Broharrons überhaupt. Ein Sohn Duffys, Broharrons O'Connor brachte drei Championhündinnen - Ch. Broharrons Lace, Ch. Tarlog Brevity und Ch. Tarlog Sweet Chloe.

Ch. Caurniehill Yokels Geschichte erinnert an ein Märchen. Nachdem er zweimal zurückgegeben wurde, brachte ihn seine Züchterin Kathleen Cooper bei der Familie MacAulay unter, die erstmals 1993 auf Crufts mit ihm an einer Ausstellung teilnahm. Dort sahen sie, wie er, von Kathleen vorgeführt, die Anwartschaft bei den Rüden gewann. Es sagt viel über Yokels Wesen aus, dass er sich trotz einer vernachlässigten Jugend so fröhlich zeigt.
Foto: Diane Pearce.

CAURNIEHILL

Kathleen Cooper muss eine der weit gereistesten Ausstellerinnen sein, hat sie doch ihre Hunde regelmäßig von Schottland aus vorgestellt, und nur wenige Ausstellungen versäumt. Ihr erster Beagle, Caurniehill Lass, war in erster Linie Familienhund, aber sehr erfolgreich auf Gehorsamswettbewerben. Sie hatte durch ihren Vater Kittoch Archer (Ch. Wembury Archie - Ch. Grattondown Melba) einige gute Hunde in ihrer Abstammung und ließ Kathleen auch an Ausstellungen Gefallen finden. Verpaart mit Korwin Butler brachte sie Caurniehill Courtesy und mit deren Schwester Clarinet den ersten Caurniehill Champion. Courtesy wurde mit Dorabells Consort, einem Sohn von Korwin Concorde, verpaart, und es fiel Ch. Caurniehill Dancer, meiner Ansicht nach die beste von Kathleens Champions. Zusammen mit Ch. Newlin Prefect brachte Clarinet Ch. Caurniehill Fortune, während schon in einem früheren Wurf nach Ch. Mistylaw Chuckle of Millmar ein lemon & white Rüde namens Caurniehill Yokel gefallen war. Yokels Geschichte erinnert an ein Märchen. Da Kathleen sich keine Rüden behält, hatte sie ihn mit acht Wochen als Haushund an eine Familie verkauft. Von dort wurde er ein Jahr später in recht erbärmlichem Zustand zurückgegeben. Er wurde aufgepäppelt und dann an einen anderen, sehr guten Platz gegeben. Aber ein weiteres Jahr später kehrte er als Scheidungsnachlass wieder zu Kathleen zurück! Da hörte sie von einem Ehepaar, das verzweifelt Ersatz für einen ihnen gerade verstorbenen Korwin Beagle suchte. Man kam überein, dass die MacAulays ihn sich von einer lokalen Ausstellung abholen sollten, wo Kathleen ihn gemeldet hatte. Er gewann das BOB, die Gruppe und wurde Bester der Ausstellung! Das nächste Mal kamen die MacAulays zur Ausstellung, als Kathleen Yokel für sie 1993 auf Crufts vorführte, wo Harry Jordan richtete. Er gewann die Anwartschaft und vollendete später auch seinen Championtitel. Yokel ist ein sehr korrekter Hund, und es sagt viel über sein Wesen, dass er sich trotz mehrerer Besitzerwechsel und nicht nur guter Erfahrungen, so extrovertiert im Ausstellungsring zeigt.

Wyn Mahoney begründete ihren Crestamere Zwinger mit drei Halbschwestern. Ihr erster Champion, Ch. Crestamere Orchid, stammte aus der Verpaarung eines Sohnes mit der Halbschwester seiner Mutter. Orchid war eine der wenigen Hündinnen, die Knochen und Substanz mit hoher Qualität verbinden.
Foto: Diane Pearce.

CRESTAMERE

Wohl wenige Angehörige der Beaglewelt sind so beliebt wie Wyn Mahoney, die immer bereit ist zu helfen und neue Aussteller zu ermutigen. Wyn hatte mit der Zucht und dem Ausstellen von Labrador Retrievern begonnen und dann Beagles mit in ihren Zwinger aufgenommen. Crestamere Alice of Stubblesdown (Ch. Appeline Glider - eine Tochter von Solomon of Stanhurst), Crestamere Charming of Stubblesdown (Halbschwester nach Ch. Elmhurst Playmate) und Crestamere Echo of Stubblesdown (einer weiteren Halbschwester nach Ch. Barvae Benroe Wrinkles) bewährten sich als zwar ungewöhnlicher, aber äußerst sinnvoller Grundstock für die Crestameres. Echo wurde mit Ch. Appeline Cannon verpaart und Wyn behielt sich einen Rüden aus diesem Wurf, Crestamere Index. Er deckte Charming, die Halbschwester seiner Mutter, und es fiel die erste so vieler Champions, Ch. Crestamere Orchid, eine sehr beliebte und bewunderte Hündin in der Beagleszene. Verpaart mit Ch. Deaconfield Rampage brachte sie Ch. Crestamere Kerry Dancer, nach einem Deckakt mit Rossut Gaffer, den ersten Champion für Joan Buchan, Crestamere Solomon of Owlden. Mit Rossut Paragon of Crestamere wurde ein Gaffer Sohn zugekauft, dessen Mutter war die wunderschöne Rossut Colinbar Phantom. Dies verstärkte die Verbindung mit Stubblesdown, denn Phantoms Mutter war Treetops Envy of Stubblesdown, eine Echo Schwester. Paragon deckte Crestamere Katie, eine Tochter von Charming und Ch. Wendover Bounty. In diesem Wurf fiel Ch. Crestamere Twilight of Rossut. Paragon deckte die Index Tochter Crestamere Harmony und es folgte Ch. Crestamere Snowdrop.

Orchids Schwester Oona wurde von Ch. Redgate Marquis gedeckt und es fiel Ch. Crestamere Promise of Haliloo. Aus der Verbindung von Promise und Solomon behielt Wyn Ch. Crestamere Truth, während Promise mit Paragon die Championbrüder Crestamere Ruler und Crestamere Monarch of Owlden brachte. Ruler - Crestamere Tartan Lass, eine Tochter von Ch. Korwin Monitor und Ch. Crestamere Kerry Dancer, brachte Doug und Wendy Hall Crestamere Flower of Cliffmere und half ihnen bei der Gründung ihres Zwingers. Truth wurde von Deaconfield Rampant gedeckt und es folgte eine weitere Championhündin, Crestamere Chimer. Thelma Hosking führte Ch. Ditchmere Crestamere Norma, Tochter von Ch. Appeline Cannon und der Orchid Schwester Opal, zum Titel. Mitte der 70er Jahre vollendete Ch. Norcis Helene of Crestamere ihren Titel, eine Schwester der berühmten Ch. Norcis Hannah. Mit Ch. Dialynne Spice of Crestamere, einer Tochter von Ch. Dialynne Pedlar, wurde Mitte der 80er Jahre eine weitere Hündin zugekauft. Crestamere Beagles haben auch in anderen Ländern Spuren hinterlassen. Die britische Championhündin Twilight kam in Australien zu Titelehren, Crestamere Hotspur wurde Champion in Südafrika, Secret in Argentinien und Sylvester in Simbabwe.

Ch. Deaconfield Rampage, ein herausragender Vererber für den Deaconfield Zwinger der verstorbenen Dolly Macro.
Foto courtesy: Debbie Taylor.

DEACONFIELD

Schon in den 20er Jahren begann sich die inzwischen verstorbene Dolly Macro für Beagles zu interessieren, als sie die Eton College Meute bei der Jagd in Buckinghamshire beobachtete, wo sie im legendären Margaret's Sealyham Zwinger arbeitete. Ihr erster Beagle lief ihr in den 30er Jahren zu, und dann erwarb sie einen Hund der Reynaltonlinie. Ihre Linienzucht begann sie dann mit Stanhurst Rachel, einer Hündin, die sie von Yvonne Oldman, die unter dem Zwingernamen Barsheen züchtete und später mit Bloodhounds größere Erfolge hatte, erwarb. Rachel wurde mit Ch. Barvae Statute verpaart, und so wurde 1958 Ch. Deaconfield Rebecca geboren, die zehn Anwartschaften gewann. Rebecca wurde von Ch. Barvae Paigan gedeckt und es folgte Ch. Deaconfield Ripple. Da diese Verpaarung so erfolgreich war, wiederholte Dolly sie 1962, und es fielen Ch. Rossut Deaconfield Ravish, die für die Suttons Titelehren erwarb und Deaconfield Regan, die im heimischen Zwinger blieb. Verpaart mit Ch. Larkholme Andima Classic Major, einem Sohn von Ch. Appeline Cannon, warf Regan Ch. Deaconfield Rampage, einen harepied Rüden, der Vater mehrerer bedeutender Champions wurde, unter anderem von Ch. Deaconfield Random. Mit Ch. Dialynne Huntsman brachte Ripple Ch. Deaconfield Renown.

Dolly gehörte einer Generation an, die zum Richten gezwungen werden musste. Aber 1970, als diese Ehre längst überfällig war, vergab sie dann doch ihre erste Anwartschaft. Der Höhepunkt ihrer Karriere als Richterin war 1984, als sie Crufts richtete und das BOB an Ada, Ch. Too Darn Hot for Tragband gab. Dies war gleichzeitig der Höhepunkt meiner Karriere als Aussteller, nicht nur des Sieges wegen, sondern wegen der Richterin, die diesen ermöglichte. Dolly Macro wurde von der Beaglewelt in höchsten Ehren gehalten. Glücklicherweise wird ihr Zwingername nun von ihrer Enkeltochter Debbie Taylor auch im Ausstellungsring weitergeführt.

FERTRAC

Mal und Stella Phillips kauften ihren ersten Beagle, eine Enkeltochter von Ch. Appeline Cannon, 1977. Nach dem Besuch mehrerer Ausstellungen merkten sie schnell, dass ihr die Qualität zu einer guten Ausstellungshündin fehlte; so kauften sie zwei Jahre später Rosspark Rosebud von Jack Holland, eine sehr gut gezüchtete Hündin, deren Großväter die zu jener Zeit sehr beliebten Ch. Beacott Buckthorn und Ch. Rossut Foreman waren. Die Phillips waren der Ansicht, dass für den ersten Wurf nur Ch. Beacott Buckthorn als Deckrüde in Frage käme (ich glaube, nicht viele Neulinge hätten eine derart enge Verpaarung als so nahe liegend angesehen!), dabei erwies sich ihr Gefühl als richtig, denn es brachte ihnen mit Fertrac Anika ihren ersten Champion. Anika gewann sieben Anwartschaften, überzeugte aber in noch stärkerem Maße als Zuchthündin. Sie wurde dreimal von Ch. Soloman of Dialynne gedeckt, wodurch ihre Buckthornlinie noch einmal verstärkt wurde. Im ersten Wurf fielen Sylvia Tutcheners Ch. Fertrac Bramble at Beacott und Wyn Griffiths Ch. Fertrac Benita of Barneydore, beides Hündinnen. Aber es war ihr Bruder, der im heimischen Zwinger blieb, der die beiden noch übertraf. Ch. Fertrac Brandy gewann 31 Anwartschaften und 25 BOBs. Hinzu kamen 20 Reserveanwartschaften, mehrfache Gruppengewinne und zweimal wurde er zweitbester Hund der Ausstellung. In einem Jahr gewann er den Wettbewerb um den besten Waliser Champion und zweimal war er Rassebester auf Crufts. Auch als Vererber hat er sich bewährt und unter seiner Nachzucht sind mehrere Champions, wobei er vor allem sein extrovertiertes Wesen, seine grandiose Ringpräsenz und seine außergewöhnlich gute Hinterhand weitergegeben hat. Zwei Wiederholungen dieser so erfolgreichen Verpaarung brachten Ch. Fertrac Coira (die auch Irischer Champion wurde), Fertrac Cognac, der nach Deutschland ging, Fertrac Carisma, die in Neuseeland Championnachwuchs brachte und Fertrac Debutant, der ebenfalls nach Neuseeland ging.

JANFREY
Eine Zeit lang bildeten Jane (geb. Bradley) und Jeff May mit ihren Beagles eine Zwingergemeinschaft mit dem Dufosee Zwinger von Janes Mutter, bevor sie dann ihren eigenen Janfrey Zwinger eintragen ließen. Bis zu diesem Zeitpunkt hatten sie mehrere Dufosee Beagles erfolgreich ausgestellt, darunter Ch. Dufosee Nobility, Ch. Dufosee Modesty und deren Wurfschwester Dufosee Madonna, die zwei Anwartschaften gewann. Madonnas Tochter nach Ch. Soloman of Dialynne, Janfrey Angelica, wurde der erste Champion mit dem eigenen Namenszusatz. Janfrey Fashion, Madonnas Tochter nach Ch. Dufosee Nobility wurde von Ch. Dialynne Tolliver of Tragband gedeckt und ist die Mutter der gegenwärtigen erfolgreichen Janfrey Beagles.

JESSON
Was die Beständigkeit des Typs betrifft, so ist der Jesson Zwinger von Honor und Jesper Eades in der jüngeren Beaglegeschichte sicherlich an vorderer Stelle zu nennen. Die Jessons begannen mit Forrardon Rhapsody, einer sehr korrekten, zweifarbigen Hündin mit freiem Bewegungsablauf, Tochter der beiden Forrardon Champions Foxtrot und Chantress. Für Honor Eades war Bewegung immer von größter Bedeutung, und so wählte sie Ch. Houndswood Havoc, einen Sohn von Ch. Deaconfield Rampage als Deckrüden für Rhapsody. Aus dieser Verpaarung gingen die berühmten rot/weißen Championgeschwister Ch. Jesson Fencer und Ch. Jesson Fantasy hervor. Dann bekam Rhapsody Welpen nach Ch. Dialynne Gamble, und unter den Welpen war Jesson Ranter. Verpaart mit seiner Halbschwester Fantasy brachte er Jesson Whimsey. In der Zwischenzeit hatte Honor begonnen, eine zweite Linie aufzubauen, indem sie mit Ch. Sonnet of Dialynne eine Enkeltochter Gambles hinzunahm, von der Honor behauptet, sie habe die perfekteste Front und die schönsten Pfoten gehabt, die sie je gesehen habe. Sonnet wurde mit dem Gamble Sohn Ch. Dufosee Harris Tweed verpaart, dessen freie Bewegung Honor sehr gefiel. Hieraus kam einer der herausragendsten Jessons überhaupt - Ch. Jesson Saddler. Er war ein Hund von höchster Qualität und voller Stil, was ihm den Gewinn von 16 Anwartschaften und einem zweiten Platz in der Gruppe einbrachte. Er stellte seinen Bruder Seeker deutlich in den Schatten, doch sollte letzterer auf der Hound Show 1982 »Bester Hund der Ausstellung« werden. Aus einer Wiederholungspaarung gingen Ch. Jesson Lancer und seine Schwester Lacy hervor.

Um die beiden Linien, mit denen sie züchtete, zu vereinigen, verpaarte Honor Whimsey mit Saddler. Der erste Wurf dieser beiden brachte Ch. Jesson Barley, eine Wiederholung Ch. Jesson Thrifty. Ich erinnere mich besonders an Thrifty, da ich sie im Alter von zehn Monaten auf der Birmingham City-Ausstellung richtete. Ihre ältere Schwester Barley hatte die Offene Klasse gewonnen und besaß bereits zwei Anwartschaften. Thrifty hatte die Puppy Class gewonnen. Ich glaube, Honor hoffte, die dritte Anwartschaft mit Barley zu gewinnen, doch ich konnte Thriftys

Die Jesson Zwillinge Ch. Jesson Fantasy und Ch. Jesson Fencer; gezüchtet von Honor Eades aus Ch. Houndswood Havoc - Jesson Rhapsody.

Foto: Diane Pearce.

Charme einfach nicht widerstehen und und gab die Anwartschaft und das BOB an sie, während Barley mit dem Reserve vorlieb nehmen musste. Glücklicherweise vollendeten beide ihre Titel. Thrifty wurde von Ch. Soloman of Dialynne gedeckt und es folgte Ch. Jesson Mercy. Die zweite Verpaarung erfolgte mit Ch. Bayard Zachariah, beide liniengezüchtet, aber mit etwas anderem Schwerpunkt. Mit Zachariah brachte Thrifty Ch. Jesson Quaintly, die 33 Anwartschaften gewann, eine großartige Leistung für eine zweifarbige Hündin und deren dreifarbigen Bruder Ch. Jesson Quester. Mercy wurde mit dem amerikanischen Importrüden Ch. Am. Ch. Pin Oaks Dynasty of Appeline (Zachariahs Vater) verpaart und es fielen Ch. Jesson Clinker und Ch. Jesson Chancy of Dialynne. Die beiden Linien wurden mit der Verpaarung von Quaintly und Clinker erneut zusammengebracht und das Ergebnis war Ch. Jesson Firefly. Der letzte Champion dieses Zwingers ist Ch. Jesson Swiftly, eine Tochter von Ch. Mercy und Ch. Dufosee Yen. Chancy hat für Dialynne Ch. Dialynne Chances Are geworfen, als sie mit ihrem Großvater Soloman verpaart wurde. Jesson ist einer der wenigen Zwinger, der nie Probleme mit der Größe oder Rückenlänge hatte, und wo die Mehrzahl der Hunde einander typmäßig äußerst ähnlich ist.

LISMOYLE

Pat Huey hatte einen ihrer zwei Beagles verloren und beschloss, für den überlebenden zweiten einen Gefährten zu kaufen. Sie hatte in ihrer Heimat Nordirland gemeinsam mit einer Freundin, die Afghanen ausstellte, Ausstellungen besucht und die im Ausstellungsring siegreichen Beagles bewundert, von denen die Mehrzahl aus dem Zwinger der Harrons kam. Im März 1977 teilte Hazel Harron Pat telefonisch mit, dass sie einen viel versprechenden Rüden hätten, den sie haben könne. Für Pat war es Liebe auf den ersten Blick, und dieser aufgelöste Dreifarbige war Ch. Irish Ch. Broharrons Repeat. »Pete« hatte auch in Großbritannien viele Bewunderer; eine davon war Eleanor Bothwell, die ihre Hündin Crestamere Martha (Ch. Crestamere Ruler - Ch. Norcis Helene of Crestamere) von ihm decken ließ und so Ch. Norcis Ashes erhielt.

Pat wollte nun unbedingt ihren eigenen Zwinger gründen und kaufte von Eleanor Norcis Beaula, eine Tochter von Martha und Norcis Taurus (Ch. Dufosee Harris Tweed - Ch. Norcis Hannah, Wurfschwester von Marthas Mutter Ch. Helene). Wie von Anfang an geplant, wurde Beaula von Pete gedeckt, was Pat zwei Champions brachte, Ch. Irish Ch. Leaburn Bracken und Ch. Irish Ch. Lismoyle Bonnet. Um bei ähnlichen Blutlinien zu bleiben, wurde Beaula später von Rossgay Remedy gedeckt, der sehr eng auf Ch. Korwin Monitor, den Vater von Hannah und

Ch. und Irish Ch. Leaburn Bracken wurde von Pat Huey aus ihrem ersten Champion Ch. & Irish Ch. Broharrons Repeat - Norcis Beaula gezüchtet.

Foto: Diane Pearce.

Helene, gezüchtet war. Diese Kombination erwies sich als noch erfolgreicher. Es fielen Ch. Irish Ch. Lismoyle Chorus, die in Irland die Gruppe gewann und 1992 Nordirlands »Hound of the Year« wurde, Irish Ch. Lismoyle Caliban und Linda Hawleys Ch. Lismoyle Circe of Bennae. Bonnet hat einen Wurf mit Ch. Bondlea Poet und aus diesem stellt Pat zur Zeit Irish Ch. Lismoyle Dexter und seine Schwester Debutante aus. Vater des letzten Lismoyle Wurfs ist Rossgay Rambler, wodurch die Blutlinien, die Pat bei der Gründung ihrer Zucht wählte, verstärkt wurden.

LOWYCK

Auch wenn viele meinen, dass der Lowyck Zwinger von Pat und Colin Lomax seinen Anfang mit Bayard Syndicat of Lowyck nahm, so halten diese doch schon seit den späten 60er Jahren Beagles und begannen mit einer Tochter von Ch. Appeline Cannon. Sie verpaarten sie mit Pinewood Caddy und behielten sich Lowyck Blackberry Girl, die mit Ch. Southcourt Wembury Merryboy Lowyck Challenger warf, der einige Erfolge im Zuchtbuch verzeichnen durfte. Kinder und berufliche Verpflichtungen ließen die Familie Lomax einige Jahre lang dann kaum in Erscheinung treten. Später kauften sie dann aber von Jill Peak Bayard Ruth of Lowyck, eine Tochter Zachariahs sowie Bayard Syndicat of Lowick, eine Tochter von Zachariah und Tragband Cat on a Hot Tin Roof. Syndicat machte eine tolle Karriere, gewann viele Anwartschaften und im gleichen Jahr das BOB auf Crufts unter Veronica Bradley und »Best In Show« aller Rassen in Windsor. Ruth wurde dann mit ihrem Großvater, dem Importrüden Ch. Am. Ch. Pin Oaks Dynasty of Appeline verpaart, woraus Lowyck Honeysuckle, die auch schon Anwartschaften gewann, folgte. Syndicat hatte kürzlich einen Wurf nach Ch. Dialynne Tolliver of Tragband, eine interessante Verpaarung, da beide von Wurfschwestern stammen, in dem die »Pup of the Year« Qualifikantin Lowyck Kissin Cousin fiel.

MILLMAR

Ein weiterer der sehr erfolgreichen kleineren schottischen Beagle Zwinger ist der von Isobel Miller, die seit 1963 in der Rasse ist. Isobel züchtete ihren ersten Champion, einen zweifarbigen Rüden namens Millmar Mellow Russet, indem sie ihre Hündin Millmar Joyful Miss

Die von Isobel Miller gezüchtete Ch. Millmar Brevity, Tochter von Korwin Butler und Millmar Barley Sugar, sowie Mutter von Ch. Millmar Beeswax. *Foto: Diane Pearce.*

von Ch. Easthazel Miniman decken ließ. Richtig erfolgreich wurde das Zuchtprogramm dieses Zwingers mit dem Erwerb von Mardabevian Bangle, einer Tochter von Ch. Dialynne Gamble und Pinewood Charlotte. Mit Ch. Kernebridge Young Jolyon brachte Bangle Millmar Barley Sugar. Als diese mit Korwin Butler verpaart wurde, fielen zwei dreifarbige Champions - Ch. Millmar Brevity, die von ihrer Züchterin ausgestellt wurde, und Ch. Millmar Barrister of Korwin, der von Christine Watson nach Australien geschickt wurde. 1986 kam mit Mistylaw Chuckle ein Sohn der beiden Mistylaw Champions Willy Nilly und Homespun dazu. Chuckle gewann sieben Anwartschaften und ist bis jetzt der Vater dreier Champions, darunter Ch. Millmar Beeswax, einer Tochter von Ch. Brevity. Sowohl Chuckle (1989) als auch seine Tochter Beeswax (1993) hatten die Ehre, auf der Clubsiegerschau des Beagle Clubs den Rassebesten zu machen.

MISTYLAW

Betty Lawson-Whytes Zwinger wird seit langem mit Boxern in Verbindung gebracht und seit neuestem auch mit Englischen Settern und Sibirischen Huskies; doch am bekanntesten ist er durch die Beagles geworden. In den frühen 50er Jahren wurde der Zwingername Mistylaw eingetragen, und damals wurden in dem Zwinger ausschließlich Boxer gezüchtet. Gemeinsam mit Meg Hunter fühlte sich Betty zu den Beagles hingezogen, gründete mit dieser den Linister Zwinger und erwarb Barvae Faithful, Rossut Bluetit und Linister Polly Wolly Doodle, die alle Wendover- und Barvaeblut hinter sich hatten. Eine große, betriebsame Hundepension hinderte Betty, regelmäßig auf Ausstellungen zu erscheinen; trotzdem gewann die ungewöhnlich gefärbte Bluetit, eine blue, tan and white Hündin, eine Anwartschaft und ein Reserve. Zu jener Zeit hatten alle Linister Beagles auch Erfahrungen auf der Hasenjagd. Später gingen die Beagles mit im Mistylaw Zwinger auf. Barvae Faithful wurde mit Ch. Deaconfield Rampage verpaart und brachte Linister Harvester, einen hare-pied Rüden, der mit gutem Erfolg von Christine Watson für den Korwin Zwinger als Deckrüde benutzt wurde. Polly Wolly Doodle wurde von Ch. Easthazel Miniman gedeckt und es fiel Linister Mini Mum. Sie wurde mit Harvester verpaart und dies ergab Linister Damson. Damson wurde mit dem Int. Ch. Korwin Concorde, einem direkten Nachkommen von Harvester, verpaart und Ch. Mistylaw Homespun, Mistylaw Helter Skelter und Mistylaw Henchman, der nach Deutschland ging und hier jagdliche Prüfungen an Hase und Ente ablegte. Homespun war eine bemerkenswerte Hündin von hoher Qualität mit vorzüglichem Bewegungsablauf. Ich erinnere mich noch sehr gut an die vielen überraschten Gesichter, meines eingeschlossen, als sie 1990 auf der Clubsiegerschau des Schottischen Beagle Clubs unter mir Beste der Ausstellung wurde - und dies im Alter von zehn Jahren, wobei sie allerdings höchstens halb so alt aussah.

Helter Skelter wurde mit ihrem Großvater Korwin Butler verpaart, und Betty behielt sich Mistylaw Lydia. Als diese gedeckt werden sollte, fuhr Betty nicht zum neuesten Champion, sondern wählte den wenig bekannten Zedell Luque, einen Butler Sohn nach Korwin Ilyana of Mistylaw (Ch. Dialynne Gamble - Ch. Dancer of Korwin). Aus dieser engen Verpaarung gingen Ch. Mistylaw Party Piece und ihr Bruder Ch. Mistylaw Willy Nilly hervor. In der Zwischenzeit war Ch. Mistylaw Homespun in einer Outcross-Verpaarung von dem amerikanischen Importrüden Ch. Am. Ch. Graadtres Hot Pursuit of Rossut gedeckt worden. In diesem Wurf waren die Rüden Mistylaw Atlas und Mistylaw Abbot of Keepersgate, die beide Anwartschaften gewannen.

Sicherlich gehört Crufts 1987, als Madge Openshaw die Beagles richtete, zu den denkwürdigsten Ausstellungen für die Besitzerin des Mistylaw Zwingers. Bester Rüde und Rassebester wurde zwar Hot Pursuit, aber alle anderen Hauptpreise wurden von den Mistylaws mit nach Hause genommen. Ch. Homespun gewann die Anwartschaft bei den Hündinnen, Atlas (Sohn von

Hot Pursuit) das Reserve bei den Rüden, während das Reserve bei den Hündinnen an Mistylaw Comfort of Korwin (Homespuns Tochter nach Willy Nilly und Schwester von Ch. Mistylaw Chuckle of Millmar) ging! Ch. Willy Nilly ist bis heute der Vater von fünf Champions und war 1990 der erfolgreichste Vererber der Rasse. Seine Verpaarung mit Homespun war so erfolgreich, dass die Wiederholung dieses Deckaktes keine Überraschung war. In diesem Wurf war Ch. Mistylaw Gentleman, der auf der Jahrhundert-Jubiläumsausstellung des Beagle Clubs das BOB gewann. Tatsächlich haben drei Mistylaw Rüden dies auf der Clubsiegerschau des die Rasse gründenden Clubs getan - Willy Nilly und seine beiden Söhne Chuckle und Gentleman.

NEDLAW

Patience und Patrick Walden gründeten ihren Zwinger mit Houndsmark Mulberry, und alle ihre heutigen Sieger gehen auf deren Nachzucht nach Ch. Barterhound Hammerlyn zurück. Zwei Töchter, Nutcracker und Nutmeg, haben immer wieder siegreiche Nachzucht gebracht, darunter Karen Hoggarths Nedlaw Nutshell of Marshcourt (Pancrest Sirocco - Nutmeg), die im Alter von zehn Jahren eine unvergessliche erste Anwartschaft gewann, den erfolgreichen Nedlaw Night Jester (Ch. Mistylaw Willy Nilly - Nutcracker). Doch sollte es der Bruder der beiden »Nuss«-Schwestern, Nedlaw Nightowl, zu einem gewissen Ansehen als Deckrüde bringen, als er 1985 von Maureen Dundas für ihre Hündin Leeshir Sunflower at Julemark genommen wurde. Ein zweifarbiger Rüde aus diesem Wurf, Julemark Hotspur by Nedlaw, kam im Alter von neun Monaten zu den Waldens und wurde unter beider Namen ausgestellt. Er gewann 23 Anwartschaften, 16 mit dem BOB. 1990 und 1991 gewann er unter den alt eingesessenen Rassespezialistinnen Betty Lawson-Whyte und Patricia Clayton das BOB auf Crufts. Seinen bedeutendsten Sieg erlangte er 1992 in Windsor, wo er unter Leonard Pagliero Bester Hund der Ausstellung wurde, auch wenn mir eine seiner beiden Besitzerinnen versichert hat, dass der Gewinn des Reserves, als ich in Darlington die Gruppe richtete, fast genauso aufregend gewesen sei! Ich glaube, das lag daran, dass Hotspur nicht das war, was man für »meinen« Typ hielt; aber an seiner Ausgewogenheit, seinem Aufbau und seinem Gangwerk konnte man nicht vorbeigehen. Hotspur gewann zwei Working Certificates und ist Vater mehrerer Champions, darunter Ch. Raimex Cracker, der schon eine Vielzahl an Anwartschaften gewonnen hat.

NEWLIN

Der Newlin Zwinger wurde von Liz Calikes gegründet und später auf David Bradley, der mit Dufosee begonnen hatte, erweitert. Liz begann mit zwei Welpen, die sie von George Cooks Eskaidee Zwinger als Familienhunde gekauft hatte, Eskaidee Snoopy und Eskaidee Peanut. Diese beiden wurden miteinander verpaart und brachten Newlin Nutmeg. Sie war auf kleineren Ausstellungen recht erfolgreich und wurde von Ch. Korwin Monitor, ihrem Urgroßvater mütterlicher- und väterlicherseits, gedeckt. Es fiel der scheinbar ewig junge Ch. Newlin Prefect. Dann wurde Norcis Roxanne at Newlin, eine Tochter von Ch. Dufosee Radleigh of Tragband und Ch. Norcis Hannah, hinzugekauft, um mit Prefect verpaart zu werden. In diesem Wurf fiel Ch. Newlin Opium. Eine jüngere Halbschwester von Opium, Newlin Kersey, wurde an Hazel Deans verkauft, die sie von ihrem Großvater Prefect decken ließ und Ch. Newlin Gempeni Truant erhielt. Für Kathleen Cooper brachte Prefect Ch. Caurniehill Fortune.

In der Zwischenzeit hatten David und Liz von mir Tragband In Town Tonight at Newlin bekommen, einen Sohn von Ch. Dufosee Influence und Ch. Too Darn Hot for Tragband. Er wurde 1986 »Top Beagle Puppy«, während Opium im selben Jahr »Top Beagle Bitch« wurde. Als In Town Tonight, inzwischen auch Champion, eine Prefect Tochter deckte, fiel Madika

Liz Calikes und David Bradleys Ch. Newlin Gempeni Truant, ein Sohn von Ch. Newlin Prefect und dessen eigener Enkeltochter Newlin Kersey. Foto: Diane Pearce.

Talkback to Newlin, die eine Anwartschaft und mehrere Reserve gewann. Obwohl sie eine sehr schöne, qualitätsvolle Hündin war, schaffte sie es leider nicht, ihren Titel zu vollenden. Talkback wurde mit Truant verpaart, wodurch Prefects Einfluss verdoppelt wurde. Das Ergebnis war der neueste Newlin Star, Ch. Upsadaisy, die ihre erste Anwartschaft gewann, nachdem sie einige Monate zuvor einen interessanten Wurf nach Ch. Dialynne Tolliver of Tragband gehabt hatte. Ein Welpe aus diesem Wurf, Newlin Abbie from Tragband, ist seit vielen Jahren einer der ersten britisch gezogenen Welpen, der in die USA exportiert wurde, wo Terri Giannetti und Ted Swedalla vom Beowulf Zwinger sie ausstellen und mit ihr züchten werden. Ihre Wurfschwester Newlin Aniseed sorgte für eine Sensation, als sie 1996 im Alter von sieben Monaten auf der Clubsiegerschau des Schottischen Beagle Clubs die Anwartschaft gewann!

NORCIS

Der gegenwärtig erfolgreichste schottische Beagle Zwinger ist der von Eleanor und Frank Bothwell. Sie schafften sich 1967 ihre erste Beaglehündin an und züchteten 1968 den ersten Wurf. Die Bothwells hatten das große Glück, einen männlichen Welpen, Korwin Monitor, von Christine Watson zu kaufen, der ihr erster Champion wurde. Monitor stammte von Korwin Tatler und Rossut Ruffle und hatte viel Tavernmewsblut. Er war ein elegant laufender tricolour Rüde und wurde ein erfolgreicher Deckrüde. Er ist der Vater von sieben Champions, und noch heute versuchen viele Züchter mit großem Erfolg auf ihn zurückzuzüchten.

Sie erwarben dann Ch. Southcourt Hatchet, einer der berühmten, von Ch. Southcourt Wembury Merryboy gezeugten Championbrüder. Als Nächstes kam mit Korwin Rachel eine Korwin Hündin hinzu, die von der Linie her zu Ch. Monitor passen sollte. Sie war die Mutter der berühmten Ch. Norcis Hannah, die die Gruppe und 25 Anwartschaften gewann, sowie ihrer Schwester Ch. Norcis Helene at Crestamere, die von Wyn Mahoney zum Titel geführt wurde. Hannah war für Eleanor der Hund ihres Lebens, und ich habe den heimlichen Verdacht, dass es kein Zufall war, dass Ch. Norcis Foxy Lady einige Jahre später vom Ausstellungsgeschehen zurückgezogen wurde, als ihr lediglich noch eine Anwartschaft zu Hannahs Rekord fehlte. Korwin Eager war ebenfalls hinzugekauft worden, um die Zahl an Zuchthündinnen zu vergrößern. Sie wurde von Ch. Hatchet gedeckt und es fiel Norcis Glory. Anschließend wurde Glory mit Ch. Monitor verpaart, um die Linien enger zu verbinden. Norcis Invader war ein Rüde aus diesem Wurf. Die Bothwells hatten mit Eskaidee Malady auch eine Tochter von Monitor, die mehrere Tavernmewslinien in sich verband, hinzugekauft. Mit Invader brachte sie Ch. Norcis Nelson, der von Tommy und Sandra Smith zum Champion gemacht wurde.

Eleanor hatte Crestamere Martha, eine Tochter von Ch. Helene und Ch. Crestamere Ruler zurückgenommen. Verpaart mit ihrem Großvater Ch. Monitor brachte sie Ch. Norcis Uist. Uist - Ch. Mistylaw Chuckle of Millmar brachte dann Ch. Norcis Moonweaver. In der Zwischenzeit

Eleanor Bothwells Gruppensiegerin Ch. Norcis Hannah, die 25 Anwartschaften gewann. Sie stammt von Eleanors Ch. Korwin Monitor x Korwin Rachel.
Foto: Diane Pearce.

waren Ch. Hannah und Ch. Dufosee Harris Tweed miteinander verpaart worden. Es fiel der gute Vererber Norcis Taurus sowie sein Bruder Teacher, der in den Newlin Zwinger ging. Taurus - Ch. Uist brachte Norcis Etoile, den Vater von Norcis The Hustler. Für eine Outcross Verpaarung mit Etoile wurde Dialynne Sherbert zugekauft, eine Tochter von Ch. Soloman of Dialynne. Aus dieser Verpaarung stammt die überragende Ch. Norcis Foxy Lady, die 24 Anwartschaften gewann - und ich bin stolz darauf, dass die erste von mir war! Taurus hatte auch Crestamere Martha gedeckt und Norcis Beaula gezeugt, mit der Pat Huey ihren Zwinger aufbaute.

Eleanor hatte der Irische Ch. Broharrons Repeat so gefallen, daß sie Crestamere Martha von ihm decken ließ. Hieraus stammten Ch. Norcis Ashes und Pat Hueys Norcis Angus. Ashes, die zwei Blutlinien führte, wurde mit Ch. Soloman of Dialynne verpaart und brachte Ch. Norcis Ike. Aus der Verpaarung Ch. Ike - The Hustler behielt sich Eleanor die Hündin Norcis Odile. Sie wurde von Deanery Brigand gedeckt, einem Sohn von Norcis The Hooker at Deanery, Hustlers Schwester. Hieraus stammt ein weiterer Champion, Norcis Poosie Nansie. Odile hatte auch einen Wurf nach Ch. Sentinel of Dialynne, aus welchem Ch. Norcis The Fisher King hervorging. Ch. Moonweaver brachte mit einer Tochter von Ch. Ike, die viel Korwinblut führte, Ch. Norcis Thrissle. Ch. Norcis Foxy Lady wurde von dem amerikanischen Importrüden Ch. Am. Ch. Pin Oaks Dynasty of Appeline gedeckt, und aus diesem Wurf stammt Norcis Black Gold of Peppermoor von Meg Dixon, dem ich 1995 seine erste Anwartschaft gab. Norcis Hunde haben bei der Entwicklung einiger anderer Zwinger eine erhebliche Rolle gespielt, vor allem bei Deanery, Lismoyle, Newlin und Rossgay.

PERRYSTAR

Jerry Meeks Zwinger ist immer recht klein gewesen und baut auf Forrardon Linnet, einer Tochter von Ch. Appeline Forrardon Beeswing, der 1965 auf Crufts das Reserve gewann, auf. In ihrem ersten Wurf nach Ch. Deaconfield Rampage hatte sie sieben Welpen, von denen drei nach Schweden gingen, wo sie vor allem im Jagdbereich glänzten. Perrystar Vesper errang 1974 den Preis für den besten Jagdbeagle und wurde außerdem Finnischer Champion. Der Deckakt Linnet - Ch. Houndsmark Manful brachte mit Vanity, die sieben Anwartschaften und zwölf Reserve gewann, den ersten Champion für Perrystar. Linnet errang auch ein Working Certificate, da Jerry schon immer ein lebhaftes Interesse an den jagdlichen Aktivitäten der Rasse hatte. Die Verpaarung von Ch. Vanity mit Ch. Crestamere Monarch of Owlden brachte eine Hündin namens Perrystar Vogue. Diese wurde dann von Ch. Houndsmark Mudlark gedeckt. Aus diesem Wurf behielt sich Jerry Perrystar Vixen. Mit Forrardon Digby, einem Sohn von Houndsmark Mulligan, warf Vixen den nächsten Champion, Ch. Perrystar Vinca, die fünf Anwartschaften und ein Working Certificate gewann. Dann wurde Ch. Vinca von Ch. Bondlea Poet gedeckt; aus diesem Wurf stammten Voyager und Visible, die beide Reserveanwartschaften gewannen, sowie

Jerry Meeks Ch. Perrystar Vanity, Tochter ihrer Ausgangshündin Forrardon Linnet und Ch. Houndsmark Manful. Sie war der erste Champion dieses Zwingers und gewann sieben Anwartschaften und ein Working Certificate. Foto: Diane Pearce.

Perrystar Vivid, die erstaunliche zehn Working Certificates errang.

RAIMEX

Diana Browns erster Eintritt in die Hundewelt erfolgte mit Boxern. Ihr erster war Gremlin Inklette, eine Schwester von Marian Fairbrothers legendärem Ch. Gremlin Inkling. Der erste Raimexwurf wurde dann Mitte der 50er Jahre geboren. Dann beschloss Diana, den Haushalt um einen Beagle zu erweitern. Sie kaufte vom Barvae Zwinger zwei Hündinnen, Scribbler und Tokay - und letztere sollte den Grundstein für die Raimex Beagles legen. Ein Wurf Tokays nach Barvae Spotlight, brachte mit Raimex Tiffin eine sehr feminine Hündin mit tollem Kopf und Ausdruck. Verpaart mit Ch. Barvae Pilot warf Tiffin 1965 mit Ch. Raimex Tally den ersten Raimex Champion. Wie so viele Raimex Hunde alterte Tally erst spät und war 10 Jahre lang erfolgreich. Er errang 13 Anwartschaften und gewann 1968 die Gruppe auf der Three Counties Ausstellung. Tallys Schwester Twinkle warf nach Southcourt Tarquin, dem zwar titellosen, aber einflussreichen jüngeren Bruder von Ch. Dialynne Ponder, den nächsten Champion, Ch. Raimex Wager. Der Australische Champion Raimex Widgeon verhalf der Rasse auf dem fünften Kontinent zu einigen der führenden Ausstellungshunde.

Wagers Schwester Raimex Walnut wurde von dem Wurfbruder ihrer Mutter, Ch. Raimex Tally, gedeckt, was die Raimex Linien enger zusammenbrachte. Es fiel Ch. Raimex Tinder. Mit einer Tochter Wagers brachte Tinder dann Raimex Victoria, die Linienzucht war straffer geworden. Victoria wurde von dem herausragenden Deckrüden jener Zeit, Ch. Dialynne Gamble, gedeckt, was dem Zwinger die erstaunlicherweise bis heute einzige Championhündin, Ch. Raimex Pheasant, brachte. Sie war eine wunderschöne Hündin und gewann elf Anwartschaften. Aus diesem Wurf stammen auch der Südafrikanische Ch. Raimex Phoenix of Tanqueray sowie Raimex Psousi, die im Lande blieb und in den Subarrah Zwinger ging. Der nächste Raimex Champion, Ch. Raimex Magician, war abermals ein Sohn von Gamble, diesmal aber nach Raimex Merinda, einer Tochter von Tinder. Um ihre Linie noch enger zu bekommen, verpaarte Diana Magician mit Pheasant. Ein weiterer männlicher Champion war die Folge, Ch. Raimex Peacock. Vorher war Pheasant mit einigen der besten Deckrüden jener Zeit verpaart worden, doch ohne Erfolg. So war die Freude besonders groß. Peacocks Wurfschwester Raimex Pipit war von Ch. Houndsmark Mudlark gedeckt worden und brachte Ch. Raimex Muffler, der später nach Australien ging und dort erfolgreich war.

Ein Stück zurückgehend wurde die Mutter von Ch. Pheasant, Raimex Victoria, mit Ch. Barterhound Hammerlyn verpaart und es fiel Raimex Vita. Mit Gamble brachte diese dann eine Hündin namens Raimex Clement. In einer Outcross Verpaarung wurde sie von dem amerikanischen Importrüden Ch. Am. Ch. Pin Oaks Dynasty of Appeline gedeckt und es fiel Raimex Cressida, die für Val Hargrave den Grundstein des Valsacre Zwingers legte. Diana erhielt einen Welpen aus der Verpaarung von Cressida mit Ch. Raimex Peacock, Raimex Rosefinch. Mit Ch.

Eine wunderschöne Studie von Diana Browns Ch. Raimex Kracker, 1992 Bester Hund der Ausstellung auf der Hound Show. Er stammt von Ch. Julemark Hotspur of Nedlaw und einer Tochter von Ch. Soloman of Dialynne - einer Schwester von Ch. Raimex Pheasant.
Foto: Diane Pearce.

Mistylaw Willy Nilly brachte sie Ch. Raimex Ramsey. Bis heute ist Ch. Raimex Cracker der Hund, der für diesen Zwinger am meisten gewonnen hat. Er wurde 1992 Bester der Ausstellung auf der Hound Show und gewann mehrmals die Gruppe. Er stammt von Ch. Julemark Hotspur of Nedlaw und Subarrah's Kismet of Raimex, einer Tochter von Ch. Soloman of Dialynne und Raimex Psousi, Pheasants Schwester. Trotz verschiedentlicher Outcross Verpaarungen scheinen die Raimex Beagles immer vom gleichen Typ zu sein, sicherlich wegen der recht engen Linienzucht in der Anfangszeit, wodurch ein eigenständiger Typ von sehr korrekten, ausgewogenen Hunden gefestigt wurde.

RIVERSONG

Basil Watertons erste Beaglehündin hieß Draul's Trifle und stammte aus amerikanischem und Meuteblut. 1966 verpaarte er sie mit Ch. Beston Bugler - und dies war der Anfang des Riversong Zwingers. Von Beginn an wollte Basil seine eigene Linie entwickeln, und in der Tat haben die Riversongs ihren eigenen Typ gefunden. Mit den Linien, denen seine Bewunderung galt, züchtete er vier Champions und brachte eine weitere Hündin zu Titelehren. Ch. Riversong Rhapsody gewann sieben Anwartschaften. Die ersten vier gewann sie auf Spezialzuchtschauen in England, Wales Schottland und Irland, wo sie jeweils auch das BOB errang. Sie ist also ein echter britischer Champion! Ihre Eltern waren Ch. Kernebridge Trooper und Riversong Pastime, die auf Basils Ursprungslinie zurückgeht. Verpaart mit Lanesend Raimex Talmer warf Rhapsody mit Riversong Wishful den zweiten Champion. 1984 wurde diese auf der Border Counties Hound Club Championship Show »Best Puppy in Show«.

Riversong Serendipity, eine Schwester von Ch. Rhapsody, wurde mit dem, vorwiegend Dufoseevorfahren aufweisenden, Ivelsyde Fugue verpaart und es fiel Ch. Riversong Prelude, der Vater von Ch. Cadellin Phantom. Prelude war von vorzüglichem Typ, kompakt und solide; mit seinen 39 cm wurde er oft als »Basils kleiner Hund« bezeichnet! In seiner Zeit hatte er es im wahrsten Sinne des Wortes mit einigen der größten Sieger zu tun. Eine weitere Hündin aus der Trooper/Pastime Verpaarung war Riversong Thimble. Als sie von Ch. Soloman of Dialynne gedeckt wurde, erhielt Basil Riversong Rehoboam. Ein weiterer Riversong Champion war Ch. Dialynne Nymph of Riversong, eine der berühmten Soloman/Get Going Kinder.

Basil Watertons erste Championhündin Ch. Riversong Rhapsody war ein echt britischer Champion. Sie gewann die ersten vier ihrer insgesamt sieben Anwartschaften auf Ausstellungen in England, Schottland, Wales und Irland!

Foto: Diane Pearce.

ROSSGAY

Brenda Haslam gründete ihren Zwinger 1969 mit einer jungen Hündin von June Middletons Gaytails. Brenda meinte, dass ihre Hündin Gesellschaft brauchte und erwarb eine zehn Monate alte Hündin aus der Tevernmews Zucht. Da Brenda beide Hündinnen nicht für geeignet hielt, darauf eine Zucht aufzubauen, kaufte sie von Don Lester Grattondown Lady, eine Tochter von Ch. Southcourt Wembury Merryboy. Lady wurde zuerst von Pinewood Caddy gedeckt, und aus diesem Wurf stammt der Südafrikanische Ch. Rossgay Random of Beagay. Ihr nächster Wurf mit Ch. Dialynne Eldon brachte Rossgay Rival, eine korrekte zweifarbige Hündin, die wie Brenda zugibt, »groß genug« war. Die dritte Verpaarung Ladys erfolgte mit Ch. Korwin Monitor. In diesem Wurf war Rossgay Rachel, die sich für den Torrabarn Zwinger der Dalzells als gute Zuchthündin verdient machte. Brenda behielt ihren Wurfbruder Rossgay Rannoc. Ein weiterer Wurf Ladys erfolgte nach Pancrest Sirocco und es fiel Rossgay Rythem, ein Beagle von vorzüglicher Größe.

Rivals Verpaarung mit Ch. Dufosee Harris Tweed brachte Rossgay Roulade, die ein Reserve gewann. Aus Rannoc - Roulade folgte Rossgay Ragtrade; diese wiederum warf nach Norcis Lars Rossgay Ryderman, der mehrere Reserve gewann. Aus der Verpaarung Rythems mit einem Sohn Rossgay Rachels folgte Rossgay Rumba, eine wunderschöne Hündin, die tragischerweise sehr früh starb. Sie hatte jedoch einen Wurf nach Pancrest Sirocco, aus dem Rossgay Remedy stammt, Gewinner einer Anwartschaft. Rythem hatte auch einen Wurf nach Ch. Deanery The Dickler, in

Jim und Julie Woodcocks Ch. Rossgay Roddie wurde von Brenda Haslam aus zwei selbstgezogenen Rossgays gezüchtet. Er wurde nicht nur Bester der Ausstellung auf der Clubsiegerschau des Beagle Clubs, sondern gewann auf der Hound Show 1992 auch die Viscount Chelmsford Memorial Champion Stakes for Dog Hounds.
Foto: Edward T. Jones.

dem sich mit Rossgay Rymer ein Hund befand, der mehrere Reserve gewann. Rythem - Ch. Barterhound Hammerlyn brachte Rossgay Rustler. Roulade x Rustler brachte Brenda dann mit Rossgay Roddie ihren ersten Champion, der allerdings von Julie und Jim Woodcock ausgestellt wurde, für die er mehrere Anwartschaften gewann und außerdem auf der Clubsiegerschau des Beagle Clubs Bester der Ausstellung wurde. 1992 gewann er auf der Hound Show die »Viscount Chelmsford Memorial Stakes« für Rüden. Roddies Bruder Rossgay Rummage wurde mit Deanery Dawn Run of Rossgay verpaart und es fiel Rossgay Ranak. Ranak brachte für David Nicholson dessen Champion Sabinhay Outlaw. Und als Outlaw dann Rossgay Ragtrade deckte, fiel Rossgay Rallywood, ebenfalls ein Gewinner von Anwartschaften. Deanery Dawn Run of Rossgay hatte einen Wurf nach Rossgay Remedy und dieser brachte Rossgay Riff Raff. Sie gewann wie so viele von Brendas Hunden Reserveanwartschaften, brachte ihr dann aber nach der Verpaarung mit Ch. Rossgay Roddie den neuen Star des Zwingers, Ch. Rossgay Rambler. Brenda bezeichnet Ch. Korwin Monitor als Grundstein ihres Zwingers und die Rossgay Beagles sind bekannt für ihren korrekten Aufbau.

Einer der bedeutenden Deckrüden der Anfangszeit des Rossut Zwingers war Rossut Joker, der Vater der ersten drei männlichen Champions der Suttons.
Foto: Sally Anne Thompson.

ROSSUT

Die Rossut Story umfasst mehr als 30 Jahre, und die Familie Sutton ist mit den Beagles und letztlich der gesamten Rassehundewelt auf vielfältige Weise verbunden. Group Captain »Beefy« Sutton und seine Ehefrau Catharine, beide inzwischen verstorben, gründeten den Zwinger in den späten 50er Jahren; heute wird er von ihrer Tochter Patricia weitergeführt. Anfangs hatte Catherine Sutton, wie einige andere bedeutende Beaglezüchter auch, mit Boxern zu tun und leitete eine große Hundepension. Doch dann entschied sie sich für die Beagles. Sie baute schnell eine breite Basis von Zuchthündinnen mit verschiedenem Hintergrund auf, einige kamen aus Meuten, andere hatten viel Appelineblut, wieder andere waren die Nachkommen früher amerikanischer Importe, wie Showman und die Rozavel Beagles.

Der erste Champion des Zwingers, Rossut Treetops Hasty Footsteps, kam von der bedeutenden Allgemeinrichterin Judy de Casembroot, deren Treetops Zwinger einer der führenden in der Cockerwelt war. Einige der ersten Rossut Hunde stammten von Hunden, die im Zuchtbuch des Kennel Clubs nicht registriert waren. Solch ein Rüde war der Vater einer Hündin namens Veronese, die von ihrem Halbbruder Holbein (Sohn von United Pack Bellman) gedeckt wurde und Rossut Wistful warf. Sie wurde mit Rozavel Texas Star verpaart und aus dieser Outcross Verpaarung ging Rossut Joker hervor, einer der entscheidenden Rüden des Zwingers. Joker war Vater der ersten drei männlichen Rossut Champions, Ch. Rossut Vagabond, Ch. Rossut Triumphant und Ch. Rossut Juggler. In der Zwischenzeit vollendete auch die von Dolly Macro gezüchtete Ch. Rossut Deaconfield Ravish ihren Titel. Treetops Envy of Stubblesdown, eine

Schwester von Wyn Mahoneys Echo, die Lady Moynihan gehörte, war inzwischen von Rossut Plunder, einem Sohn von Ch. Barvae Paigan und Jokers Schwester Joyful, gedeckt worden. Aus dieser Verpaarung ging Ch. Rossut Colinbar Phantom hervor, die bei der weiteren Entwicklung des Zwingers eine große Rolle spielte. Ch. Vagabond hatte mit einer Hündin, die Stormerbanks/Letton Vorfahren hatte, Ch. Rossut Nutmeg, eine sehr stilvolle Hündin für ihre Zeit, gebracht. Eine Wiederholungsverpaarung von Ch. Rossut Vagabond brachte mit Ch. Rossut Gaiety eine weitere wertvolle Zucht- und Ausstellungshündin und mit ihrem Bruder Gaffer einen erfolgreichen Deckrüden. Der Zwinger hatte auch mit Ch. Rossut Redgate Trueman, der von dem jungen, in den 70er Jahren sehr erfolgreichen James Gordon Hall gezüchtet worden war, große Erfolge.

Patricia Sutton mit Ch. Rossut Foreman, der eine Zeit lang der erfolgreichste Ausstellungshund der Rasse war. Später machte sich Foreman einen Namen als Vererber.
Foto: Diane Pearce.

Drei weitere Champions folgten - alle von Gaffer. Ch. Rossut Daffodil, eine Tochter von Dialynne Debbie, die wiederum von Rossut Joker abstammte, während Ch. Rossut Bobbin und Ch. Rossut Foreman von Ch. Rossut Colinbar Phantom stammten. Aus einer frühen Verpaarung von Phantom und Gaffer stammten Paragon und Pegasus, wobei Pegasus Wyn Mahoney gehörte. Ch. Rossut Phantom (eine doppelte Enkeltochter von Ch. Rossut Colinbar Phantom) ging zu den Dufosees, wo sie sich als hervorragende Zuchthündin erwies. Rossut Foremost, ein Bruder von Ch. Phantom - Ch. Daffodil (also Gaffer Enkelsohn x Gaffer Enkeltochter) brachte Rossut Chestnut. Er erwies sich als guter Deckrüde und, verpaart mit der Foreman Tochter Wembury Morag of Rossut, wurde er der Vater von Ch. Rossut Peanut, der in den 80er Jahren äußerst erfolgreich war.

Herr und Frau Sutton waren inzwischen bekannte Allgemeinrichter mit einer Vielzahl an Richtereinsätzen, und so ging der Zwinger in den alleinigen Besitz ihrer Tochter über. Allerdings ließen Patricias Verpflichtungen in der Pferdewelt nur selten die Teilnahme an Ausstellungen zu. Demzufolge wurden die Rossut Beagles meist von dem professionellen Vorführer Geoff Corish ausgestellt. Der Gamble Sohn Ch. Oudenarde Gaffer of Rossut wurde zu Titelehren geführt und zu seinen Söhnen gehörte Ch. Dialynne Blueboy. Als Geoff Corish auf der Border Union Show 1982 mit Am. Ch. Graadtres Hot Pursuit of Rossut den neuesten Erwerb des Rossut Zwingers ausstellte, sorgte dies in der Beagleszene für einige Aufregung. Auf seiner ersten Ausstellung in England wurde er unter Percy Whitaker Bester aller Rassen (BIS). Einige Jahre später machte der gleiche Richter seine Tochter Ch. Too Darn Hot for Tragband in Blackpool ebenfalls zum Besten Hund der Ausstellung. Als Percy dann die Beagles auf der Midland Counties Ausstellung richtete, gingen beide Anwartschaften an Corkie und Ada, letzte errang zusätzlich das BOB. Ich erinnere mich noch, dass er sich fragte, ob ein Richter jemals zuvor beide Anwartschaften an Hunde vergeben hatte, die vorab beide schon Beste der Ausstellung aller Rassen geworden waren.

Es lässt sich nicht leugnen, dass Corkie etwas anders war, aber er war ein ausdrucksstarker Rüde von sehr kompaktem Typ, voller Substanz und mit einer phantastischen Hinterhand. Darüber hinaus besaß er eine ausgeprägte Ringpräsenz, hatte sehr viel Stil und ein sehr angenehmes Wesen, das man auch heute noch bei seiner Nachzucht findet. Ich richtete ihn auf seiner nächsten Ausstellung, gab ihm das BOB und beschloss, ihn so bald wie möglich zum Decken zu nehmen. Corkie war ein Hund, den man entweder liebte oder hasste. Er nahm im gleichen Jahr an acht Ausstellungen teil, gewann sieben BOBs und war auch im Gruppenwettbewerb bald sehr gefürchtet. Das folgende Jahr war dann Corkies Jahr. Er nahm an 20 Ausstellungen teil, gewann 18 Anwartschaften, 15 mal mit dem BOB. Einmal wurde er dritter in der Offenen Klasse, einmal gewann er das Reserve hinter dem »anderen« amerikanischen Beaglerüden, Ch. Pin Oaks Dynasty of Appeline von den Appletons, der sein Debüt unter dem Richter Jack Holland auf der Clubschau des Welsh Beagle Club machte und Bester der Ausstellung wurde. Bei seinem letzten Auftritt im Ausstellungsring musste sich Corkie interessanterweise beim Wettbewerb um den Rassebesten seiner noch sehr jungen Tochter Too Darn Hot geschlagen geben. Corkie war ein sehr interessant gezüchteter Hund. Sein Vater war ein Sohn von Am. Ch. The Whims Buckeye, seine Mutter eine Buckeye Enkeltochter. Jene von uns, die ihn zum Decken nahmen, hatten große Erfolge; doch meine ich, dass er nicht oft genug zum Decken kam und einige Züchter ihre Chance nicht wahrnahmen, sich seine Vorzüge zu Nutzen zu machen. Doch lebt seine Linie durch seine Nachzucht weiter.

Ich hatte den Suttons einen jungen Rüden aus der Wiederholungsverpaarung, aus der Ada stammte, gegeben. Es war Ch. Tragband Too Hot to Handle by Rossut, der später an die Streatfields in Südafrika verkauft wurde. Vorgeführt von Jack Peden sorgte »Pete« mehrere Jahre

Ch. Webline Katy, gezüchtet und im Besitz von David und Mary Webster und Mickie George, stammt von Ch. Deaconfield Rampage - Webline Countess. Countess war auch die Mutter des ersten Webline Champions, Ch. Webline Holly. Foto: Diane Pearce.

lang dafür, dass die Rasse im Rampenlicht stand. In der letzten Zeit hat Patricia wieder an mehr Hundeausstellungen als zuvor teilnehmen können, und wir sind froh, sie jetzt wieder regelmäßig auf Ausstellungen zu sehen. Sie errang mit Ch. Rossut Ensign, einem Sohn von Ch. Peanut und Dufosee Jewel at Rossut (Corkie - Ch. Dufosee Garbo) den Titel und später mit der letzten Championtochter Corkies, Ch. Rossut Posy, deren Mutter eine Tochter von Ch. Oudenarde Gaffer of Rossut ist.

WEBLINE

Obwohl es David ist, der in stärkerem Maße mit Beagles in Verbindung gebracht wird, so war es doch seine Frau Mary, die 1959 den ersten Wurf nach Letton Glitter züchtete. Nachdem David 1964 aus der Royal Air Force ausschied, züchteten beide gemeinsam unter dem Zwingernamen Webline. Später schloss sich ihnen noch »Mickie« George, eine Züchterin von English Springer Spaniels mit viel Interesse am Beagle an. Mit Barvae Benroe Wrinkles brachte Glitter Webline Actor. Auch Barvae Dainty wurde von Wrinkles gedeckt, und es folgte Webline Bellmaid. Actor - Bellmaid brachten dann Webline Countess. Diese wurde von Stanhurst Placid gedeckt und brachte mit Webline Holly, die erste Hündin für den Zwinger, die Anwartschaften gewann und Champion wurde. Countess warf mit Ch. Webline Katy auch den nächsten Champion, diesmal nach Ch. Deaconfield Rampage. Ch. Pinewood Crib of Webline, ein vorzüglich gezüchteter Sohn von Ch. Southcourt Wembury Merryboy und Ch. Pinewood Chimer, kam von den Priestleys dazu. Mit Ch. Webline Katy zeugte er Webline Quilley, die an die Familie Eberhardt verkauft wurde und für diese den Titel Internationaler Champion gewann. Crib deckte auch Ch. Webline Holly und es fiel Webline Rainbow. Sie wurde von Ch. Beacott Buckthorn gedeckt und warf den sehr hübschen Rüden Webline Viscount, der eine Anwartschaft gewann. Die Zucht erlitt einen furchtbaren Rückschlag, als zwei Beagles bei einen tragischen Unfall ertranken. So wurde Dialynne Princess dazugekauft, die 1987 Champion wurde. Auch ihre Tochter Webline Princess Beauty gewann später eine Anwartschaft. Zur Zeit ist Dialynne Sadie, die schon sechs Reserveanwartschaften gewonnen hat, Chefin im Ring bei Webline, doch ist ihr der letzte große Schritt bisher versagt geblieben.

Es gibt noch viele andere Beaglezüchter und -aussteller, deren Erwähnung allein am fehlenden Platz scheitert, die aber beständig daran arbeiten, sich durch die Zucht qualitätsvoller Hunde einen Namen zu machen. Und unaufhörlich zieht die Rasse neue Liebhaber an.

Kapitel 12

BEAGLES RUND UM DIE WELT

AUSTRALIEN

Es gibt in Australien sechs Beagle Clubs, die durchschnittlich zwei Ausstellungen im Jahr ausrichten. Die Meldezahlen liegen zwischen etwa 50 in Perth und 200 bei den großen Clubsiegerschauen in Sydney und Melbourne. Ein nationales Komitee legt unter anderem fest, welche großen Veranstaltungen von welchen Clubs ausgerichtet werden. Diese nationalen »Großereignisse« finden nur alle paar Jahre statt, und so überrascht es nicht, dass ein Sieg hier den höchsten Prestigegewinn bringt. Das Komitee kann darüber hinaus auch Auszeichnungen verleihen und Beagles ehren, denen die Rasse besonders viel zu verdanken hat; diese Hunde können ihre Verdienste im Ausstellungsring, in der Zucht oder im Hundesport erworben haben.

Der Sieger der ersten Australian Beagle National Show von 1985 unter Sylvia Tutchener war Truda Mawbys Aust. Ch. Clarion Choice. Er wurde zu einem der ganz großen Ausstellungshunde der Rasse und erhielt folgerichtig die Ehrenauszeichnung des australischen Beagle Komitees.

Foto courtesy: Steven Seymour.

EINFLUSSREICHE IMPORTHUNDE

Was die Zuchtlinien betrifft, so sind vorwiegend britische Linien für die australische Beaglezucht von Bedeutung, allerdings hatten einige der britischen Importhunde einen starken amerikanischen Hintergrund. Außerdem sind einige Hunde direkt aus den Vereinigten Staaten nach Australien gekommen. In den 60er Jahren kamen zuerst Aust. Ch. Lees Pennon und später Aust. Ch. Lees Banjo aus Pat Curties Lees Zwinger in England zu den Scotts nach Sydney. Pennon, ein Sohn von Am. Ch. Renoca's Best Showman gewann die erste Clubsiegerschau in Australien und machte sich auch als Deckrüde einen Namen. Unter seiner Nachzucht war Aust. Ch. Martinique Just Joe, der so oft Bester Hund der Ausstellung (BIS) wurde wie kein anderer Beagle. Weitere wesentliche Zwinger dieser Zeit waren Balihai, Belview, Bluebell, Clarion, Nangunyah, Timbillee und Torbay.

In den folgenden Jahren kamen Beagles von Dialynne, Rossut, Rozavel, Wendover und Velmere. Besonders einflussreich waren die Rozavelhunde aus der Anfangszeit des Zwingers wie Aust. Ch. Rozavel Kiwi, Carol und Happily, die alle Anwartschaften auf Clubschauen gewannen. Es erwies sich als Glücksfall für Australien, als die inzwischen verstorbene Thelma Gray sich entschloss, ihren Ruhestand in Adelaide zu verbringen und mehrere ihrer Beagles nach Australien mitbrachte, unter ihnen Ch. Rozavel Giftbox, Onform Kooky of Rozavel und Am. Ch.

J'Dons Salt of the Earth, den sie zuvor nach England importiert hatte.

Auch in den 70er Jahren wurden Hunde eingeführt, die ihren Einfluss auf die Beagleszene nehmen sollten. Allen voran Aust. NZ. Ch. Annasline Fanfare und Aust. NZ Ch. Annasline Highlight. Beide kamen von Judith Ireland in England zu Mollie Grocotts Moerangi Zwinger, die sie später an die Scotts weitergab. Diese beiden Halbbrüder, beide stammten von dem amerikanischen Importrüden Annasline Page Mill Playboy, sollten einen außerordentlichen Einfluss auf die Zucht nehmen; Fanfare war darüber hinaus auch im Ausstellungsring erfolgreich. Die Kombination von Fanfare mit Pennon Töchtern war äußerst gut, sicherlich nicht zuletzt weil Fanfare ein Enkelsohn von Showman, Pennons Vater, war; und dieses Rezept verhalf mehreren Zwingern beim Aufbau ihrer Zucht. Beiden, Aust. Ch. Lees Pennon und Aust. Ch. Annasline Fanfare wurde die Ehrenauszeichnung des Australischen Beagle Komitees verliehen. Besonders erwähnenswert unter Fanfares Nachzucht war sein Sohn, Aust. Ch. Manahound Matchpoint, der wie sein Vater ein herausragender Ausstellungs- und Zuchtrüde war. Nur wenige werden in Frage stellen wollen, dass die Fanfare/Matchpoint-Zeit einen wesentlichen Beitrag dazu geleistet hat, dass der Beagle als Rasse auch im Ehrenring auf allgemeinen Hundeausstellungen erfolgreich abschneiden kann. Auch Matchpoint erhielt die Ehrenauszeichnung des Australischen Beagle Komitees.

Zwei Spitzenhündinnen der Rasse haben Matchpoint als Vater, Aust. Ch. Manabay Milady's Ace, bzw. als Großvater, Aust. Ch. Bayhound So Saasy. Beide erhielten Ehrenauszeichnungen. Fanfares Halbbruder Highlight war bei weitem nicht so populär wie dieser, doch war auch er Vater einiger Siegerhunde, darunter Aust. Ch. Flemando Hightime, der auf einer Frühjahrsausstellung in Sydney »Bester Hund der Ausstellung« wurde, und dies bei einer Meldezahl von über 4000 Hunden. Auch er erhielt die Ehrenauszeichnung. Auch der Aust. Ch. Kindilan Hi Tristan, der mehrfach den Titel »Bester Hund der Ausstellung« gewann, ist ein Sohn Highlights.

Weitere bedeutende Hunde jener Zeit waren Aust. Ch. Dufosee Kinsman (Wurfbruder der beiden Schwestern Kismet und Katrina), Aust. Ch. Barterhound Carol, Am. Ch. Page Mill Oscar, Aust. Ch. Annasline Go Jo und Aust. Ch. Page Mill Lady Luck. Australien hatte auch das Glück, dass Aust. Ch. Beacott Buckwheat in das Land kam, ein Wurfbruder des legendären Buckthorn. Dieser Hund wurde wegen seiner Zweifarbigkeit von vielen Richtern nicht entsprechend gewürdigt, doch waren seine Vorzüge glücklicherweise von verständigen Züchtern geschätzt. Viele Zwinger nutzten ihn erfolgreich für ihre Zucht, darunter Bonnymead, Braylodge, Filnor, Nangunyah und Semeru. Unter Buckwheats bemerkenswertesten Enkeln sind auch Aust. Ch. Nangunyah Yeodler, der häufig auf Spezialzuchtschauen gewann und Aust. Ch. Filnor Humphrey, für den das Gleiche gilt.

ENTWICKLUNGEN SEIT DEN 80er JAHREN

In den 80ern nahm die Einfuhr britischer Hunde aus Zwingern wie Buttermere, Chalmain, Crestamere, Dialynne, Newlin, Perrystar, Raimex, Tragband, Webline und Velmere deutlich zu. Amerikanisches Blut kam durch die Importe aus Zwingern wie Chardon, Crisette's, Page Mill und Pin Oaks. Der Aust. Ch. Raimex Widgeon ist Vater mehrerer erfolgreicher Ausstellungshunde. Sein Sohn Aust. Ch. Kinbrace Maestro gewann die Gruppe auf der Sydney Royal Ausstellung und verzeichnete eine Reihe weiterer wichtiger Siege. Aust. Ch. Casalbeau Clairvaux, eine Tochter Widgeons, wurde Beste der Ausstellung sowohl unter Marion Spavin als auch unter Diana Brown, als diese auf der anderen Seite der Welt richteten. Clairvaux wurde außerdem Beste der Ausstellung auf einer allgemeinen Rassehundeausstellung und erhielt ebenfalls die Ehrenauszeichnung (Award of Merit).

Aust. Ch. Tragband Summer and Smoke, ein Sohn von Ch. Dialynne Nimrod of Ramlacim und Ch. Too Darn Hot for Tragband, ging im Alter von sechs Monaten an Steven Seymour. Er war ein erfolgreicher Ausstellungshund. Aber mit über 20 australischen und neuseeländischen Champions überzeugte er als Vererber noch stärker.

Foto: Cabal.

Ende der 80er schickte ich Steven Seymour einen jungen Hund namens Tragband Summer and Smoke (Ch. Dialynne Nimrod of Ramlacim - Ch. Too Darn Hot for Tragband). Nach einer erfolgreichen Ausstellungskarriere wurde er Vater von über 20 Champions in Australien und Neuseeland. Viele der frühen Importhunde gingen auf Gamble zurück, und er scheint in die Zucht dort gepasst zu haben. Viele der Spitzenhündinnen stammten von ihm, darunter nicht weniger als fünf verschiedene Gewinnerinnen von Anwartschaften auf Spezialzuchtschauen und einige, die auf Rassehundeausstellungen »Best In Show« (BIS) wurden. Am bemerkenswertesten war Ch. Belvaux Hot Summer Night, die mehrfach Beste der Ausstellung wurde und die Gruppe auf der Melbourne Royal Schau bei einer Meldezahl von über 6000 Hunden gewann.

In den 90er Jahren importierte Truda Mawby (Besitzerin des Clarion Zwingers und wegen ihrer grünen Hüte genauso berühmt wie wegen der Hunde) Ch. Bayard Rustle von Jill Peak in England. Rustle war im Ring erfolgreich und wurde Mutter mehrerer Champions. Etwas später importierte Clarion Aust. Ch. Daragoj Starsong aus Eeva Reskos finnischem Zwinger. Sie gewann 1995 die Clubsiegerschau. Mit der Rückkehr von Lesley Hiltz, geb. Funnel, die in den USA geheiratet und einige Jahre dort gelebt hatte, stieg auch der Einfluss amerikanischer Linien. Lesley's Ehemann David Hiltz hatte den bedeutenden amerikanischen Rüden Am. Ch. Starbucks Hang 'em High gezüchtet; dessen Sohn Aust. Ch. Starbucks Torbay Colours hat in Australien schon die Gruppe gewonnen und sich als Deckrüde bewährt. Colours Mutter Aust. Ch. Torbay Hot 'n' Spicy ist in den alt eingesessenen Mingus Zwinger von Jan Jeffs gewechselt.

DIE AUSTRALISCHEN CLUBSIEGERSCHAUEN

Die erste australische Nationalschau (Australian National Beagle Show) wurde 1985 in Sydney abgehalten. Die britische Richterin Sylvia Tutchener hatte die unglaubliche Zahl von 203 Hunden zu richten und vergab das BOB an den Rüden der Jugendklasse, Truda Mawbys Ch. Clarion Choice. Dieser Hund entwickelte sich zu einem der ganz großen Ausstellungshunde der Rasse und erhielt völlig zu Recht die Ehrenauszeichnung des australischen Beagle Komitees. Das zweite Großereignis dieser Art fand 1992 in Melbourne statt; wieder richtete eine britische Züchterin, Eleanor Bothwell. Diesmal waren 224 Hunde gemeldet und Eleanors Gesamtsieger war ebenfalls ein Rüde der Jugendklasse, Aust. NZ Ch. Burnsdale Anything Goes, gezüchtet von Ruth Mason aus Neuseeland und damals im Besitz von Steven Seymour. Er gewann das BOB auf Spezialzuchtschauen in Neuseeland und die Gruppe in beiden Ländern. Außerdem ist er der Vater mehrerer australischer Siegerhunde. Sein Sohn Aust. Ch. Hilldamar The Way To Go gewann 1995 als sehr junger Hund das BOB auf der Spezialzuchtschau in New South Wales unter

Aust. Ch. Belvaux Hot Summer Night, mehrfach »Bester Hund der Ausstellung« und Sieger auf Australiens größter Ausstellung, der Melbourne Royal Hound Show. Züchter und Besitzer: Troy Johnson.

Foto: Cabal.

Catharina Linde-Forsberg aus Schweden. Catharina hat diesen Hund dann kaufen können und inzwischen ist er in Schweden sehr erfolgreich. Auch er wurde Bester der Ausstellung auf einer allgemeinen Rassehundeausstellung. Anything Goes scheint gut zu Töchtern von Summer and Smoke zu passen und ich glaube, dass in den nächsten Jahren aus diesen Verpaarungen die erfolgreichsten Hunde in Australien kommen werden.

Die dritte nationale Ausstellung fand im September 1995 in Adelaide statt und wurde vom South Australian Club ausgerichtet. Der dänische Züchter Jesper Pedersen richtete und vergab das BOB an die vorab erwähnte Aust. Ch. Daragoj Starsong. Sie war Beste der Ausstellung bei ihrem ersten Auftritt in Australien und scheint eine große Zukunft zu haben. Australien freut sich schon auf die vierte Veranstaltung dieser Art, die im Jahr 2000 in Sydney stattfinden wird.

NEUSEELAND

Wenn man bedenkt, dass Neuseeland ein kleines Land mit einer Bevölkerung von nur drei Millionen ist, so überrascht es, dass die Qualität seiner Beagles so hoch ist. Aber wenn es auch zahlenmäßig hinter anderen Ländern zurücksteht, so finde ich - und dies gilt auch für viele andere Spezialzuchtrichter, die Neuseeland besucht haben - dass die Beagles hier es mit den Besten der Welt aufnehmen können. Damit die weit zerstreut lebende Bevölkerung betreut werden kann, sind im Laufe der Jahre drei Beagle Clubs gegründet worden: Der New Zealand Beagle Club mit Sitz in Wellington (Norden), der Auckland Beagle Club erwartungsgemäß in Auckland (ebenfalls Norden), während der erst kürzlich gegründete South Island Beagle Club seinen Sitz in Christchurch (Süden) hat. Alle drei Vereine organisieren geselliges Beisammensein, gemeinsame Spaziergänge und Ausstellungen.

Viele Beagles in Neuseeland nehmen aktiv an Agility Wettbewerben teil oder erreichen auf anderen Hundesportveranstaltungen herausragende Ergebnisse. Auch die jagdliche Arbeit spielt eine bedeutende Rolle. Beaglemeuten sind sowohl dem New Zealand Beagle Club als auch dem South Island Beagle Club angegliedert. Zusätzlich gibt es zwei Meuten, die im Privatbesitz stehen, die Hawera Meute der Familie Steele sowie die Walton Meute von John Storey. 1995 nahm das neuseeländische Ministerium für Landwirtschaft und Fischerei die Ausbildung und den Einsatz von Beagles als Spürhunde, die auf internationalen Flughäfen nach illegal eingeführten Lebensmitteln schnüffeln, wieder auf. Dieses Programm war die Fortführung eines äußerst erfolgreichen australischen Modells.

Die jüngere Beaglegeschichte in Neuseeland begann, als Mollie Grocott Annasline Fanfare von Judith Ireland importierte. Ich habe Fanfare schon an früherer Stelle im australischen Abschnitt erwähnt, da er später zu den Scotts nach Sydney kam. Fanfares Einfluß auf die Beaglezucht in Neuseeland war ebenso groß wie er später in Australien sein sollte. 1965 kauften

Bryan Giles und Lloyd Ellis ihren ersten Beagle von Mollie Grocott und ihr Leeavon Zwinger sollte bei der Verbreitung der Rasse in Neuseeland eine entscheidende Rolle spielen. Sie führten einige Hunde ein, und der Einfluss einiger von ihnen ist auch heute noch zu sehen. Zuerst kam NZ Champion Royalbrae Rossut Spirit aus Großbritannien; 1968 folgten dann, ebenfalls aus Großbritannien, die von Ch. Rossut Triumphant gedeckten Rozavel Battle Cry und Rossut Howboro Hasty. Bryan und Lloyd stellten Ch. NZ Ch. Solomist of Dialynne und Aust. NZ Ch. Scottholme Willem Two erfolgreich aus. Hasty wurde von NZ Ch. Annasline Fanfare gedeckt und warf NZ Ch. Leeavon Superstar und NZ Ch. Leeavon Starglow. Der in Neuseeland gezüchtete NZ Ch. Leeavon Huntsman wurde auf einer allgemeinen Rassehundeschau Bester der Ausstellung.

NZ Ch. Merrybrook How Hasty wurde von Polly Middleton Kersey gezüchtet (NZ Ch. Annasline Fanfare - NZ Ch. Rossut Howboro Hasty, beides Importhunde aus Großbritannien). Sie wird noch immer von vielen als eine der besten jemals in Neuseeland gezüchteten Beagles gesehen.

Foto courtesy: Noelene Hughes.

EINER DER GRÖSSTEN

1974 begann Elizabeth (Polly) Middleton, jetzt Mrs Phil Kersey, mit dem Züchten von Beagles. Sie hatte das Glück, aus dem Leeavon Zwinger NZ Ch. Rossut Howboro Hasty zu erhalten, die sie (zum zweiten Mal) von NZ Ch. Annasline Fanfare decken ließ. Und dieser Wurf sollte als »How« Wurf in die neuseeländische Beaglegeschichte eingehen. Eine Hündin aus diesem Wurf, NZ Ch. Merrybrook How Hasty, wird allgemein als eine der herausragendsten Beagles betrachtet, die jemals in Neuseeland zur Welt gekommen sind - und dies nicht nur von einheimischen Züchtern sondern auch von ausländischen Spezialzuchtrichtern. Und darüber hinaus war sie auch eine überragende Zuchthündin. Als sie mit NZ Ch. Annasline Highlight, einem späteren Annasline Import, verpaart wurde, warf sie den bis heute erfolgreichsten Siegerhund des Landes, NZ Grand Ch. Merrybrook Jamie Luck. Er wurde viermal »Bester Hund aller Rassen« auf allgemeinen Rassehundeausstellungen und errang unglaubliche 110 Anwartschaften. Lucky gehörte John und Sandra Green, von denen wir später noch mehr hören werden. Der Merrybrook Zwinger von Polly Middleton hat etwa 32 Champions gezüchtet, vor einiger Zeit die Clarion Linie von Truda Mawbys australischem Zwinger mit einbezogen und eine weitere australische Linie integriert, die auf Ch. Tragband Summer and Smoke zurückgeht. Merrybrook hat darüber hinaus Beagles in viele Länder der Welt verkauft, darunter Aust. NZ Ch. Merrybrook Buddy Hal an Peter Nordstrom in Australien.

WICHTIGE DECKRÜDEN

1974 gründeten Joyce und Noel Hodgson ihren Penavon Zwinger. In den letzten zwanzig Jahren haben sie ständig Siegerhunde gezüchtet und, was vielleicht noch wichtiger ist, herausragende Deckrüden, die auch andere Zwinger vorangebracht haben. Ihr Zuchtprogramm basierte anfangs auf einer Mixtur verschiedener Linien. Sie nahmen Annasline Fanfare, Annasline Highlight und Solomist of Dialynne zum Decken. Außerdem kauften sie mehrere Merrybrook Hündinnen sowie

John und Sandra Greens NZ Grand Ch. Merrybrook Jamie Luck gewann unglaubliche 110 Anwartschaften und wurde viermal »Bester der Ausstellung« aller Rassen. Gezüchtet von Polly Middleton Kersey, stammt er beiderseits von britischen Importhunden. Seine Mutter war Hasty (ein Annasline Rüde - eine Rossut Hündin), sein Vater NZ Ch. Annasline Highlight.

Foto courtesy: Noelene Hughes.

einen Sohn von Ch. Southcourt Wembury Merryboy, der von Dawn Graham und Helen Salt aus Deanery Donna gezüchtet wurde, die sie importierten, nachdem sie in England gedeckt worden war. Butterscotch of Gra-Sal, der in diesem Wurf lag, wurde der erste zweifarbige Champion der Rasse. Aus der Verbindung dieser Linien ging dann NZ Ch. Sandstorm of Penavon hervor, der im Ring Karriere machte und für einige andere bedeutende Zwinger in Auckland erfolgreiche Nachzucht brachte. Penavon hat noch weitere Beagles importiert, am bemerkenswertesten Aust. NZ Ch. Dufosee Going to Penavon, ein Rüde aus einem der herausragendsten Würfe, die je gezüchtet wurden.

Vor nicht allzu langer Zeit hat Penavon, jetzt in Auckland ansässig und von Tochter Noelene Hughes und ihrem Gatten Geoff geführt, Beagles aus dem Nangunyah Zwinger von Sue Bownds in die Zucht eingebaut. Eine Tochter von Aust. NZ Ch. Nangunyah Jazzsinger und NZ Gr. Ch. Merrybrook Jamie Luck, Aust. NZ Ch. Penavon JL's Jazz hat zwei Anwartschaften in Australien sowie Gruppen- und weitere Ausstellungserfolge errungen, und auch seine Nachzucht in Australien ist erfolgreich. Der ebenfalls eingeführte NZ Ch. Nangunyah Penavon Seeker wurde bereits »Best In Show« und hat erfolgreiche Nachzucht gebracht.

EINE PROPHEZEIUNG

Patty Glenies Buckhound Zwinger, der Anfang der 80er Jahre gegründet wurde, begann mit einer Tochter von NZ Ch. Penavon Bonzo Boy (Vater von Sandstorm) und NZ Ch. Merrybrook High Hopes. Sie wurde mit Penavon Sandbagger (Aust. NZ Ch. Dufosee Going to Penavon - NZ Ch. Semeru Sunset) verpaart und warf die ersten beiden Buckhound Champions, NZ Ch. Joyful und NZ Ch. Lord Samson of Buckhound. Später kaufte Patty einen Sandstorm Sohn dazu, NZ Ch. Littlejohn of Penavon (nach NZ Ch. Gra-Lynne Corrina). Die Verpaarung Littlejohns mit Joyful brachte NZ Ch. Kayla of Buckhound. Sie stand im Besitz von Jill Southard und war die erste von zwei Buckhound Beagles, die »Best In Show« wurden. Zweiter war ein Sohn Littlejohns nach NZ Ch. Burnsdale Wild Affair, NZ Ch. Sir Poldarc of Buckhound.

Während der späteren Partnerschaft mit Lyn Dixon wurde der Zwingername in Buckvael abgeändert und Littlejohn mit einer Sandstorm Tochter, NZ Ch. Paragon of Tamaleigh (gezüchtet von Pat und Dave Herd) verpaart. Es fielen NZ Ch. Buckvael Lady Genna, die Mutter von NZ Ch. Buckvael Bossanova (Vater: Aust. NZ Ch. Torbay Final Formula) und NZ Ch. Buckvael Solomon Grundy (Vater: NZ Ch. Penavon Mystro's T Thumb). Ich erinnere mich vor allem an Solomon Grundy - ich habe ja wohl den Ruf, hin und wieder den Propheten zu spielen und recht junge Hunde ganz nach vorn zu stellen. Als ich 1992 in Auckland richtete, habe ich mich mit

Als ich 1992 die Auckland Beagle Club Specialty richtete, machte ich einen viereinhalb Monate alten Junghund zum besten Rüden. Aus ihm wurde NZ Ch. Buckvael Solomon Grundy. Er war ein Sohn von Mystro's T Thumb und steht im Besitz von Noelene und Geoff Hughes. Das Foto zeigt ihn am Tag, als er mein jüngster Sieger wurde.

NZ Ch. Burnsdale P for Prudence, der hier im Alter von 11 Monaten gewonnen hat. Er stammt von Aust. Ch. Tragband Summer and Smoke - NZ Ch. Burnsdale Eclipse. Prudence ist typisch für den hervorragenden Typ und die Qualität der in Ruth Masons kleinem, aber so erfolgreichem Zwinger auf der nördlichen Insel gezüchteten Beagles.

Foto courtesy: Ruth Mason.

Soloman Grundy selbst übertroffen, denn ich kürte ihn auf der Spezialzuchtschau für Beagles zum besten Rüden, obwohl er erst viereinhalb Monate alt war! In Neuseeland können Hunde in diesem Alter ausgestellt werden, allerdings keine Anwartschaften gewinnen. Ich war froh, später zu hören, dass er sich einen großen Namen gemacht hat.

Als Aust. NZ Ch. Burnsdale Anything Goes 1992 die Australian National gewann und dabei 240 andere Beagles schlug, war das in Neuseeland ein Grund zum Feiern, denn in seinem Stammbaum fanden sich die Namen vieler großer neuseeländischer Zwinger. Seine Züchterin, Ruth Mason, die in Pokeno, im Norden der Insel lebt, begann die Zucht mit einer Hündin aus Jackie Cudbys Huntingdale Zwinger, NZ Ch. Huntingdale Primrose (Ch. Dialynne Blueboy - NZ Ch. Huntingdale Honey's Hit), die sie mit NZ Ch. Sandstorm of Penavon verpaarte. Es fiel NZ Ch. Burnsdale Eclipse, die unter ausländischen Richtern mehrere Anwartschaften auf Spezialzuchtschauen gewann. Sie wurde anschließend mit Aust. Ch. Torbay Too Hot to Handle verpaart und brachte NZ Ch. Burnsdale Hot Shot und NZ Ch. Burnsdale Wild Affair. Hot Shot wurde mit einer anderen Blueboy Tochter, Semeru Silhouette, verpaart und es folgte NZ Ch. Burnsdale Anything Goes.

EIN GROSSER VERLUST FÜR DIE RASSE IN GROSSBRITANNIEN

In Wellington, an der Basis der nördlichen Insel, findet man einen der ältesten Zwinger des Landes. Jackies und Michael Cudbys Engagement für die Rasse Beagle umfasst nun schon fast ein Vierteljahrhundert. Die gesamte Zeit über waren sie Mitglied im New Zealand Beagle Club und haben in ihrem Huntingdale Zwinger viele Sieger gezüchtet. Anfangs stellte Jackie eine Leeavon Hündin aus und baute durch den Import einer Tochter Fanfares aus Australien, NZ Ch.

Stuartview Black Velvet, dessen Linie mit ein. In späteren Jahren wurde die Verbindung mit englischen Blutlinien verstärkt. Mehrere Hunde wurden importiert, darunter Pancrest Southern Cross, Rossut Hot Mango, sowie zweier Hunde, die schon in Großbritannien von mir Anwartschaften erhalten hatten, Ch. NZ Ch. Dialynne Peppermint (die vor ihrer Abreise von Ch. Dialynne Beau gedeckt wurde) und Ch. Aust. NZ Ch. Dialynne Guardsman of Bayard. Beide sind mit Ch. Dialynne Blueboy, der von Ann und Arnold Caithness nach Neuseeland geholt wurde, eng verwandt. Ich habe schon an früherer Stelle in diesem Buch gesagt, dass ich der Ansicht bin, dass Blueboy einen großen Verlust für die Rasse in Großbritannien darstellt. Interessanterweise geht ein Großteil der qualitätsvollen Hunde, die zurzeit in Australien durch Verbindung von Summer and Smoke Nachzucht mit Anything Goes gezüchtet werden, auf intensive Linienzucht auf Blueboy zurück.

Zwar hat sich Dawn Graham inzwischen aus der Zucht zurückgezogen, doch hat der Gralynne Zwinger über viele Jahre hinweg einige der erfolgreichsten Hunde Neuseelands gezüchtet. Zu den Anfangshunden des Zwingers gehörten Leeavon und Houndswood Beagles. Als sich Dawn mit Helen Salt (Houndswood) zusammentat, um Deanery Donna, die bereits von Ch. Southcourt Wembury Merryboy gedeckt war, aus Großbritannien zu importieren, wurde der Zwingername Gra-Sal geboren, der die Ausstellungsszene in Neuseeland über Jahre hinweg landesweit dominierte. NZ Ch. Grand Image of Gra-Sal, ein Rüde aus Donnas Wurf, ist der Vater von NZ Ch. Gourmet of Gra-Lynne, der seinerseits NZ Ch. Gideon of Gra-Lynne brachte, einen Hund, der es auch zum »Bester Hund der Ausstellung« brachte. Gideon ist der Vater von NZ Ch. Harlequin of Gra-Lynne, die von Marion Spavin, als diese 1985 die Clubsiegerschau des Auckland Beagle Clubs richtete, zur Rassebesten gekürt wurde. Quins Mutter, NZ Ch. Gra-Lynne Halloween (Aust. NZ Ch. Dufosee Going to Penavon - NZ Ch. Torbay Tarella) war selbst eine der erfolgreichsten Ausstellungshündinnen ihrer Zeit.

Der Sarangrave Zwinger von Lynn und Andrew Ward ist vor einigen Jahren gegründet worden. Nach einem Umzug aus der Auckland Gegend nach Wellington hatten sie das Glück, von Dawn Graham NZ Ch. Saucy-Kate of Gra-Lynne zu erhalten. Katie wurde von NZ Ch. Swimbridge Snowman gedeckt, einem von Hilary Bott in Auckland gezüchteten, erfolgreichen Ausstellungshund aus Sarangrave. Aus diesem Wurf stammt NZ Grand Ch. Sarangrave Show Gunn, einer der erfolgreichsten Ausstellungshunde des Landes. Er ist der erste hier gezüchtete Grand Champion der Rasse; um diesen Titel zu erringen, musste er 50 Anwartschaften gewinnen und dreimal »Bester Hund der Ausstellung« auf einer allgemeinen Rassehundeausstellung werden.

MEHRFACHSIEGER AUF ALLGEMEINEN RASSEHUNDEAUSSTELLUNGEN

John und Lorraines Jedburgh Zwinger auf der Spitze der südlichen Insel gelegen, hat seit 1968 mit Beagles zu tun. Während eines Besuchs in Großbritannien kaufte Lorraine die beiden Halbgeschwister Rozavel Battle Cry und Rozavel Fanny. Beide wurden neuseeländische Champions und Fanny mehrfach »Best In Show«. Sie sind die Eltern von NZ Ch. Jedburgh Fieldmaster, der ebenfalls »Best In Show« wurde. Ein zweiter Wurf Fannys nach dem Importrüden NZ Ch. Rozavel Hugset Ragnor brachte NZ Ch. Jedburgh Harkaway. Aus Harkaway - NZ Ch. Merrybrook How Handsome stammt Aust. NZ Ch. Jedburgh Good Tracker, der sowohl mehrere Spezialzuchtschauen gewann als auch »Best In Show« wurde. Da man viel von Thelma Grays Rozavel Linie hielt, importierte Jedburgh später eine Tochter von Aust. Ch. Rozavel Pluto aus dem Sligrachan Zwinger in Australien, NZ Ch. Sligrachan Stardust. Sie ist eine der drei Grand Champion Beagles in Neuseeland, die einzige Hündin.

Der Gretaglen Zwinger von Ken und Pat Cliffin in Christchurch hat eine wesentliche Rolle bei der Entwicklung der Christchurch Hunting Meute gespielt und darüber hinaus Erfolge auf Ausstellungen zu verzeichnen. NZ Ch. Gretaglen Urchin, ein erfolgreicher Ausstellungssieger, vollendete seinen Titel unter der Rasseexpertin Pat Clayton (Barvae). Ken und Pat waren auch die treibende Kraft, die zur Gründung des noch jungen South Island Beagle Clubs führte.

Ich habe die Verbindung Helen Salts mit ihrer Freundin Dawn Graham unter dem Zwingernamen Gra-Sal bereits erwähnt. Helens Zwinger Houndswood war aber auch unter eigenem Namen erfolgreich. Er verknüpfte ursprünglich Linien von Leeavon und Colin Dehns Kotoku Zwinger (vorwiegend Fanfare Linien). Helen gehörte Merrybrook How's That, doch der bemerkenswerteste Siegerhund für Houndswood war NZ Ch. Houndswood Highlight (NZ Ch. Leeavon Superstar - NZ Ch. Arlette of Kotoku). NZ Ch. Houndswood Dime a Dozen war für Pat und Lawrie Stephens in Auckland in den späten 80er Jahren ein erfolgreicher Ausstellungshund.

Am untersten Ende der südlichen Insel feiert ein recht junger Zwinger große Erfolge, der schon in ganz Tasmanien im Ausstellungsring für Aufsehen gesorgt hat. John und Sandra Green gehörte der zuvor bereits erwähnte NZ Grand Ch. Merrybrook Jamie Luck. Sie können auch für sich in Anspruch nehmen, einen Wurf gezüchtet zu haben, in dem zwei »Best In Show« Rüden lagen - NZ Ch. Jest Hit and Run, der in Neuseeland lebt und Aust. Ch. Jest Smash and Grab, der von Truda Mawby in Australien für Clarion ausgestellt wurde. Sie stammen von Merrybrook Mayday - NZ Ch. Rallydon Greengables, der Hündin, die unter mir 1992 auf der Clubschau des Auckland Beagle Clubs Rassebeste wurde.

Die Greens gewannen auch mit NZ Ch. Merrybrook Final Forte mehrere Anwartschaften und wurden zweimal »Best In Show«. Auch wenn es in Neuseeland nicht so viele Beagles gibt, so wird die fehlende Quantität allemal durch die Qualität der Hunde und den Enthusiasmus der Züchter aufgewogen. Der Typ Beagle, der in Neuseeland gezüchtet wird, ist ohne Zweifel Weltklasse und das soll auch möglichst lange so bleiben.

SÜDAFRIKA

1895 wurde in Südafrika der erste Beagle im Zuchtbuch registriert. Es handelte sich um eine Hündin namens Venus (Ajax - Flora) mit der Nummer 507, die im Besitz von H. E. Wilmot stand. Weiter heißt es, dass Venus von Ploughman gedeckt wurde und ein Rüde aus dieser Verpaarung, Roderick, 1896 eingetragen wurde.

1907 wurden drei Wurfgeschwister, zwei Rüden und eine Hündin, für einen Herrn Hourgebie registriert; dies waren die ersten nachweisbaren Eintragungen von mehreren Beagles aus einem Wurf. In den 30er Jahren brachte dann Lady Mary Grosvenor (Zwingername Westminster) vier Beaglepaare aus der Cheshire Meute nach Südafrika. Später folgten weitere aus der Newcastle and District, der Shropshire und der Dee Valley Meute. Mit diesen Hunden wurde gearbeitet, man folgte ihnen zu Pferde und jagte vornehmlich Schakale. Einige der folgenden Würfe wurden eingetragen, doch gibt es leider keine Informationen über die Nachkommen, da es sich um Meutehunde handelte, die nicht im Ausstellungsring auftraten. Es ist jedoch möglich, dass mit einigen dieser Hunde gezüchtet wurde und deren Nachzucht später ausgestellt wurde. Ein Nachweis ist allerdings nicht zu führen. Die ersten Beagles, die in Südafrika als Champions in der Hundepresse veröffentlicht wurden, waren Juggins of Leisureleigh und Jupiter, zwei Rüden im Besitz von Mr Jorrocks, die 1960 ihre Titel erwarben.

In den 50er Jahren wurden Beagles aus England, vornehmlich von Barvae und Cannybuff, importiert, was der Rasse sehr zugute kam. Durch diese durchgezüchteten Hunde wurden Qualität und Substanz deutlich verbessert, und es waren vor allem Barvae Hündinnen, die die Rasse voranbrachten. 1967 kam Ros Glaysher mit ihrer Familie und Beagle Jason aus England

Die erste Open Show für Beagles in Südafrika im Jahre 1981. Drei der vier Siegerhunde (Best In Show, Best Opposite Sex, Best Opposite Sex Puppy) kamen aus dem Duxfordham Zwinger Oonagh Gores, die qualitätsvolle Hunde in viele Länder exportiert hat.
Foto courtesy: Ros Glaysher.

in Südafrika an. Wenngleich nur als Familienhund und Ersatz für den gerade verstorbenen Boxer angeschafft, hatte Jason doch eine beeindruckende Ahnentafel, in der mehrere Rozavel Hunde standen, aber auch solche aus den East Nene, Eton College und United Pack Meuten.

Was Beagles betrifft, so war die Johannesburger Ausstellungsszene in den späten 60er und frühen 70er Jahren mit den Copperhill Beagles von John Ellis, den Chelldales von Maurice Orton und dem Darlyn Zwinger der van Smaalens, die außerdem Welsh Corgis züchteten, noch recht klein. John Ellis hatte aus dem Pinewood Zwinger Beagles importiert, unter ihnen Pinewood Honeycomb und Pinewood Clippy, die beide wunderschöne Köpfe und den erwünschten sanften Ausdruck hatten. Maurice Orton hatte Rozavel Matches importiert, einen Rüden, der später in den Besitz von Ros Glaysher überging, die dann feststellte, dass er ähnlich gezüchtet war wie ihr erster Beagle Jason. Die Hunde der van Smaalens hatten vorwiegend Barvaeblut, und Ros Glaysher hatte das Glück, die Hündin Darlyn's Abigail of Towri zu erwerben. Abigail hatte mehrfach den Besitzer gewechselt, aber als sie dann in einer Outcross Verpaarung von einem Rozavel Rüden gedeckt wurde, warf sie mehrere Champions für den Tanqueray Zwinger Ros Glayshers. Eine Hündin aus diesem Wurf, Tanqueray's Tanya war die erfolgreichste Ausstellungshündin ihrer Zeit und erhielt eine ihrer ersten Anwartschaften von dem inzwischen verstorbenen L. C. James, der die berühmten Wendover Beagles züchtete.

In Natal hatte Norman Roseveare für seinen Craigham Zwinger mehrere Dialynnes importiert, unter ihnen Dialynne Viceroy, Dialynne Norseman, Mardabevian Melody of Dialynne und Bartek Cracker of Dialynne. Die Craighams waren im Ausstellungsring sehr erfolgreich und einige ihrer eingeführten Beagles brachten qualitätsvollen Nachwuchs. Leider wurde der Zwinger später aus privaten Gründen aufgelöst.

Mrs Anderson aus Kapstadt züchtete Boxer, Corgis und Beagles unter dem Zwingernamen Towri. Die Beagles gingen vorwiegend auf den Barvaezwinger zurück, die ihre Freundin Mrs Hockey eingeführt hatte. Die Towris hatten im Allgemeinen sehr schöne Köpfe, gute Knochen und eine vorzügliche Hinterhand, auch wenn einige Hündinnen recht wuchtig waren.

EINFLUSSREICHE IMPORTE

1976 kam Jack Peden mit Schottenrock und Beagle in Südafrika an. Denorsi Dusty Rebel gelang sofort der Sprung an die Spitze, indem er gleich im ersten Jahr den hoch angesehenen »Goldfields Dog of the Year« Wettbewerb gewann. Rebel, der in ganz Südafrika ausgestellt wurde, war ein maskuliner Hund, der vorzüglichen Schub aus der Hinterhand entwickelte und um den Ring flog. In den 80er Jahren folgten Importe aus dem Duxfordham, Crestamere und Raimex Zwinger, sowie später der Verkauf des britischen Champions der Suttons Tragband Too Hot to Handle by Rossut an John und Wendy Streatfield. Von Jack Peden vorgeführt schlug Pete in die südafrikanische Ausstellungsszene wie eine Bombe ein und wurde mehrfach »Bester Hund aller Rassen«.

Auch seine Tochter verzeichnete mit dem gleichen Vorführer große Erfolge und dies gilt auch für seinen Sohn Towri Beerburrum.

Der von Ros Glaysher importierte Raimex Phoenix at Tanqueray war sowohl im Ausstellungsring als auch in der Zucht erfolgreich. Er errang 28 Anwartschaften, 43 BOBs, viele Platzierungen in der Gruppe und wurde auf der Ausstellung der National Sporting Hound Association Bester der Ausstellung - dies als Junghund und als Erwachsener. Er war zweimal Beagle des Jahres und wurde von 1984 bis 1989 auf allen Open Shows des Beagle Clubs »Best In Show«. Lediglich 1987 musste er sich hinter seiner Tochter Harriet mit dem zweiten Platz begnügen. Seine Enkeltochter Tiffin wurde auf der ersten Clubschau des Beagle Clubs von Transvaal unter Sylvia Tutchener Beste der Ausstellung, während Micklegrange Briar, ein Sohn des Englandimports Crestamere Hotspur of Isibindi, bester Rüde wurde. 1989 wurde der Tanqueray Zwinger durch eine Phosphatvergiftung dezimiert. Harriet, die gerade trächtig war, ging verloren und Phoenix, der sich nicht mehr so weit erholte, dass er sein Leben genießen konnte, musste eingeschläfert werden. Diese Tragödie traf die Familie sowie deren Freunde und führte zu einem dramatisch eingeschränkten Zuchtprogramm, das bis heute nicht völlig wiederhergestellt ist.

DER BEAGLE CLUB VON TRANSVAAL

Der Beagle Club von Transvaal wurde 1979 gegründet und von Ros Glaysher geleitet, bis sie 1990 nach Kapstadt zog. Erster Präsident war der verstorbene L. C. James (Wendover). Der Club veranstaltete die erste Open Show 1981, gab eine Vereinszeitung heraus und organisierte später Schleppjagden für seine Mitglieder. Auch heute gehören Schleppjagden für viele Beagleliebhaber zu den beliebtesten Veranstaltungen, und einige der Hunde arbeiten wirklich hervorragend.

1990 erhielt der Verein das Recht, Championship Shows, also Ausstellungen mit Vergabe von Anwartschaften, abzuhalten. Auf der ersten Veranstaltung waren 43 Beagles gemeldet. Um derartige Ausstellungen durchführen zu dürfen, muss der veranstaltende Rassehundeverein eine Melde- und Teilnehmerzahl von mindestens 30 Hunden erreichen. Dies erwies sich als schwierig, und 1993 wurde der Entschluss gefasst, auf Championship Ausstellungen zu verzichten und sich ganz auf die Open Shows zu konzentrieren.

Der genetische Pool in Südafrika ist recht klein, obwohl erst kürzlich drei Rüden, einer aus den USA, einer aus Großbritannien und einer aus Australien importiert wurden. Da sie alle noch recht jung sind, müssen sie ihre Qualität als Vererber aber erst noch nachweisen. Einige südafrikanische Züchter sind der Ansicht, dass sich die Beaglezucht in ihrem Land zurzeit auf einem Tiefpunkt befindet und verbreitete Fehler durch überlegte Zuchtprogramme bekämpft werden müssen. Dies setzt die unvoreingenommene Beurteilung des Zuchtmaterials und den absoluten Verzicht auf Zwingerblindheit voraus.

DÄNEMARK

In den letzten Jahren hat sich Dänemark den beneidenswerten Ruf erworben, Beagles von höchster Qualität zu züchten. Auf den dänischen Ausstellungen liegen die Meldezahlen der Rasse beständig im Spitzenbereich, und auf den Spezialzuchtschauen sind Zahlen von 150 Beagles die Norm. Nicht nur die Meldezahlen sind beachtlich, seit einiger Zeit sind dänische Beagles auch von ausgezeichnetem Typ und von vorzüglicher Größe. Seit 15 Jahren ist der Beagle in Dänemark ein beliebter Familien- und Ausstellungshund mit beeindruckenden Ergebnissen auf Ausstellungen, auch im Wettbewerb mit anderen Rassen. Diese Erfolge sind nicht von allein gekommen, sondern das Ergebnis langer, harter Arbeit und begeisterter Hingabe einer Gruppe zielstrebiger Züchter.

DER DÄNISCHE BEAGLE CLUB

Der Dänische Beagle Club ist erst 14 Jahre alt, doch gab es schon vorher einen Verein, der für Beagles und Bassets zuständig war und in den späten 60er Jahren gegründet wurde. Gründungsvater der Rasse in Dänemark war I. C. Christensen, der sehr innovative, aktive und ehrgeizige Leiter des Beagle Clubs, der sich auch als Züchter gerade in den schweren Anfangsjahren einen Ruf schaffte. Er machte aus dem Club viel mehr als nur einen für Ausstellung und Zucht zuständigen Verein; er entwickelte die soziale Seite, organisierte Feiern wie auch Gehorsamkeitsausbildung und gab eine vorzügliche Vereinszeitschrift heraus, wobei ihm sein Beruf als Journalist äußerst hilfreich war. Der Dänische Beagle Club hält diese Traditionen auch heute noch hoch und hat unglaubliche 1.300 Mitglieder - und dies in einem Land, wo im Jahr nur etwa 300 bis 400 Welpen registriert werden. Dänische Beagler wissen auch heute noch wie man feiert, was jeder Richter, der auf einer ihrer Clubschauen gerichtet und an der anschließenden, ausgelassenen Party teilgenommen hat, bestätigen kann!

Auch die Gehorsamkeitsausbildung spielt im Verein eine wichtige Rolle, und nicht weniger als 25 erfahrene Ausbilder, die selbst Beaglebesitzer sind, zeigen Neulingen, wie man mit Hunden einer Rasse umgeht, die sicher nicht immer zu den einfachsten gehören. Heute sind Beagles in der dänischen Agility- und Gehorsamkeitsmannschaft. Mehrere Beagles haben den schwer zu erlangenden Titel eines Dänischen Obedience Champions errungen, ein Erfolg, den man 15 Jahre früher noch für unmöglich gehalten hätte.

Von dänischen Beagles werden keine jagdlichen Leistungen verlangt, und dies ist möglicherweise ein Grund für den Erfolg des Dänischen Beagle Clubs im Vergleich zu Vereinen anderer Länder, wo es immer wieder zu Machtkämpfen zwischen der Fraktion der Aussteller und der der Jäger kommt. So gibt es keine jagdlichen Auflagen für die Zucht. Um Jesper Pedersen zu zitieren: »Einschränkungen haben noch nie zur Verbesserung der Rasse geführt; Qualität entsteht durch Ehrgeiz und Wettbewerb.«

DIE ERSTEN DÄNISCHEN BEAGLES

Anfangs waren die dänischen Beagles stark durch finnische Importe beeinflusst. Diese waren nicht unbedingt von hoher Ausstellungsqualität, aber I. C. Christensen hoffte, deren Typ und Temperament verbessern zu können. Aus diesem Grunde importierte er den amerikanischen Beagle Seven Hill's Black Gold. Er war ein kleiner, smarter Hund und löste fast eine Revolution in der dänischen Beagleszene aus. Er wurde der Vater vieler Champions und - noch wichtiger - öffnete allen, die ihn sahen, die Augen, so dass hinterher jedem klar war, wie ein smarter Beagle mit sanftem Ausdruck aussehen sollte. Seine Bedeutung für die Entwicklung der Beagles in Dänemark kann gar nicht überschätzt werden.

In Schweden züchtete Catharina Linde-Forsberg einen Wurf nach Black Gold. Einer der Welpen, Gold Smuggler (so genannt, da das Sperma nach Schweden geschmuggelt wurde!), deckte dann Pinewood Courtesy, eine der bedeutenden Pinewood Exporte nach Skandinavien und wurde der Vater von Black Gold II. Kristian Hansen, ein Freund I. C. Christensens kaufte Black Gold II in Schweden, und Dänemark hatte seinen ersten Beagle Superstar. Er wurde mehrfach »Bester der Ausstellung« und sorgte dafür, dass die Rasse im Rampenlicht stand. Er war auch ein sehr dominanter Deckrüde, der seinen Typ verlässlich weitergab.

Viele dänische Züchter versuchen auch heute noch auf Black Gold II zurückzuzüchten, und sein Einfluss ist in vielen Stammbäumen eminent. Er war der bedeutendste Hund in Kristian Hansens Parups Zwinger, der in den 70er Jahren der erfolgreichste Beaglezüchter Dänemarks war. Über einen Zeitraum von unglaublichen neun Jahren war Black Gold II der dominierende

DK Ch. WW77 Black Gold II revolutionierte die Beagleszene in Dänemark. Er stammte von Gold Smuggler und Pinewood Courtesy. Neun Jahre lang war er der führende Zuchtrüde des Landes. Viele Züchter versuchen auch heute noch, auf ihn zurückzuzüchten.
Foto: Birthe Damkjaer.

Deckrüde (Gold Stud Dog) seines Landes.

Der Daragoj Zwinger der erfolgreichen Züchterin Eeva Resko war in Finnland schon hoch angesehen, als ein ehrgeiziger neuer Beagleliebhaber aus Dänemark sie ansprach, um für seinen Dazzler Zwinger einige Beagles zu importieren. Der Wichtigste von ihnen war Daragoj Casio. Ich erinnere mich noch lebhaft daran, wie ich dem noch jungen Casio sein erstes BOB gab. Einige Jahre später wurde er auf seiner letzten Ausstellung noch einmal unter mir gezeigt, und er wurde abermals Rassebester. Casio war ein großer Siegertyp, äußerst smart, perfekt ausgewogen und voller Qualität. 1982 war er der erfolgreichste »Hound« in Dänemark, und er ist der Vater und Großvater vieler Gewinner von heute. Wie ich glaube, hat kein anderer Beagle so viele Champions in seiner Nachzucht gehabt wie er. Als ich im Januar 1995 die Clubschau des Dänischen Beagle Clubs richtete, war es für mich interessant zu sehen, wie viele meiner Siegerhunde ihn im Stammbaum hatten. Er ist ohne Zweifel für die Rasse von großem Nutzen gewesen.

KLEIN, SMART UND SEHR AMERIKANISCH

1979 kauften Jesper und Annette Pedersen ihren ersten Beagle, einen Rüden namens Canto, mit dem der Gold Line Zwinger seinen Anfang nehmen sollte. Während der letzten zwölf Jahre waren sie zehnmal »Züchter des Jahres« in Dänemark und halten den Rekord, seit 1985 neun Weltsieger gezüchtet zu haben. Canto, ein Hund mit fantastischem Bewegungsablauf, wurde selbst Champion und Weltsieger 1985. Über viele Jahre war er der Beagle mit den meisten internationalen Titeln in Dänemark. Inzwischen hat ihm sein Sohn Gold Line's Better Be Bookie diesen Rekord mit 15 Titeln abgenommen. Die Gold Line Zucht wurde mit Parups und Minette Hündinnen, die mit dänischen und brasilianischen Rüden verpaart wurden, aufgebaut. Aus Brasilien kamen Bangor Cornflakes und Bangor Tuborg, die beide auf Seven Hills zurückgehen; beide waren klein, smart und sehr amerikanisch. Der wichtigste in Dänemark gezüchtete Hund außer Canto ist sicherlich Daisy Hills Dynamiske Domino, ein Sohn Casios, im Besitz von Jette und Jan Olsen. Er ist der Vater vieler Champions aus dem Gold Line und aus anderen Zwingern, unter ihnen Gold Line's Wild X-Ample, der auf der großen internationalen Ausstellung in Berlin 1994 und 1995 Bester der Ausstellung wurde.

Verschiedene britische Zwinger haben nach Dänemark exportiert, unter anderem Deanery, Dialynne und Norcis. Unter denen, die Hunde einführten, war auch Claus Sorensen, der tragischerweise so früh verstarb. Seine Magic Noire Beagles halfen nicht unerheblich, die Qualität der Beaglezucht in Dänemark zu festigen. Ich habe selbst drei Hunde nach Dänemark ausgeführt. Tragband In Hot Water und Tragband The Rose Tattoo gingen an den Gold Line Zwinger, In Hot Waters Schwester In For A Penny kam zu den Dazzler Beagles. Der Gold Line Zwinger hat auch zwei amerikanische Rüden importiert, Navan's To All the Girls Luv'd und White Acres Murphy's Law. Murphy wurde 1995 auf der Weltsiegerschau unter Eleanor Bothwell Rassebester.

FÜHRENDE ZÜCHTER

Ein bei allen dänischen Züchtern hoch angesehener Zwingername ist der von Tove Pitzner, Minette. Sie ist eine der Pioniere dieser Rasse und begann in den späten 60er Jahren. Ihre Hündinnenlinie war von hoher Qualität und ging auf Importe aus dem Annasline Zwinger in England zurück. Ein weiterer, noch aktiver Zwinger mit über 25jähriger Erfahrung ist Daisy Hill. Es wurden vorwiegend amerikanische Linien mit Casioblut kombiniert, und dies sehr erfolgreich. Die Familie Vinther, der der Zwinger gehört, spielt eine wichtige Rolle im Ausbildungsbereich des Vereins. Und Finn Vinther hat viele Jahre lang diese Abteilung geleitet.

Es gibt einige neue, aufstrebende Züchter, die der dänischen Beagleszene schon ihren Stempel aufgedrückt haben; und ich bin mir sicher, dass sie dafür sorgen werden, dass die Qualität und Popularität des Beagles auf hohem Niveau bleiben. Eine dieser Züchterinnen ist Lotte Jensen, der der Skansehoj Zwinger gehört. Auf der Clubschau 1995 des Dänischen Beagle Clubs war ich äußerst beeindruckt von der Qualität der Hunde aus diesem Zwinger, und meine Rassebeste war eine Junghündin von ihnen. Skansehoj's Johanne ist die Tochter von Daisy Hills Dynamiske Domino und einer Hündin, die auf Buglair und Pin Oaks Linien aus Amerika sowie Dialynne und Trewint Linien aus England zurückgeht. Ich hatte den Eindruck, dass die Hunde aus diesem Zwinger von der Konstruktion und dem Bewegungsablauf her viel zu bieten hatten und werde ihre weitere Entwicklung mit Interesse verfolgen. Der Beagle ist in Dänemark inzwischen fest etabliert und wird sich auf diesem hohen Niveau weiterentwickeln, solange die Züchter zusammenarbeiten und nicht blind gegenüber auftretenden Fehlern werden.

DAS RESTLICHE SKANDINAVIEN

Ich habe in diesem Buch Dänemark getrennt von Skandinavien, mit dem es oft gemeinsam betrachtet wird, dargestellt, da die dänische Beagleszene weit größer und ausstellungsorientierter ist als jene in den anderen skandinavischen Ländern, nämlich Schweden, Finnland und Norwegen. Der Schwedische Beagle Club wurde 1953, der Finnische Beagle Club 1961 von vorwiegend jagdlich interessierten Rasseliebhabern gegründet. Vor dieser Zeit wurden Beagles in Skandinavien nur vereinzelt angetroffen. In Norwegen haben sich die Beaglefreunde dem Norwegischen Club für Hasenhunde angeschlossen, der vor allem die Interessen der skandinavischen Schweiß- und Stöberhunde oder Stövare vertritt. Zurzeit bestehen Pläne, einen norwegischen Beagle Club zu gründen. In Skandinavien akzeptieren die Dachverbände nur einen Verein pro Rasse. Hauptanliegen aller skandinavischen Beagle Vereine ist die Förderung der jagdlichen Anlagen der Rasse; aber anders als in Großbritannien gibt es keine getrennte Entwicklung für die Ausstellung und die Jagd. Der Grund hierfür liegt in den Ausstellungs- und Prüfungsordnungen, die von den Rassehundevereinen verabschiedet und von den Dachverbänden sanktioniert wurden. Im Schwedischen Beagle Club gibt es 16 Landesgruppen, die Ausstellungen und Arbeitsprüfungen organisieren mit einer unglaublich hohen Mitgliederzahl von 2000.

Der Finnische Beagle Club hat 60 Landesgruppen und etwa 2700 Mitglieder. Durchschnittlich werden in Schweden pro Jahr 600 Beagles eingetragen, 850 in Finnland und 350 in Norwegen. An Arbeitsprüfungen nehmen in Schweden im Jahr 450, in Finnland 250 und in Norwegen 125 Beagles teil. In Schweden und Finnland wird ein Zuchtbuch herausgegeben, das die Daten der Hunde, die sich bei den Arbeitsprüfungen qualifiziert haben, enthält. Einige der zurzeit führenden Beaglezwinger in Schweden sind Beagler's, Champhurst, Gunfire, Merryant's, Starmaids,

Trewelyn und Ullikas, die alle sämtlichst klein sind und in denen nur ein, zwei Würfe im Jahr gezüchtet werden. Die bekannteste Züchterin Finnlands ist Eeva Resko mit ihrem Daragoj Zwinger, und in Norwegen sind es Anne-Marit Olsen und ihr Mann Olav Olsen mit dem Amaritas beziehungsweise dem Roraskogens Zwinger.

Catharina Linde-Forsberg machte Aust. Ch. Hilldamar The Way To Go zum Rassebesten, als sie 1995 eine Spezialzuchtschau richtete. Später importierte sie ihn nach Schweden, wo er den Nordischen Siegertitel erwarb. Auf dem Foto gewann er die Gruppe in Stockholm.
Foto: Lillemoor Boos.

EINFLÜSSE AUS DEN USA UND GROSSBRITANNIEN

Wie haben nun britische und amerikanische Ausstellungshunde die Rasse in Skandinavien beeinflusst? Catharina Linde-Forsberg ist eine weltweit anerkannte Expertin für künstliche Besamung und arbeitet an leitender Stelle in der Gynäkologischen/Geburtshilfe-Abteilung der Veterinärmedizinischen Fakultät der Universität in Uppsala. Darüber hinaus ist sie begeisterte Beagle Züchterin, Ausstellerin und Richterin sowie Besitzerin des Beagler's Zwingers. In den späten 60er Jahren importierte sie mit Rossut Promise eine Hündin von Catharine Sutton, die in ihrem Stammbaum einige Meutebeagles hatte und von deren Großvater Appeline Dancer of Camerlyn gesagt wird, er habe 17 Ausstellungs- und 14 Arbeitschampions unter seinen Vorfahren. Promise hatte in ihrer Nachzucht einige gute Gebrauchshunde, vor allem aus der Verpaarung mit Carin Lindhes Importrüden Barvae Rinkles. Er und Barvae Pelham sind Väter schwedischer Champions. Auch drei Perrystar Importe, Valinda, Vesper und Vandal (Ch. Deaconfield Rampage - Perrystar Forrardon Linnet, Jerry Meeks erster Zuchthündin) waren jagdlich sehr erfolgreich, auch wenn sie nicht zu Titelehren kamen. In ihrer Nachzucht finden wir aber wiederum erfolgreiche Gebrauchshunde.

Catharina importierte 1973 Pinewood Courtesy (Ch. Southcourt Wembury Merryboy - Ch. Pinewood Chimer) von den Priestleys. Courtesy gewann mehrmals die Gruppe auf bedeutenden Ausstellungen und wurde später mit Sperma von dem amerikanischen Am. Ch. Seven Hills Black Gold, der von I. C. Christensen nach Dänemark importiert worden war, besamt. Black Gold wurde nach einer Spurlautprüfung in Deutschland Internationaler Champion. Der berühmteste Nachkomme nach einem Sohn aus dieser Verpaarung, Beagler's Gold Smuggler, war der dänische Ch. Beagler's Black Gold II, der zehnmal »Bester der Ausstellung« auf internationalen Rassehundeausstellungen wurde, sowie dessen jüngerer Bruder Beagler's Black Gold (alles sehr verwirrend mit drei verschiedenen Black Golds im Stammbaum!), der zum Rekordhalter der Rasse wurde, was die Zahl gewonnener BOBs betrifft. Black Gold war auch einer der Hunde, der als Vater von DK Ch. Daragoj Piece of Gold, des 1989 erfolgreichsten Ausstellungshundes aller Rassen in Finnland, den Grundstein für Eeva Reskos Daragoj Zwinger legte.

Einige Jahre später wurde Courtesy mit dem Halbbruder Black Golds, Great Pumpkin of Starcrest, einem zweifarbigen Rüden, der von der bekannten schwedischen Allgemeinrichterin

Marianne Furst-Danielsson aus den USA nach Schweden importiert wurde, verpaart. Pumpkin brachte Int. Nord. Ch. FT Ch. Wild Honey, einen Beagle, der nicht nur hervorragend aufgebaut, sondern nach Catharina Lindes eigener Aussage auch der beste Jagdhund war, mit dem sie je gearbeitet hatte. Pumpkins Welpen zeichneten sich alle durch ihr großes Interesse an der Hasenspur aus. Zur gleichen Zeit importierte Marianne Furst-Danielsson Annasline Diadem aus England und später den bekannten Siegerhund Ch. Southcourt Wembury Fiddler sowie Annasline Pompous (einen Bruder von Annasline Gayboy, der nach Norwegen ging). Diadem stammte von dem amerikanischen Importrüden Rozavel Elsy's Diamond Jerry und Annasline Rozavel Lovely Ring. Pompous stammte mütterlicherseits aus der gleichen Linie, während sein Vater der amerikanische Importrüde Annasline Page Mill Playboy war. Alle drei brachten jagdlich überzeugende Nachzucht. Diadem wurde darüber hinaus 1970 Schwedens Hund des Jahres. Dieser Erfolg und die Einführung der populären Comicfigur Snoopy sorgten für eine Verdreifachung der Welpenzahlen bei den Beagles. Wie so oft in diesen Fällen führte dies zu einem Qualitätsverfall der Rasse.

1981 importierte Catharina die Wurfgeschwister Boddiga Royal Occasion und Boddiga Royal Celebration von Madge Openshaw Miller in England. Sie waren auf Page Mill Oscar liniengezüchtet, der in England vier Hündinnen deckte, bevor er zu Lesley Funnell (jetzt Hiltz) in Australien ging. Hinter ihnen standen vorwiegend Page Mill und Whiteacres Hunde sowie etwas Colegrenblut. Sie erwiesen sich als außerordentlich leistungsfähige Gebrauchshunde, wie man sie nur einmal im Leben findet. Celebration wurde im Alter von knapp zwei Jahren schwedischer Schönheits- und Arbeitschampion, Occasion im Alter von drei Jahren Internationaler und Nordischer Schönheits- sowie Arbeitschampion. Sie sind die beiden einzigen Importbeagle aus England, die ihre Titel errungen haben, und beide haben hervorragend vererbt.

Verpaart mit Eeva Reskos nach Finnland eingeführten amerikanischen Rüden Starbuck's Classic, warf Celebration Int. Nordic Ch. FT Ch. Mälardrotts Yankee Boy sowie weitere gute Hunde. Occasion hatte als Rüde naturgemäß einen größeren Einfluss. Fünfzehn seiner Nachkommen wurden bis heute entweder Arbeitschampions oder erwarben zusätzlich auch den Titel im Ausstellungsring. Auch Beacott Banker (Sohn des US Imports Am. Can. Ch. Chardon Yankee Clipper) und Beacott Bellmaid, die auf Ch. Beacott Buckthorn zurückgeht, waren sowohl im Ausstellungsring als auch bei der Jagd erfolgreich und brachten zusätzlich gute Nachzucht.

Auf einer Ausstellung 1991 richtete Catharina den amerikanischen Rüden Briarhill Own Brucie, der damals noch sehr jung war. Später wurde er an Eeva Resko in Finnland verkauft. Durch künstliche Besamung brachte Brucie erfolgreiche Nachzucht, so in Schweden Champhurst Bark At The Moon, der mehrfach die Gruppe gewann und einen ersten Preis auf der Spurlautprüfung errang, sowie dessen Schwester Champhurst Batteries Not 'Ncluded, die mehrfach Beste der Rasse wurde. Ihre Mutter Merryant's Daisy Strax of Champhurst gewann ebenfalls mehrfach das BOB und wurde zweimal BIS. Sie stammt von dem dänischen Importrüden Gold Line's Sound of Harlem (Sohn des brasilianischen Champions Bangor Cornflakes) und Beagler's Myrten (Beagler's Black Gold - Int. Nord. Ch. FT Ch. Wild Honey). Heute ist Beagler's Baryton, der auf Beagler's Black Gold und Ch. Boddiga Royal Occasion zurückgeht, ein erfolgreicher Ausstellungshund für Catharina.

Die weltweiten vorzüglichen Blutlinien, mit denen in Skandinavien gezüchtet wird, wurden noch erweitert, als Catharina kürzlich Aust. Ch. Hilldamar The Way To Go, den Hund, den sie bei ihrer Richtertätigkeit in Australien zum Besten der Rasse kürte, nach Schweden importierte. Da er ein Sohn des in Neuseeland gezüchteten Aust. NZ Ch. Burnsdale Anything Goes ist, bin ich etwas eifersüchtig auf diese letzte Errungenschaft.

FINNLAND

Die meisten finnischen Züchter wie auch jene in den anderen skandinavischen Ländern züchten Beagles vornehmlich für den Jagdgebrauch. Als Jagdhund wird der Beagle an Beliebtheit nur von der einheimischen Finnischen Stövare übertroffen. Der einzige Beagle, der bisher den Titel Internationaler Arbeitschampion errungen hat, ist der in finnischem Besitz stehende, aber in Schweden gezüchtete Bravur's Donny. Eine finnische Züchterin hat sich allerdings weltweit einen Namen für ihre erstklassigen Ausstellungshunde gemacht, und dabei handelt es sich um Eeva Resko vom Daragoj Zwinger.

DK Ch. Daragoj Piece of Gold war 1989 der erfolgreichste Ausstellungshund aller Rassen in Finnland. Sie verkörpert den von Eeva Resko geschaffenen typischen Daragoj Beagle, in dem sich Linien verschiedener Länder harmonisch ergänzen.

Foto: Bruce Smith.

Bevor sie dem Charme der Beagles verfiel, hatte Eeva erfolgreich Barsois und Bassets gezüchtet und daneben viele vorzügliche Lhasa Apsos. Es ist aber keine Frage, dass es die Beagles sind, deretwegen man sich vor allem an Eeva erinnern wird. Die Zucht basiert auf britischen Pinewood Hunden, ursprünglich verpaart mit amerikanischen Hunden der Colegren und Johjean Zwinger. Später kaufte Eeva Starbuck Hunde aus den USA und Torbay Beagles aus Australien hinzu. Bis heute führt jeder bei Daragoj gezüchtete Wurf zu Clovergates Pleasure (Ch. Saravere Hardy of Dialynne - Ch. Clovergates Liberty Belle) zurück, der ersten Importhündin aus England und Urmutter einer starken Hündinnenlinie. Ihre doppelte Enkeltochter mit dem treffenden Namen Am. Ch. Daragoj Double Pleasure, war die erste im Ausland gezüchtete Hündin, die auf einer internationalen Rassehundeausstellung in den USA »Bester Hund der Ausstellung« wurde; außerdem wurde sie die Mutter von neun amerikanischen Champions. Eine ihrer Töchter, Am. Ch. Daragoj Royal Ascot kam im Alter von sechs Jahren in die USA und siegte zweimal auf einer Spezialzuchtschau, das zweite Mal aus der Veteranenklasse heraus und beide Male vom Besitzer vorgeführt. Eine weitere Tochter, Bras. Ch. Daragoj Royal Rendezvous war in Brasilien sehr erfolgreich, während Double Pleasures Enkeltochter, DK Ch. Daragoj Piece of Gold ihrerseits »Bester Ausstellungshund aller Rassen 1989« in Finnland wurde.

Über die Jahre hinweg hat Eeva enge gegenseitige Beziehungen mit anderen Züchtern in den USA, Brasilien und Australien aufgebaut und geschickt verschiedene Linien miteinander verbunden, um den unverwechselbaren Daragoj Typ zu züchten; einen smarten, kompakten, knochenstarken Beagle mit vorzüglicher Rückenlinie und Hinterhandwinkelung und rassetypischem Wesen. Alles in allem gibt es Daragoj Champions auf vier Kontinenten, ein bemerkenswerter Rekord.

NORWEGEN

Während der frühen 50er Jahre gehörten Elmhurst Warden, Barvae Mongoose und Barvae Titlark zu den beachtenswerten Importen. Titlark und Warden brachten mit Montebellos Bella den ersten norwegischen Champion, während Mongoose Vater des norwegischen Ch. Pobby wurde, der es seinerseits zu einem bedeutenden Deckrüden brachte. Es wird gesagt, dass Bella selbst keine besonderen Ausstellungsqualitäten besaß, da sie recht grob und niederläufig war, aber über mehrere Generationen hinweg gute jagdliche Eigenschaften vererbte. Barvae Warpaint, ein wichtiger zweifarbiger Rüde, brachte gute Nachzucht, obwohl keiner seiner Nachkommen Champion wurde. 1964 kam Barvae Riby, dessen Bruder Barvae Rinkles nach Schweden gegangen war, nach Norwegen. Anfangs stand er im Besitz von Arne Tjomsland. Er war erfolgreich auf Ausstellungen und gewann als Junghund die Gruppe auf der Rassehundeausstellung des norwegischen Rassehundeverbandes. Nach dem Tod von Herrn Tjomsland kam Riby in den Amaritas Zwinger von Anne-Marit Olsen, die ihn zu jagdlichen Prüfungen für die viel hochbeinigeren Stövares meldete, wo er sowohl auf der Reh- als auch auf der Hasenspur einen zweiten Preis erwarb. Zu jener Zeit gab es keine gesonderten jagdlichen Prüfungen für Beagles. Barvae Riby gewann sieben Anwartschaften, wäre also nach heutigen Regeln ein Champion.

1967 und 1968 kamen Letton Chicago Gangster und Annasline Lovely Blazette in den Amaritas Zwinger. Blazette war der erste Beagle in den nordischen Ländern, der auf einer internationalen Rassehundeausstellung »Bester Hund der Ausstellung« wurde. Darüber hinaus wurde sie Dänischer Champion. Chicago Gangster sowie ein Sohn und eine Tochter von Blazette (nach Ch. Rozavel Elsy's Diamond Jerry), Amaritas Lovely Diamond Jerry und Jerrina, gewannen zwei Anwartschaften in Dänemark, bevor die Grenze wegen Tollwut geschlossen wurde. Weitere Söhne von Blazette und Ch. Rozavel Elsy's Diamond Jerry waren Jerrico, der im Alter von elf Monaten auf einer norwegischen Ausstellung die Gruppe gewann, und Jerremy, der nach Schweden verkauft wurde, wo er 14 Nachkommen mit jagdlichen Prüfungen und beachtenswerten Ausstellungsergebnissen brachte. Letton Chicago Gangsters Nachzucht hatte einen besseren Spurlaut auf Reh- und Hasenspur als frühere Hunde. Er beeindruckte auch durch seine ausdauernde, effiziente Arbeitsweise. Unter seiner Nachzucht findet man einen Champion, mehrere Hunde mit jagdlichen Prüfungen und vor allem vorzügliche Zuchthündinnen.

In den 70er Jahren kam Annasline Gayboy (Sohn des amerikanischen Importrüden Annasline Page Mill Playboy) zu Anne-Marit. Als wunderschöner Hund war er im Ausstellungsring erfolgreich und hatte neun Nachkommen, die jagdliche Prüfungen ablegten. Sein berühmtester Sohn war Amaritas Örjan, der im Alter von zweieinhalb Jahren nach Schweden verkauft wurde, wo er der erste Beagle wurde, der die Titel Internationaler Nordischer Champion und Arbeitschampion gewann. Wie sein Vater so war auch er ein herausragender Vererber; 27 seiner Nachkommen bestanden jagdliche Prüfungen, einige von ihnen wurden Champions, darunter Int. Nord. Ch. FT Ch. Beagler's Hello Dolly, eine Tochter von Pinewood Courtesy. Örjans Mutter war Baimor Gleam (aus dem Rebel - Glitter Wurf). Eine Tochter Gleams wurde in Schweden mit Int. Nord. Ch. FT Ch. Boddiga Royal Occasion verpaart und brachte den bekannten schwedischen FT Ch. Ödmårdens Bobby McGee.

1971 besuchte Maureen Tolver vom britischen Baimor Zwinger den Amaritas Zwinger und brachte drei Beagles mit: Baimor Tinsel, die von dem amerikanischen Importrüden Appeline Validay Happy Feller (dem Vater des legendären Ch. Dialynne Gamble) gedeckt war, Baimor Glitter, die von Ch. Baimor I'm A Rebel gedeckt war und Baimor Solitary Star, die in England schon zwei Anwartschaften gewonnen hatte. Star gewann BOBs in Norwegen und Finnland, verstarb aber früh an Gebärmuttervereiterung, nachdem sie einen Wurf nach Chicago Gangster hatte. Aus diesem stammte Amaritas Rusky Dusky, der ein erfolgreicher Siegerhund wurde. Tinsels Tochter nach Happy Feller, Amaritas Noble Nymph, hatte ebenfalls eine erfolgreiche Ausstellungskarriere und wurde später eine der besten Zuchthündinnen des Zwingers. Glitter selbst hatte hervorragende jagdliche Anlagen und erhielt einen ersten Preis auf der Rehspur, bevor sie eine

Verletzung erlitt. Sie gewann sieben Anwartschaften und die Gruppe; unter ihrer Nachzucht waren zwei Champions, Amaritas E'viva (nach Clovergates Midnight, einem Bruder von Ch. Clovergates Liberty Belle), eine der besten Zuchthündinnen Norwegens und Amaritas Örba (nach Barvae Riby), die genauso wie ihr Wurfbruder Öbertus mehrere Nachkommen, die jagdliche Prüfungen bestanden, hatte. Barvae Riby und Baimor Glitter sind bis heute die einzigen aus Großbritannien importierten Beagles, die auf norwegischen Arbeitsprüfungen Preise errungen haben.

1983 kaufte Anne-Marit Olsen von Anne Pickthall, der Besitzerin des Clovergates Zwingers in England, den amerikanischen Rüden Colegrens Blue Devil Imp. Er war erfolgreich im Ring und brachte gute jagdliche Nachzucht. Interessanterweise fand Imps Blut nach England zurück, als Marion Spavin aus Dänemark den DK Ch. Amaritas Bim Uno of Dialynne importierte. Er war väterlicherseits ein Enkelsohn Imps und erwies sich als guter Vererber, indem er auch in England Champions brachte.

Es ist immer wieder faszinierend, wie Beagles aus den verschiedensten Ländern und mit unterschiedlichster Abstammung von talentierten Züchtern erfolgreich zusammengeführt werden, um die Vorzüge der Rasse zu verbessern. Bei den Beagles haben wir das Glück, dass es eine Reihe unvoreingenommener Züchter gibt, die über die eigene Türschwelle hinausschauen, Qualität auch in anderen Ländern erkennen und dann neues Blut einführen, um gewisse Rassemerkmale zu verbessern. Dies ist von großem Nutzen für die Rasse und möge lange andauern, denn es bringt uns voran.

Kapitel 13

BEAGLES IN NORDAMERIKA

Auch wenn der Beagle eine britische Rasse ist, so spielen bei seiner neueren Entwicklung in Großbritannien amerikanische Importe in den 60er und 70er Jahren eine wichtige Rolle. Ganz allgemein gesagt sorgte der Import wichtiger Zuchthunde für einen kompakteren Typ, festere Oberlinien und einen besseren Kopf. In den letzten Jahren sind die Einfuhren dramatisch zurückgegangen, und es sind Ende der 80er Jahre nur noch zwei bedeutende Hunde aus den USA eingeführt worden - Graadtres Hot Pursuit of Rossut und Pin Oaks Dynasty of Appeline. Seit dieser Zeit haben britische Züchter fast ausschließlich mit einheimischen Linien gezüchtet.

In den letzten Jahren hat sich die Rasse in den USA und Großbritannien wie ich meine auseinander entwickelt. Während die britischen Beagles ein Größenproblem haben dürften - viele unserer Hunde liegen an der Obergrenze der Größenempfehlung - so haben wir es doch weitgehend geschafft, gute Konstruktion, vorzüglichen Bewegungsablauf mit viel Schub und Raumgriff bei korrekter Führung der Vor- und Hinterhand, sowie viele gute Köpfe mit korrektem Ausdruck zu erhalten.

Die Amerikaner hingegen scheinen sich einseitig auf die Kompaktheit der Rasse konzentriert zu haben und die Zucht von Hunden mit extrem kurzen Rücken scheint alles andere an Bedeutung zu übertreffen. Dies geht oft einher mit übermäßiger Hinterhandwinkelung und einer häufig zu steilen, disproportionierten Vorhand. Wird der Rücken kürzer, so gilt dies unausweichlich auch für den Brustkorb, den Hals und den Oberarm. Das Ergebnis ist dann eine steile Schulter. Vorausgesetzt, der Beagle hat einen kurzen Rücken, eine steile Schulter und doch eine starke Hinterhandwinkelung, so folgt daraus, dass in der Bewegung Vor- und Hinterhand nicht korrekt zusammenwirken können, die Vorhand nicht genügend Vortritt entwickeln kann. Daraus resultiert, dass der Hund den kräftigen Schub der Hinterhand mit der Vorhand nicht auffangen kann, so dass die Vorderläufe in die verschiedensten Richtungen geworfen werden! Ist der Schub aus der Hinterhand zu groß, um von der Vorhand umgesetzt zu werden, so wird der Hund versuchen, den Bewegungsablauf der Vorhand zu verzögern, damit die Energie aus der Hinterhand weitgehend verbraucht ist, bevor er mit der Vorhand fußt. Zu den fehlerhaften Vorhandbewegungen gehören sowohl Hochtraben als auch Paddeln.

Während eines Besuchs der »National Beagle Club of America Specialty« 1995 (der bedeutendsten Beagleausstellung in den USA), den ich gemeinsam mit neun anderen britischen Züchtern unternahm, bewunderte ich die Ausgeglichenheit im Typ der 15 Inch Hunde und ihre Kompaktheit, fand allerdings den Bewegungsablauf, vornehmlich den der Vorhand, besorgniserregend. Trotz dieser Aussage habe ich einige vorzügliche Hunde gefunden, die meiner Ansicht nach die Rasse in Großbritannien voranbringen könnten. In der Mehrzahl waren dies Hunde, die einige amerikanische Rasseliebhaber wohl als etwas zu lang bezeichnen würden, aber in unseren Augen waren sie von perfekter Ausgewogenheit, und sie konnten sich wie echte Laufhunde mit gutem Raumgriff bewegen. Nachdem ich viele verschiedene Rassevertreter gesehen hatte, fand ich heraus, dass die Hunde, die mir gefielen, vorwiegend aus Bayou Oaks, Beowulf, Page Mill, Shaws, Tashwould und Whiteacres Linien stammten. Sie schienen von moderaterem Typ zu sein

Der Import von Appeline Validay Happy Feller durch Douglas und Carol Appleton aus den USA war für britische Beaglezüchter ein Glücksfall. Verpaart mit Ch. Dialynne Nettle brachte er Ch. Dialynne Gamble, bis heute der beste Vererber der Rasse in Großbritannien. In den folgenden Jahren legte Gamble den Grundstein für viele erfolgreiche Zwinger.
Foto: Joan Ludwig.

und sollten gut zu einigen britischen Hunden passen.

EIN VERGLEICH DES AMERIKANISCHEN MIT DEM BRITISCHEN BEAGLE

Angesichts der offensichtlichen Unterschiede, die sich herausgebildet haben, hielt ich es für angemessen, einen amerikanischen Züchter zu bitten, einen Überblick über den gegenwärtigen Stand der Rasse zu geben, und ich danke Richard Gilmore M. D. für den folgenden Beitrag:

»In den letzten drei Jahren hatte ich die Freude, von meiner Heimat in den USA nach Übersee, und zwar nach England und Australien, reisen zu können. Dabei hatte ich mehrfach die Gelegenheit, die Rasse Beagle auf Ausstellungen zu beobachten. Nach meiner Rückkehr in die USA hatte ich größere Einsicht über die amerikanischen Rassevertreter erworben als über die britischen oder australischen Hunde. Was ich schon immer von unserer Rasse hier zu wissen glaubte, war durch die Erfahrungen im Ausland erweitert worden, wodurch ich dem Beagle in den Vereinigten Staaten kritischer und verständnisvoller gegenübertreten konnte. Im Folgenden möchte ich versuchen, meine Erkenntnisse anderen Züchtern zu vermitteln.

Die Ausstellungsszene in den USA ist weitgehend regional begrenzt, da die großen Entfernungen zwischen den Ausstellungsorten die Besitzer und Vorführer der Hunde daran hindern, an Ausstellungen teilzunehmen, die nicht in der gleichen Region abgehalten werden. Gleichermaßen beschränken sich auch Zuchtprogramme oft auf Hunde aus einem Gebiet, da die Tendenz besteht, lokale Deckrüden zu wählen, um unnötige Risiken, Unbequemlichkeiten und Kosten, die durch den weiten Transport der Hündin entstehen, zu vermeiden. So kann es passieren, dass man auf einer Ausstellung nur Hunde eines bestimmten Typs antrifft und falsche Schlüsse über die amerikanische Rasse zieht. Ausnahmen bestehen selbstverständlich, und im Allgemeinen wird man auf der jährlichen »National Specialty« einen großen Querschnitt der Rasse sehen, egal in welcher Region diese abgehalten wird; manchmal gilt dies auch für regionale Spezialzuchtschauen. Auch auf einigen der prestigeträchtigen Ausstellungen für Hunde aller Rassen wie der »Westminster Dog Show« in New York kann man trotz der recht begrenzten Meldezahl durchaus einen landesweiten Querschnitt der Rasse zu sehen bekommen.

Amerikas Beagle der Jahre 1987/88/89 war Am. Ch. Keith's Wilkeep Nicodemus, ein 15 Inch Sohn von Am. Ch. Starbuck's Full Count und Am. Ch. Wilkeep Love Notes. Gezüchtet von Brenda Ahlhardt und Alene Peek, im Besitz von Barbara Cosgrove und vorgeführt von Denny Mounce. Foto: Missy.

So muss man entweder die »National Specialty« besuchen oder aber weite Reisen auf sich nehmen, um sich einen korrekten, ausgewogenen Überblick über den amerikanischen Ausstellungsbeagle zu verschaffen. Die großen Entfernungen machen es auch fast unerlässlich, einen professionellen Vorführer zu beschäftigen, will man mit einem Spitzenhund in nationalen Wettbewerb treten. So kann das Ausstellen in Amerika zu einer kostspieligen Angelegenheit werden.

DIE GERINGERE GRÖSSE DES AMERIKANISCHEN BEAGLES

Der erste Unterschied, der dem internationalen Besucher ins Auge fällt, betrifft sicherlich die geringere Größe des amerikanischen Beagles. Da Hasen und Kaninchen (cotton-tails) bei uns weit kleiner sind, züchteten Amerikaner den 13 und den 15 Inch Beagle zu Jagdzwecken, da die kleineren Hunde dem zu jagenden Wild in Größe und Reichweite besser entsprechen. Übergröße führt zur Disqualifikation. So werden Hunde, die nicht im Standard liegen, selten länger ausgestellt, da Beagles, die im Verdacht stehen zu groß zu sein, auf Wunsch des Richters oder anderer Aussteller gemessen werden können. Wie auch bei anderen Rassen ist die Zucht einer kleineren Varietät unter Beibehaltung des Typs sehr schwierig. Auch wenn der Rassestandard für beide der gleiche ist, gibt es Probleme, die Qualität bei den 13 Inch Beagles aufrechtzuerhalten. Als habe es Mutter Natur uns nicht schon schwer genug gemacht, so hat es zusätzlich einen ernsten Verlust an 13 Inch Rüden gegeben, da der finanzielle Anreiz, an Liebhaber im Fernen Osten zu verkaufen, oft unwiderstehlich ist. Und so ist ein qualitätsvoller 13 Inch Rüde in den Vereinigten Staaten eine Seltenheit. Allerdings gibt es des öfteren herausragende Hündinnen. Die bemerkenswerteste 13 Inch Hündin ist Ch. Lanbur Miss Fleetwood, gezüchtet von Jon Woodring und Wade Burns und perfekt vorgeführt von Eddie Dziuk, die erst vor kurzem aus dem Ring zurückgezogen wurde. Züchter und Richter haben diese großartige Hündin geliebt und ihren vorzüglichen Typ, ihren flüssigen Bewegungsablauf und ihr außergewöhnliches Temperament bewundert, wodurch sie zum erfolgreichsten amerikanischen Ausstellungsbeagle aller Zeiten wurde.

Ein weiteres Merkmal, das den amerikanischen Beagle von seinen Artgenossen aus Übersee unterscheidet, ist der im Verhältnis zur Beinlänge kürzere Rücken. Der Hauptgrund hierfür liegt sicherlich im amerikanischen Standard, der einen kurzen, muskulösen und kräftigen Rücken fordert. Während meiner Ansicht nach die Verfasser des Standards damit eher eine kurze Lendenpartie im Auge hatten, wurde die Aussage wörtlich genommen und ein Hund gezüchtet, der zwischen Kopf und Rute kurz ist. Diese Strecke setzt sich zusammen aus Schulterlage, angemessenem Rippenkorb und der Kruppe. Indem eine dieser Komponenten oder aber alle gekürzt werden, ergibt sich eine kürzere Entfernung vom Kopf zur Rute. Leider gibt es in den USA den Trend, Hunde zu züchten und gut zu bewerten, die die eindrucksvolle Silhouette eines kurzen Rückens zeigen, auch wenn dafür die Schulterlage steil und der Rippenkorb kurz ist. Diese Mode, Hunde mit kurzem Rücken zu züchten, ist in den USA bei vielen Rassen weit verbreitet, nicht nur beim Beagle, da die Mehrheit der Richter auf dieses Merkmal gesteigerten Wert legen. Während diese Hunde im Stand bestechen, so zeigen sie gewöhnlich in der Bewegung wenig Vortritt und verfügen nicht über die läuferische Ausdauer, einen ganzen Tag lang jagdlich zu arbeiten. Da der amerikanische Standard über den Bewegungsablauf keine konkrete Aussage macht, verlassen wir uns stattdessen auf den logischen Schluss, dass sich die Form aus der Funktion ergibt. Da aber leider nur wenige Aussteller mit ihren Hunden auch jagen, wird dieser Zusammenhang nicht oft hergestellt, und dieser Trend wird wohl auch bestehen bleiben.

Der amerikanische Standard fordert eine Rute, die im Verhältnis zur Hundegröße kurz ist, während der britische Standard eine Rute von mittlerer Länge fordert; und so sind die Ruten amerikanischer Hunde auch eindeutig kürzer. Die Rute ist auch etwas stärker gekrümmt, da der amerikanische Standard eine leichte Krümmung fordert, zu stark gekrümmte Ruten, die über dem Rücken getragen werden, gelten allerdings als deutlicher Fehler.

Nichts prägt den Typ eines Beagles stärker als ein schöner Kopf mit sanftem, gewinnendem Ausdruck. Ich würde gern behaupten, dass wir diese Eigenschaften bei unseren amerikanischen Beagles erfolgreich hervorbringen; aber ich glaube, dass wir dem häufig aus zwei Gründen nicht völlig gerecht werden. Während viele Schädelteile sich in ihrer Form von der jagdlichen Funktion, der Fähigkeit auf der Spur zu arbeiten, herleiten, wird beim Richten eines guten Kopfes vorwiegend von ästhetischen Gesichtspunkten ausgegangen. Im Gegensatz zu den Richtern in Großbritannien haben die meisten amerikanischen Richter nie Beagles gezüchtet. Dies hat zur Folge, dass die Fähigkeit, nach Typ zu richten und einen guten Kopf im Ausstellungsring zu würdigen, sehr unterschiedlich ausgeprägt ist. Zweitens kann der Preis für das Festhalten an den kleineren 13 Inch Beagles dazu führen, dass der Kopf kleiner wird, mit kurzen, spitzen Fängen und kürzeren, etwas hoch angesetzten Behängen. Trotz allem ist durch die Hingabe einiger Züchter sichergestellt worden, dass viele recht schöne Köpfe im Genpool erhalten geblieben sind.

Ein weiterer bemerkenswerter Unterschied des amerikanischen Beagles betrifft die Ausprägung der Hinterhandwinkelung, die im Allgemeinen größer als anderswo ist, vielleicht mit Ausnahme von Westaustralien. Auch wenn diese kontrovers gesehen wird, glaube ich, dass sie der Standardforderung »tiefe Kniegelenke, Sprunggelenke von mittlerer Winkelung« gerecht wird. Diese Hinterhandwinkelung ist nicht nur der mechanische Rahmen, aus dem der angemessene Schub kommt, zusammen mit dem kurzen Rücken verleiht er unseren Hunden in der Bewegung im Vergleich mit englischen Beagles oft auch eine beeindruckende Silhouette im Profil. Ist die Schulter aber nicht ausreichend zurückgelagert, so kann die Bewegung sehr unausgewogen sein; der Hund kann nicht den nötigen Vortritt entwickeln, um den Schub umzusetzen. Dies kann zu unkoordinierter, fehlerhafter Bewegung führen.

Was die Farbgebung betrifft, so ist der klassische amerikanische Beagle dreifarbig mit schwarzer Decke, auch wenn der Standard alle Hound-Farben zulässt. In der letzten Zeit sind aber auch tan & white und red & white beliebter geworden und haben größere Anerkennung gefunden. Das Vorhandensein des »Verdünnergens« im amerikanischen Genpool führt hin und wieder auch zum Auftreten blauer Beagles. Diese dürfen ausgestellt werden, doch kann das Siegen durch das in der Regel hellere Auge, das den sanften Ausdruck beeinträchtigt, schwer werden. Eine bemerkenswerte Ausnahme hiervon war Ch. Merry Song's High Performance, der mehrfach die Gruppe gewann und einmal Bester der Ausstellung wurde. Leberfarben ist nach dem Standard ebenfalls zulässig, doch werden diese Hunde wegen des durch das gelbe Auge hervorgerufenen grimmigen Ausdrucks kaum ausgestellt. Mottles und Beagles mit aufgelöster Zeichnung erscheinen zurzeit nicht im Ring.

Trotz der aufgeführten Probleme gibt es eine Reihe von Zwingern in den Vereinigten Staaten, die regelmäßig qualitätsvolle Hunde züchten und auch in der heutigen Zeit gute Zuchthunde hervorbringen. Mangel an Platz macht es mir unmöglich, alle aufzuführen, und so werde ich mich auf die Züchter beschränken, deren Linien auch außerhalb ihres eigenen Zwingers häufig benutzt werden.

SCHULTERLAGE UND KORREKTHEIT

Page Mill, der in den USA sehr bekannte Zwinger von Carroll Diaz, wurde 1959 gegründet. Der einflussreichste Vererber aus diesem Zwinger ist zweifellos Ch. Page Mill On The Road Again, der überall in den USA als Deckrüde zum Einsatz kam und besonders wegen seiner perfekten Schulterlage und korrekten Nachzucht gerühmt wurde. Unter »Willies« erwähnenswerten Nachkommen befinden sich auch die beiden Gewinner der »National Specialty«, Ch. Page Mill Upset The Applecart, gezüchtet von Ella Mae De Capri, und Ch. Rancho Glen's It's A Snap, gezüchtet von Mary Lynne und Michael Katusich. Auch heute beeinflussen Söhne und Enkelsöhne von »Willie« die amerikanische Beaglezucht quer durch die USA.

Der White Acres Zwinger in Washington State wurde von Margaret White gegründet und wird inzwischen von ihrer Enkeltochter Carol Tyte und deren Ehemann Ed weitergeführt. Auch er spielt in Zuchtprogrammen überall in Amerika eine Rolle. Auch wenn sich die Zuchthunde inzwischen stark von Margaret Whites Ausgangshunden entfernt haben, so hat doch der Erwerb von Ch. Whisper's Inflation Fighter in den letzten 10 Jahren eine wesentliche Rolle für den Zwinger gespielt. Er ist der Vater von über 50 Champions, darunter die Spezialzuchtschau- und Gruppensieger Ch. White Acres I'm Heavenly Too und Ch. White Acres Second To None, wobei Letzterer zusätzlich auch die »National Specialty« seiner Varietät gewann. Auch Töchter von

Inflation Fighter haben sich erfolgreich im Ausstellungsring geschlagen und gut vererbt, unter ihnen Ch. White Acres Libby On the Label. Ihr Sohn, Ch. White Acres Designer Label, ein Hund von beeindruckenden Proportionen, mit kurzem Rücken und vorzüglicher Hinterhandwinkelung, hat sich in den letzten 10 Jahren einen herausragenden Namen als Deckrüde gemacht.

Bewegt man sich von der Westküste nach Texas, so hat hier der Yaupon Row Zwinger des verstorbenen S. R. Whittaker Jr. eine entscheidende Rolle für die Zuchtprogramme dieser Region gespielt. Mit rigoroser Linienzucht der alten White Acres und Colegren Blutlinien, wurden hier etwas großrahmigere Hunde mit vorzüglicher Schulter-, Hals- und Kopfpartie gezüchtet. Obwohl Herr Whittaker seine Hunde selten länger als bis zum Gewinn des Championtitels ausstellte, stammt aus einem seiner letzten Würfe mit Ch. Yaupon Row Bayou Oaks Cocoa, eine Hündin, die mehrfach die Gruppe gewann. Ch. Yaupon Row Sailor Boy CDX, der mehrfach »Bester der Ausstellung« wurde, legte den Grundstein für die Rüdenlinie des Wilkeep Zwingers von Hugh und Alene Peek.

Der berühmte amerikanische Deckrüde Am. Ch. Starbuck's Hang 'em High, aus der Verpaarung Am. Ch. The Whim's Buckeye - Am. Ch. Elsy's Shooting Star. Züchter und Besitzer David Hiltz. Foto: Missy.

ÜBERRAGENDES SHOW TEMPERAMENT

Durch das Zusammenbringen von Yaupon Row Hunden mit Page Mill und Starcrest Linien brachte der Wilkeep Zwinger einige hervorragende Hunde heraus, darunter Ch. Wilkeep Point of View, der auf der »National Specialty« Bester des anderen Geschlechts/Best of Opposite Sex wurde, sowie den gemeinsam mit Brenda Ahlhardt gezüchteten mehrfachen BIS Sieger Ch. Keith's Wilkeep Nicodemus. Nicodemus war ein herausragender Ausstellungshund mit kräftigen Knochen und kurzem Rücken, der sich vorzüglich präsentierte. Auch wenn Nicodemus nicht allzu häufig in der Zucht eingesetzt wurde, so wurden seine Söhne, Ch. Barmere's Mario Andretti und Ch. Wilkeep's Bayou Classic Vater bzw. Großvater der Wurfgeschwister Ch. Bayou Oaks Cappuccino (unserer eigenen Hündin) sowie Ch. Bayou Oaks Chianti, die beide BIS wurden.

Weiter in den Mittleren Westen, wo man nicht über Beagles sprechen kann, ohne Ch. Starbuck's Hang 'em High zu erwähnen. Gezüchtet von David und Linda Hiltz, stammt er aus einer Outcross Verpaarung zwischen dem herausragenden 13 Inch Rüden Ch. The Whim's Buckeye und Ch. Elsy's Shooting Star. Er hat einen enormen genetischen Einfluss auf die amerikanische Rasse genommen, nachdem er mehr als zwanzig Mal auf Spezialzuchtschauen gewonnen hatte, bzw. BIS geworden war, was einen einzigartigen Rekord darstellt. Er ist der Vater von über 130 Champions, und obwohl er inzwischen verstorben ist, fallen noch immer Welpen nach ihm, da schon Jahre vor seinem Tod Sperma von ihm tiefgefroren wurde. Auch Nachzucht von Hang 'em High hat hervorragend vererbt. Ch. Hickorynut's Hangman, ein Sohn aus einer Colegren Hündin, erwies sich für mehrere Zwinger als hervorragender Vererber und ist der Vater der wunderschönen Ch. Fairmont's Sound of Music, die die »National Specialty« gewann. Ein anderer Sohn Hang 'em Highs, Ch. Chardon Kentucky Derby, der ebenfalls mehrfach BIS wurde, erwies sich für den Chardon Zwinger von Charles und Donna Kitchell von unschätzbarem Wert. Eine Schwester Hang 'em Highs, Ch. Starbuck's Meadow Song, war die Hündin, die für Annette Didiers Meadow Crest Zwinger goldene Eier legte. Unter ihrer Nachzucht waren mehrere Champions sowie vorzügliche Deckrüden, sowohl aus Linienzucht als auch aus Outcross-Verpaarungen, wie Ch. Meadow Crest Grand Slam, Ch. Meadow Crest Winjammer (National Best of Variety Winner) und Ch. Starbuck's Full Count, Vater des Ch. Keith's Wilkeep Nicodemus. Auch der Merry Song Zwinger von Mara Braun und Nancy Bergstrom hat stark auf Hang 'em High liniengezüchtet und mehrere BIS Hunde wie Ch. Merry Song's High Performance und die »National Specialty« Siegerin Ch. Merry Song's Uppity Ms. From erhalten. Durch diese und andere Linien wird sich der legendäre Ruf Hang 'em Highs über Jahre hinweg in den Vereinigten Staaten wie auch im Ausland erhalten. Hang 'em High ist auch der Vater von US und GB Ch. Graadtres Hot Pursuit of Rossut, der wiederum Vater von Andrew Braces britischer Rekordhalterin Ch. Too Darn Hot for Tragband ist.

Sie zog immer die Blicke auf sich, die kleine 13 Inch Hündin Am. Ch. Lanbur Miss Fleetwood, der erfolgreichste Ausstellungsbeagle der USA aller Zeiten. Gezüchtet von Wade Burns und Jon Woodring aus Am. Ch. Lanbur The Company Car - Am. Ch. Altar's Lanbur Lacy J., im Besitz und vorgeführt von Eddie Dziuk. Foto: Kohler.

DER ÜBERRAGENDE DECKRÜDE DER 80er JAHRE

Der dominierende Deckrüde der 80er Jahre an der Ostküste war eindeutig der von Charles Grant und Marie Shuart gezüchtete 13 Inch Rüde Ch. Teloca Patches Littl' Dickens. Er wurde dreimal hintereinander Bester 13 Inch Beagle auf der »National Specialty« und legte die Grundlage für den Lanbur Zwinger von Jon Woodring und Wade Burns. Dickens' Einfluss auf die amerikanischen Beagles, vor allem auf die 13 Inch Varietät, kann nicht überschätzt werden, da er nicht nur häufig im groß angelegten Zuchtprogramm des Lanbur Zwingers zum Decken kam, sondern auch von anderen Zwingern benutzt wurde. Unter seiner Nachkommenschaft sind Ch. Meadow Crest's Fireside Chap, ein »Best In Show« Sieger (Mutter: Ch. Starbuck's Meadow Song) und wenigstens drei überragende Vererber. Der Erste, Ch. Sureluv's Fran-Ray's Bandit war der erfolgreichste Deckrüde 1989 und Vater des »National Specialty« Siegers Ch. Lanbur The Company Car, seinerseits Vater von Ch. Lanbur Miss Fleetwood. Der Zweite, Ch. Lanbur Roshan Hi Fidelity, wurde 1987 erfolgreichster Deckrüde und ist der Vater der »Best In Show« Sieger Ch. Lanbur Formal Edition und Ch. Sureluv's Chasin' Rainbows. Der Letzte, Ch. Lanbur Sureluv's Kandee Man (leberfarben!), ist der Vater der wunderschönen Hündin und »Specialty« Siegerin Ch. Fran-Ray's Lite-n-Lively. Auch wenn Dickens nicht nur 13 Inch Nachkommen hatte, so waren seine 13 Inch Kinder doch echte Beagle, kleine Hunde mit korrekten Proportionen und von großer Ausgeglichenheit, eine große Leistung.

Der Import neuer Linien aus Übersee ist äußerst begrenzt, da ehrlich gesagt, viele britische und australische Hunde wegen ihrer Größe uninteressant sind. Die strenge Disziplin bei der Einhaltung der Größengrenze in Amerika (Übergröße führt zur Disqualifikation) hat verhindert, dass die Rasse langsam und unmerklich größer wird, wie dies in anderen Ländern der Fall ist. Andererseits haben die strengen Quarantänebestimmungen und die hohen Kosten den Export amerikanischer Hunde nach England und Australien beschränkt. Ich habe gehört, dass einige Einschränkungen bald überarbeitet werden sollen, was ein globaleres Vermischen des Genpools ermöglichen sollte, wenn denn die besten Eigenschaften zusammenfinden.

Steht der amerikanische Beagle heute besser da als vor zwanzig Jahren? Ich möchte dies mit einem eindeutigen Ja beantworten. Dabei ist ein großer Teil des Erfolges der Unterstützung des National Beagle Clubs zuzuschreiben, der gute Arbeit bei der Ausbildung und Fortbildung der Richter über die Rasse leistet und Informationen über genetische Probleme verbreitet. Dieses Programm wird von Judy Musladin von den The Whim's Beagles vorangetrieben. Durch all diese Arbeit ist ein besserer Beagle in den Vereinigten Staaten im Entstehen. Ich möchte alle unsere Besucher aus Übersee einladen, sich auf unserer »National Specialty« einen Eindruck aus erster Hand zu verschaffen.

AMERIKANISCHE BEAGLEZÜCHTER HEUTE

Bei unserem Besuch der »National Specialty« 1995 bewunderten wir britischen Züchter die Ausgeglichenheit der amerikanischen Beagles und ihre augenfällige Kompaktheit, doch waren wir entschlossen, die Vorhandkonstruktion unserer Hunde zu erhalten, denn hier zeigen einige amerikanische Hunde Schwächen. Es ist meine Überzeugung, dass es viel Raum zur Zusammenarbeit zwischen gleichgesinnten britischen und amerikanischen Züchtern gibt, und vielleicht hilft ein größerer Austausch an Zuchthunden, die Kluft, die ganz offensichtlich zwischen den Hunden in beiden Ländern besteht, zu verkleinern.

In einer Kurzbiographie über zurzeit aktive amerikanische Züchter, möchte ich einen Querschnitt mit ausführlichen Informationen über die Zwinger geben, die besonders erfolgreich sind. Einige bestehen schon weit länger als andere, aber sie zeigen alle, dass in den USA wie auch in Großbritannien erfolgreiche Züchter sowohl bei jenen zu finden sind, die eine kleine Zahl an Zuchthunden im Haus halten als auch in groß aufgezogenen Zwingern.

BEOWULF

Terri Giannetti gründete ihren Beowulf Zwinger, nachdem sie sich ihren ersten Beagle, Am. Ch. Bridal Vale Beowulf Moody Blue gekauft hatte. Beowulf begann im kleinen Rahmen in der Gegend von Boston, während zur gleichen Zeit Ted Swedella seinen Temateki Zwinger auf Long Island gründete.

Da Moody Blue ein Sohn von Am. Ch. Chrisette's Macho Man war, nahm Terri sich als erste Zuchthündin Am. Ch. Chrisette's Beowulf Kashmir von Sandy Robichaud hinzu. Die Verpaarung von Kashmir mit Blue erwies sich als bedeutend für Beowulf, denn sie brachte mit der 13 Inch großen Am. Ch. Beowulf Days of Wine and Roses eine der bedeutendsten Hündinnen dieses Zwingers. In der Zwischenzeit hatte Ted von Garland und Karen Moores Buglair Zwinger eine 15 Inch Hündin namens Ch. Buglair Belle of Temateki erworben. Diese Hündin war wegen ihres grandiosen Gangwerks berühmt, und als sie unter Frank Sabella im Alter von sechs Monaten gegen Champions, die schon BIS gewonnen hatten, Beste ihrer Varietät wurde, äußerte Frank: »Endlich zeigt jemand einen Beagle, der aussieht wie ein Beagle!« Terri Giannetti bewunderte diese Hündin und versuchte vergeblich sie zu kaufen. Verschiedene weitere Möglichkeiten wurden von beiden Seiten angedacht, unter anderem der Tausch von Wine and Roses gegen Belle, aber vergeblich. Und so kann man mutmaßen, ob Terris und Teds Interesse an der Hündin des

OBEN: Am. Ch. Beowulf Mass In C Minor, ein 13 Inch Sohn von Am. Ch. White Acres Designer Label und Am. Ch. Beowulf Days of Wine and Roses. Foto: Booth.

LINKS: Am. Ch. Beowulf Running On Faith, der 15 Inch Sohn von Am. Ch. Beowulf Sharp Dressed Man und Am. Ch. Buglair Belle of Temateki.

anderen etwas mit ihrer späteren Heirat zu tun hat!

Die dritte bedeutende Blutlinie, die den Beowulf Zwinger ausmacht ist White Acres, heute im Besitz von Ed und Carol Tyte. Days of Wine and Roses wurde mit Am. Ch. White Acres Designer Label gepaart, und es fielen fünf Champions, unter ihnen Am. Ch. Beowulf Sharp Dressed Man, Am. Ch. Beowulf Mass In C Minor und Am. Ch. Beowulf Lipstick Sunset. Sharp Dressed Man deckte dann Am. Ch. Buglair Belle of Temateki, und hieraus stammt der vielfache Sieger Ch. Am. Ch. Beowulf Running On Faith, ein Hund mit wunderschönem Kopf, der auf Spezialzuchtschauen sehr erfolgreich war. Als Belle mit Mass In C Minor verpaart wurde, folgten vier weitere Champions, unter ihnen Am. Ch. Beowulf Serenade For Winds. Beowulf hat bisher mehr als 25 Champions gezüchtet und darüber hinaus hat Mass In C Minor über 20 Champions für andere Zwinger gebracht.

Terri selbst sagt: »Man hört häufig, dass die Hauptmerkmale unserer Beagles sich um Begriffe wie *hübsch* und *ansprechend* bewegen. Das heißt aber nicht, dass korrekte Bewegung ausgespart wird; wir versuchen vielmehr, auch diese Bereiche zu verbessern. Allerdings würde ein Hund mit gutem Bewegungsablauf aber von gewöhnlichem Aussehen bei Beowulf recht einsam sein, denn es bestände die Gefahr, dass so der Typ verloren geht.

Der gegenwärtige Standard gibt dem Kopf und der Gesamterscheinung einen höheren Stellenwert als der Bewegung. Auch wenn ich glaube, dass ein guter Bewegungsablauf einer der Faktoren ist, der dem Hund die Möglichkeit zur ausdauernden Arbeit im Feld gibt, so halte ich es doch nicht für wesentlich, dass besagter Hund sich wie ein Afghane bewegt.«

FULMONT
William und Julie Fulkerson züchteten ihren ersten Wurf 1962 in den Hügeln Tennessees. Die Fulmont Beagles gehen auf CS, SK, DoMor und Renoca Linien zurück. Die Verbindung ihrer ursprünglichen Linie mit Page Mill von Carroll Diaz (seinerzeit noch Gordon) brachte vorzügliche Ergebnisse. Am. Ch. Fulmont's Megan ging sowohl auf Am. Ch. Page Mill Stagehand wie Am. Ch. Page Mill Trademark zurück. Ein Sohn Stagehands (Am. Ch. Fulmont's Pub Crawler) wurde anschließend mit seiner Halbschwester, einer Tochter von Trademark (Am. Ch. Fulmont's Fable) verpaart, und es fiel Ch. Fulmont's Flash Cube, ein 13 Inch Rüde, der als erster zweifarbiger Beagle überhaupt »Best In Show« wurde. Flash Cube wurde später der Vater von Am. Ch. Page Mill On the Road Again, einem Deckrüden, der für viele Zwinger bedeutend war, einschließlich den der Fulkersons. Zwei seiner Söhne, Am. Ch. Swan Lake Fail Safe und Am. Ch. D'Capri's Tribute, haben dem Fulmont Zuchtprogramm ebenfalls weitergeholfen. Bei Fulmont wird nur im kleinen Rahmen gezüchtet, ein bis zwei Würfe im Jahr. Julie Fulkerson: »Wir konzentrieren uns auf korrekte Winkelungen und Bewegung sowie einen Typ, in dem sich Eleganz und Substanz die Waage halten.«

MEADOW CREST
Der Didier Zwinger entstand mit dem Erwerb von Am. Ch. Starbuck's Meadow Song. Ihr erster Wurf fiel 1979, und darin lagen Am. Can. Ch. Meadow Crest's Grand Slam, Am. Can. Ch. Meadow Crest's Top O' The Ninth und Ch. Starbuck's Full Count. Ihr Vater war Am. Ch. Hickorynut's Hangman. Während Meadow Song eine Tochter von Am. Ch. The Whim's Buckeye war, stammte Hangman von dem legendären Vererber und Buckeye Sohn Am. Ch. Starbuck's Hang 'em High. Unter ihren Vorfahren hatte Meadow Song auch Am. Ch. Sunbriar Lucky Star, wodurch die Starbuck Linie verstärkt wurde und den Outcross Am. Can. Ch. Teloca Patches Littl' Dickens. Diese Linien legten die Basis, aus denen bis heute Typ, Aufbau und Bewegung der Meadow Crest Beagles herrühren. In jüngerer Zeit wurden diese Linien durch Buglair, Validay und White Acres sowie Sergeant Pepper (Niederlande) und Red Baron (Deutschland) erweitert. Meadow Song ist die Mutter von zwölf Champions, fünf ihrer Nachkommen gewannen die Gruppe. Ihr Sohn Grand Slam brachte 19 Champions, darunter Am.

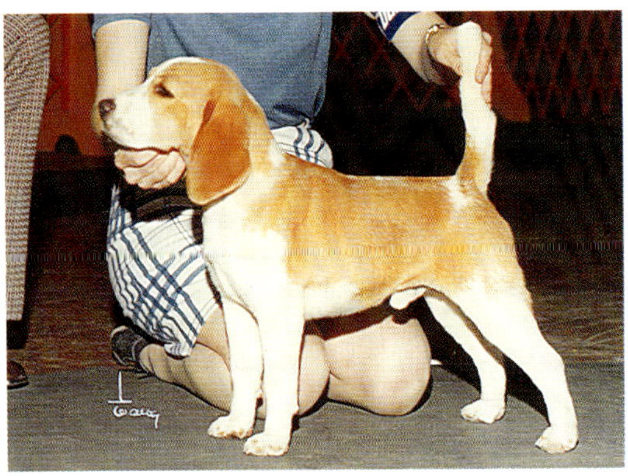

Am. Ch. Fulmont's Flashcube, ein 13 Inch Rüde, der erste zweifarbige Beagle, der das BIS gewann. Foto: Twomey.

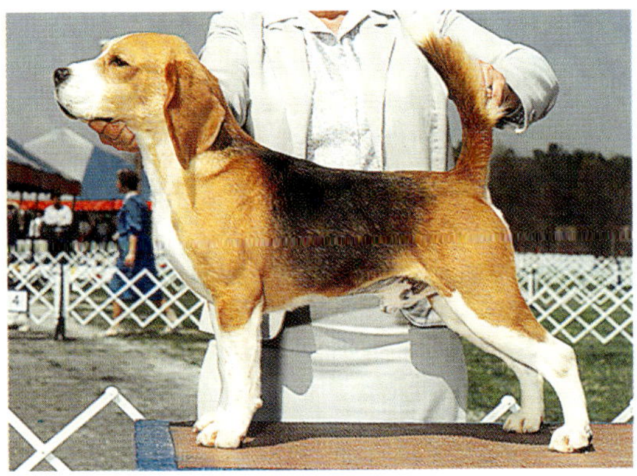

Großen Einfluss auf die Zucht der Fulmont Beagles hatte Am. Ch. D'Capri's Tribute von Julie Fulkerson/Sharon Clark. Foto: Alverson.

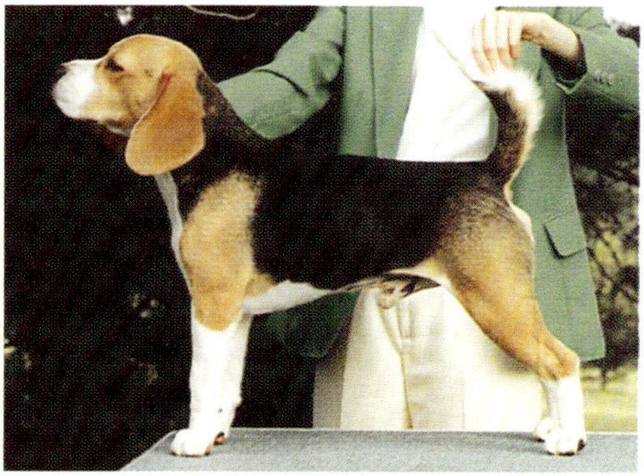

Am. Can. Ch. Meadow Crest's Grand Slam, ein 15 Inch Sohn von Am. Ch. Hickorynut's Hangman und Annette Didiers Basishündin Am. Can. Ch. Starbuck's Meadow Song.
Foto courtesy: Didier.

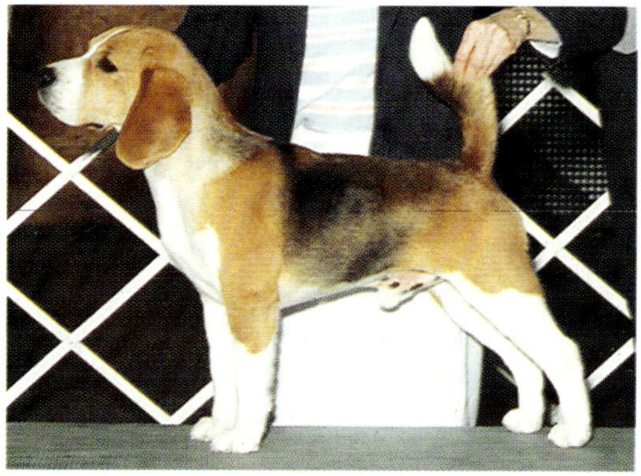

Der von Annette Didier gezüchtete 15 Inch Rüde Am. Ch. Meadow Crest's Fireside Chap, ein Sohn von Am. Can. Ch. Teloca Patches Littl' Dickens und Am. Can. Ch. Starbuck's Meadow Song. *Foto: Booth.*

Ch. Starbuck's Fair Warning, den erfolgreichsten Ausstellungsbeagle der USA 1983. In Meadow Song's viertem Wurf lag Am. Ch. Meadow Crest's Fireside Chap, der als erster Beagle des Zwingers »Bester aller Rassen« wurde. Sowohl Am. Ch. Meadow Crest's Masterpiece als auch Am. Ch. Meadow Crest's Winjammer, aus Song's zweitem Wurf nach Hangman, wurden Beste ihrer Varietät auf Spezialzuchtschauen, Masterpiece sogar mehrmals. Annette Didier's züchterische Schwerpunkte umfassen Typ, Korrektheit, Wesen, Substanz und Ausgewogenheit. Sie erklärt: »Obschon jedes einzelne dieser Elemente ein Muss für den kompletten Beagle ist, so ist eines so wichtig wie das andere. Alles muss miteinander harmonisieren und sich ergänzen, nur das ergibt den ›richtigen‹ Beagle. Ein Beagle kann von hervorragendem Typ sein - aber ohne korrekte Konstruktion, angemessene Substanz und Ausgewogenheit kann er nicht richtig funktionieren. Ein gut konstruierter Hund mit korrektem Gangwerk ist jedoch wertlos, wenn Wesen und Typ zu kurz kommen. Das zeichnet einen Beagle als Beagle aus - alle anderen Rassen einmal beiseite gelassen.«

SHADOWLAND

Aus der Kombination von Ralph C. Bargers Shadowrock und Andrea C. Bradfords Crackerland entstand der Shadowland Zwinger der beiden heutigen Partner. Andrea Bradford gesteht ein, dass ihr erster Zuchtversuch mit Beagles nicht allzu glücklich war. 1984 fiel der erste Wurf von sechs Welpen - die Rüden brachten es auf insgesamt drei Hoden, aber nicht einer von ihnen hatte zwei! So wagte sie einen Neubeginn und kaufte sich von Sharon Clark mit Am. Ch. Swan Lake Kelly Girl eine neue Zuchthündin. Von dieser Hündin an züchtete man mit großem Erfolg mit Page Mill und Fulmont Linien weiter; und bis heute hat es der Zwinger auf 26 Champions gebracht. Typisch für diese ist der bekannte rot-weiße 15 Inch Rüde Am. Ch. Shadowland I Say Again, den Sharon Clark zu vielen bemerkenswerten Siegen führte. Shadowland war viele Jahre lang auch die Heimat von Am. Ch. Fulmont's Fire Cracker, der für Andrea Bradfort ein großartiger Gefährte war und ihr gemeinsam mit Julie Fulkerson gehörte. Bezüglich ihrer Prioritäten hinsichtlich ihrer Beagles sagt Andrea Bradford: »Die wichtigsten Eigenschaften sind für mich der

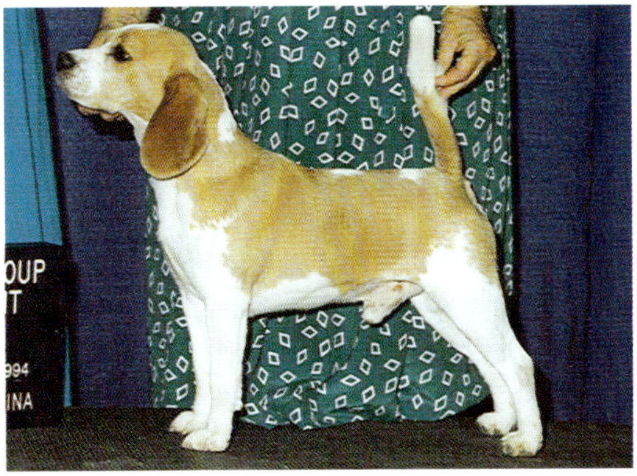

Am. Ch. Shadowland I Say Again, ein 15 Inch Rüde im Besitz von Andrea Bradford und Ralph Barger. Foto: Earl Graham.

Gesamttyp und der Bewegungsablauf. Ein Hund, der in Wald und Feld arbeiten soll, muss eine raumgreifende Bewegung sowie Ausdauer haben. Ich bin mir nicht sicher, ob der Bewegungsablauf einiger Ausstellungsbeagles diesen Anforderungen gerecht wird, aber der Typ der Arbeitsbeagle ist oft entsetzlich.«

SHAW'S

John und Peggy Shaw haben inzwischen etwa 78 Champions besessen bzw. gezüchtet. Sie erwarben ihren ersten Beagle 1974, Am. Ch. Timeric's I've Got Dibbs, eine 13 Inch Hündin, die an sechster Stelle geführt wurde. 1975 kauften sie mit Am. Ch. Timeric's Hilda eine zweite 13 Inch Hündin; und diese beiden Hündinnen legten den Grundstein zu ihrem Zwinger. Sie hatten vorwiegend Busch Vorfahren und wurden von daher mit Busch Rüden verpaart. Der erste Wurf bestand aus einem Welpen, Am. Ch. Shaw's I've Got Charm, nach Am. Ch. Busch's Ranch Hand und Dibbs. Charm wurde später mit Ch. Shaw's Watch Out for Hermie, einem Enkelsohn Hildas, verpaart und von nun an begannen John und Peggy eine sehr korrekte Hündinnenlinie aufzubauen, die äußerst ausgeglichene Nachzucht brachte; doch erhielten sie nicht den Rüdentyp, den sie sich wünschten. So erwarben sie 1985 Am. Ch. Kamelot and Shaw's Kome Lately, einen 15 Inch Sohn von Am. Ch. Starbuck's Hang 'em High und Enkelsohn von Am. Ch. Plain and Fancy Clover. Dieser Rüde erwies sich bei Verpaarungen mit Hermie Töchtern als sehr erfolgreicher Outcross. Die Paarung Kome Latelys mit Am. Ch. Shaw's Ado Annie brachte die Rüdenlinie, die sich die Shaws gewünscht hatten; es fiel Am. Ch. Shaw's Mikey Likes It, der inzwischen über 25 Champions in seiner Nachzucht hat und auch den Titel »Deckrüde des Jahres« erwarb. Anschließend kam noch Am. Ch. Echo Run Kindred Spirit hinzu, eine Outcross Hündin, die aber die Hang 'em High Linie aufnahm. Von ihrer Besitzerin vorgeführt, war sie im Ausstellungsring sehr erfolgreich, gewann einige BOBs und mehrfach die Gruppe und die Ehrenauszeichnung des National Beagle Clubs. Als sie mit Mikey Likes It verpaart wurde, fielen Am. Ch. Shaw's Spirit of the Chase, Bester Hund auf der National 1994, Am. Ch. Shaw's Share the Spirit, Gewinner mehrerer BOBs und Am. Ch. Shaw's Esprit de Corps, ebenfalls Sieger seiner Varietät. Sowohl Am. Ch. Shaw's Friendly Ghost als auch Am. Ch. Shaw's Maser Shaw siegten bei Ausstellungen

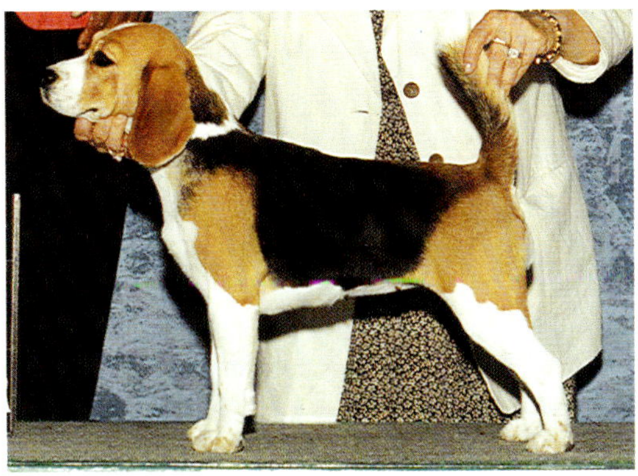

Am. Ch. Shaw's Share The Spirit, eine 13 Inch Hündin. Sie ist eine Schwester von Am. Ch. Shaw's Spirit of the Chase und stammt von Am. Ch. Shaw's Mikey Likes It und Am. Ch. Echo Run Kindred Spirit. Foto: Booth.

des National Beagle Clubs. Ziel der Shaws ist es, korrekte, typische Beagles mit fehlerfreiem Bewegungsablauf, Intelligenz und extrovertiertem Wesen zu züchten.

Am. Ch. Skyline Special Effects, eine 13 Inch Tochter von Am. Ch. Meadow Crest's To The Point und Skyline's Private Collection.
Foto: Ashbey.

SKYLINE
Kathy und Judy Forbes, die 1961 mit der Bassetzucht begonnen hatten, bekamen 1985 ihren ersten Beaglewurf. Kathys erster Beagle war Am. Ch. Merry Song's Husker, und bis heute gibt es 32 Champions bei Skyline, von denen bis auf vier alle selbst gezüchtet sind oder von einem ihrer Deckrüden abstammen. Die meisten von ihnen werden von Kathy selbst vorgeführt. Der Zwinger baut ursprünglich auf The Whim's, Meadow Crest und Merry Song Linien auf. Der erste Champion war Am. Ch. Skyline's Thief Of Hearts, die ihren Titel vollendete, als sie auf ihrer ersten »National Beagle Club Specialty« 1986 Rassebeste wurde. Später wurde Am. Ch. Meadow Crest's To The Point dazugekauft, der seither seinen großen Einfluss auf das Zuchtprogramm nimmt. 1992 wurde Am. Ch. Wishing Well's Love Song erworben, die sich gut eingeführt hat und mehrere BOBs gewann. Die Forbes versuchen gute, korrekte Beagles von gutem Typ mit korrekter Bewegung in Vor- und Hinterhand zu züchten. Ihr Zuchtziel ist ein ausgewogener Hund von korrekter Größe und korrekten Proportionen, und wie Kathy sagt: »Wir konzentrieren uns auch darauf, Gesundheits- und Wesensprobleme, die in der Rasse verbreitet sind, zu bekämpfen.«

TELOCA
Während Marie Shuart ursprünglich ihre Beagles unter dem Namen Robin's züchtete, so ist sie doch unter dem Zwingernamen Teloca weit bekannter. Sie züchtete ihren ersten Wurf 1966 und baute ihre Linie auf King's Creek Blut auf. Am. Ch. Robin's Red of Honey Hill wurde der erste Champion und Träger des ersten Gehorsamkeitstitels aus diesem Zwinger. Sie war eine vorzügliche Zuchthündin und seit ihrer Zeit hat es ca. 150 Teloca Champions gegeben. Der bekannteste unter ihnen ist zweifelsohne Am. Ch. Teloca Patches Littl' Dickens, der einige Jahre lang der erfolgreichste Ausstellungshund und Vererber war. Er wurde mehrfach BIS auf Spezialzuchtschauen und allgemeinen Rassehundeausstellungen. Die Besitzerin des Teloca Zwingers nimmt mit ihren Beagles sowohl an Ausstellungen als auch an Obedience Wettbewerben teil und legt von daher großen Wert auf ideales Wesen.

THE WHIM'S
Der The Whim's Zwinger wurde von Dr. Tony Musladin und seiner Frau 1965 gegründet, als auch der erste Wurf fiel. Am. Ch. Page Mill Wildfire, eine 13 Inch Hündin, war von Art und Carroll Gordon (jetzt Diaz) im Alter von drei Monaten gekauft worden. Nach Abschluss ihrer Ausstellungskarriere wurde diese herrliche Hündin von Am. Ch. Page Mill Trademark gedeckt und warf vier Welpen. Eine Hündin aus diesem Wurf, Am. Ch. The Whim's Firecracker, wurde später von ihrem Großvater mütterlicherseits, Am. Ch. Wandering Wind, gedeckt und vererbte

Drei von Marie Shuarts ersten Beagles, die alle Obedience Titel errangen, (von links nach rechts) Am. Ch. Robin's Red of Honey Hill CD, Lady Susan of Camelot CD und Am. Ch. Robin's Luv CD.

Foto courtesy: Stuart.

sehr gut. Welpen aus dieser Verpaarung fanden ihren Weg nach Kanada und Dänemark, wo sie ebenfalls sehr gut vererbten. Der bedeutendste Hund aus diesem Wurf war aber Am. Ch. The Whim's Buckeye, ein 13 Inch Rüde, der einer der überragenden Hunde der 70er Jahre war. Er war für die Rasse von größter Bedeutung und ist der Vater von 99 Champions, von denen viele Rassebeste auf Spezialzuchtschauen und allgemeinen Rassehundeschauen wurden. Und auch seine Nachzucht überragte als Vererber. Sein Sohn, Am. Ch. Starbuck's Hang 'em High, übertraf die Erfolge seines Vater im Ring und als Vererber. Auch die britische Beagleszene wurde von Buckeye bis zu einem gewissen Grad beeinflusst, denn Ch. Am. Ch. Graadtres Hot Pursuit of Rossut stammte aus der Verpaarung eines Buckeye Sohnes und einer Buckeye Enkeltochter. Die Musladins haben mehr als 70 Hunde zu Championehren geführt. Wie sie interessanterweise selbst zugestehen, bewährte sich ihre eng gezüchtete Linie mit wenigen Ausnahmen bei Rüden besser als bei Hündinnen. Am. Ch. The Whim's Cock of the Walk war ein interessant gezüchteter Rüde. Er stammte aus der Verpaarung Am. Ch. The Whim's Buckeye - Am. Ch. The Whim's Chatterbox. Chatterbox stammte von Am. Ch. The Whim's Priscilla Mullins (eine Schwester Buckeyes) und Am. Ch. Seven Hills Black Gold, dem Hund, der die Rasse in Dänemark so nachhaltig beeinflussen sollte. Cock of the Walk wurde der Vater von 42 Champions, darunter viele Rassebeste. Wesen steht bei den Musladins an vorderster Stelle, gefolgt von Ausgewogenheit und Korrektheit. Judy Musladin sagt: »Ein sanfter Ausdruck ist genauso wichtig wie eine gerade Oberlinie.«

Tony und Judy Musladins Am. Ch. The Whim's Buckeye, ein herausragender 13 Inch Rüde, der mehrfach BIS gewann und 44 Mal die Gruppe für sich entschied. Er war der erfolgreichste Beagle der USA 1970, 1971 und 1972, ist der Vater von 99 Champions. Bis zu einem gewissen Grad beeinflusste er auch die Rasse in Großbritannien, da der Importrüde Ch. Am. Ch. Graadtres Hot Pursuit of Rossut aus der Verpaarung eines Buckeye Sohnes mit einer Buckeye Enkeltochter stammte. *Foto: Musladin.*

WHISKEY CREEK

Am. Ch. Whiskey Creek's Headliner, ein Sohn von Am. Ch. White Acres I'm Heavenly Too und Am. Ch. Whiskey Creek N'Erin's Maddy Hays. Gezüchtet von Michelle Sager und Tony Castellano.

Foto: Ashbey.

Obwohl Michelle Sager und ihr Partner Tony Castellano ihren ersten Beagle in den 60er Jahren erwarben, begannen sie erst 1976 mit der Beaglezucht. Ihr heutiges Zuchtprogramm begannen sie in den frühen 80ern mit Whiskey Creek's Pretender, den sie von Robert Felty erwarben. Sie war eine Tochter von Am. Ch. Meadow Crest Grand Slam und die Ausgangshündin der Whiskey Creek Beagles. Verpaart mit Am. Ch. Meadow Crest Beau of Temateki brachte sie neben anderen Am. Ch. Whiskey Creek's Jokeman CD und Am. Ch. Whiskey Creek N'Erin's Maddy Hays; die beiden Hunde, die das Zuchtprogramm des Zwingers im letzten Jahrzehnt maßgeblich beeinflussten. Diese Hunde mit ihrer Nachzucht, die viel Meadow Crest Blut sowie Bayou Oaks und White Acre Blut führen, machen heute den Großteil der Hunde dieses Zwingers aus. Im Laufe der Jahre sind bei Whiskey Creek trotz begrenzter Zuchtmaßnahmen 36 Champions gezüchtet oder gehalten worden. Dazu gehören Am. Ch. Whiskey Creek's Glory Days, Sieger auf der National Specialty 1985, Am. Ch. Whiskey Creek's Racer's Edge, der 1984 in Westminster seine Varietät gewann. Michelle Sager betrachtet Jokeman als ihren bedeutendsten Beagle als Vererber, Gefährte und als Beispiel für einen guten Zuchttyp. Er hat vielen seiner Nachkommen mit den verschiedensten Hündinnen seinen Stempel aufgedrückt. Maddy Hays wurde 1992 mit Am. Ch. White Acres I'm Heavenly Too verpaart und brachte Am. Ch. Whiskey Creek's Headliner, der heutzutage der erfolgreichste Ausstellungshund des Zwingers ist. (Interessanterweise wird er meist von Mike Scott vorgeführt, den Sohn von Ray und Ginger Scott, denen der Kamelot Zwinger gehörte, von dem etliche andere Zwinger in nicht unerheblichem Maße beeinflusst wurden). Headliner überzeugt auch als Vererber. Michelle sagt: »Bei der Weiterentwicklung unseres Zuchtprogramms konzentrieren wir uns auf die Festigung eines guten Typs, mit schönem Kopf, leicht werfenden Hündinnen und einem Wesen, das das Zusammenleben mit dem Beagle zur Freude macht. Wir haben keine Bedenken, andere Linien mit hinzuzunehmen, wenn wir meinen, sie könnten die Qualität unserer Hunde verbessern. Manchmal haben wir dabei Erfolg, manchmal auch nicht. In den letzten Jahren haben wir dadurch erreicht, auch die Front und den Bewegungsablauf unserer Hunde zu verbessen, und wir freuen uns auf die kommenden Jahre mit den Beagles.«

KANADA

Zwar gibt es in Kanada ein reges Interesse an der jagdlichen Betätigung mit Beagles und von daher einige aktive Jagdvereinigungen, doch befindet sich die Rasse, was das Ausstellungswesen betrifft, in einem Wellental, und auf vielen Ausstellungen liegen die Meldezahlen bei den Beagles im einstelligen Bereich. Doch gibt es einige Unentwegte, die auch weiterhin Spitzenhunde züchten, die nicht nur in Kanada sondern auch in den USA gewinnen können.

In den 60er Jahren hatten Züchter wie Phillip Jacobi (Jacobi Zwinger) und Betty McKillop

(Branchflower) Beagles gezüchtet, auf denen andere ihre Zucht aufbauen konnten. Der Briarpatch Zwinger von Donna James wurde mit Jacobi Hunden begründet und war in den 80ern äußerst erfolgreich. Die Hunde wurden meist von ihrer Tochter, Sue-Ellen Rempel, einer anerkannten Spezialzuchtrichterin, vorgeführt. In den 70er Jahren kamen einige große Sieger aus dem Buttonwood Zwinger von Dorothy und Roy Hornbostel. Und Dennis Somers züchtete nicht nur große Sieger für den eigenen Densom Zwinger, sondern auch Hunde, die die Grundlage für andere Zwinger legen sollten.

Die gebürtige Australierin Gwen Marotte importierte nach ihrer Übersiedlung nach Kanada Hunde aus ihrem Heimatland. Ihr Yarra-Belle Zwinger vereinte britische Rozavel mit amerikanischen Elsy's Beagles, und später kam noch Whim's Blut hinzu. 1979 wanderten David und Beryl Broadbent von Nordengland, wo sie von Ruth Brucker (Twinrivers) an das Ausstellen von Beagles herangeführt worden waren, nach Kanada aus. Einer ihrer ersten Beagles war ein Sohn des amerikanischen Importrüden Rozavel Elsy's Diamond Jerry. Später nahmen sie Rossut, Pinewood, Saravere und Wembury Linien mit in ihr Zuchtprogramm auf. Sie nahmen dann eine Saravere Hündin mit nach Kanada und bezogen später mit einigem Erfolg Densom und amerikanische Meadow Crest Beagles mit in ihr Zuchtprogramm ein.

Jane Lloyd erwarb ihren ersten Beagle 1957 vom Jacobi Zwinger. Die heutigen Hunde ihres Terwillegar Zwingers stammen jedoch von Yarrabelle Rüden und einer Whim's Hündin. US Can. Ch. Whim's Raise The Roof war eine Zeitlang die überragende Beaglehündin in kanadischen Ausstellungsringen. Als sie später von einem Page Mill Rüden gedeckt wurde, warf sie Am. Can. Ch. Terwillegar's Hit The Roof, der drei Jahre lang Topbeagle Kanadas war. Janes Zwinger hat 15 Jahre lang die Rasse in Westkanada angeführt und zurzeit stellt sie Am. Can. Ch. Terwillegar's Country Boy aus.

Bill und Shirley Winslows Interesse am Beagle erwachte 1982, als sie einen Hund als Spielgefährten für ihren Sohn erwarben. Der erste Welpe, den sie züchteten, wurde auch ihr erster Champion. Lenwins Solo Flight war darüber hinaus auch in Ausbildungswettbewerben erfolgreich. Die Teilnahme an Obedience Veranstaltungen, so behauptet Shirley, lehrten sie Bescheidenheit und Beharrlichkeit. Später arbeitete der Lenwins Zwinger mit John und Peggy Shaw aus Illinois zusammen, aus deren Shaw Zwinger schon mehrere Generationen vorzüglicher Champions gekommen sind. Aus der Verpaarung von Birchwood Justa Nuff Lenwin mit Am. Ch. Shaw's Mikey Likes It, stammt Shirleys Can. Ch. Lenwin's Dan Dee Li'l Duffer, der von seiner Besitzerin als der Ausstellungshund schlechthin bezeichnet wird. Neben seinen Erfolgen im Ausstellungsring war er auch als Vererber erfolgreich. Für die Shaws brachte er Am. Ch. Shaw's Savanah Rose, die wieder an die Winslows ging und die Mutter des heutigen Hauptdeckrüden des Lenwin Zwingers wurde, Can. Ch. Lenwin's Nifty Li'l Nipper.

Kapitel 14

BEAGLES IN DEUTSCHLAND

von Thomas Warneke

Es ist heute nicht mehr festzustellen, wann die ersten Beagles nach Deutschland kamen. Wahrscheinlich ist aber, dass diese gegen Ende des 19. Jahrhunderts zur Meutejagd eingeführt wurden. Über viele Jahre hinweg blieb der Beagle als Haushund eine absolute Seltenheit. Und so verwundert es nicht, dass es bis ins Jahr 1972 dauerte, bevor sich mit dem Beagle Club Deutschland e. V. ein Verein gründete, der sich der Förderung dieser liebenswerten Rasse verschrieb. Schon kurze Zeit nach seiner Gründung gab sich der Verein seine erste Zuchtordnung und wurde schon zu Beginn des Jahres 1973 in den Verband für das Deutsche Hundewesen e. V. (VDH) aufgenommen. Waren es anfangs nicht einmal 20 Mitglieder, die sich zusammengetan hatten, so wuchs deren Zahl stetig an. 1974 wurde für die Mitglieder erstmals eine eigene, bis heute vierteljährlich erscheinende Vereinszeitung, der *Beagle Brief,* kurz und liebevoll *BB* genannt, herausgegeben. Im Laufe der Jahre wurde nicht nur das Layout mehrfach modernisiert, auch der Informationsgehalt und damit der Umfang nahmen zu.

1975 fand dann in Karlsruhe die erste Clubsiegerschau des BCD statt. Und im folgenden Jahr wird der BCD Mitglied im Jagdgebrauchshundeverband (JGHV). 1977 wird Wolfgang Ellissen zum Vorsitzenden des BCD gewählt. Er übt dieses Amt 22 Jahre lang aus, bevor er 1999 Ehrenvorsitzender des BCD wird. 1979 tritt der ehemalige Beagle Verein Deutschland, letztlich eine Berliner Vereinigung, dem BCD bei und erhält den Status einer Landesgruppe. In den 80er und 90er Jahren werden dann weitere Landesgruppen innerhalb des BCD gegründet. Anfang der 80er Jahre wird die Zuchtdatei auf EDV umgestellt, was auch neue Ahnentafeln mit sich bringt.
Am 29.08.82 wird in Berlin die erste Landesgruppenschau abgehalten, gerichtet werden die Beagles von der Spezialzuchtrichterin Frau Dr. Rudorf-Stever.

1984 erscheint das erste Zuchtbuch des BCD, das die Jahrgänge 1968 - 1983 umfasst. Ab 1988 erscheint das Zuchtbuch dann jährlich und bietet den Züchtern einen umfassenden Überblick über das Zuchtgeschehen innerhalb des BCD. Ein Jahr später findet in Hannover die erste Züchterversammlung statt. Auch diese Veranstaltung, die sowohl der Weiterbildung als auch dem Informationsaustausch der Züchter gilt, findet inzwischen jährlich statt.

1990, der BCD hat inzwischen über 1.000 Mitglieder, findet in Rathenow die Gründungsversammlung des Beagle-Vereins der DDR statt. Noch im gleichen Jahr wird dieser angesichts des sich abzeichnenden Vereinigungsprozesses wieder aufgelöst, und die meisten Mitglieder treten dem BCD bei.

1997 findet auf der Burg Satzvey die Jubiläumsfeier zum 25jährigen Bestehen des BCD statt. Auf der angeschlossenen Clubsiegerschau werden über 100 Hunde gerichtet.

1999 richtet die Landesgruppe Berlin-Brandenburg im Berliner Umland die 25. Clubsiegerschau des BCDs aus; gerichtet werden die Hunde erstmals von einer amerikanischen Spezialzuchtrichterin, Mrs. Karen Moore.

Der BCD hat jetzt über 1.600 Mitglieder. In seiner Vereinszeitschrift, dem *Beagle Brief*, werden diese ausführlich über den Beagle im Allgemeinen, seine Aufzucht und Erziehung, über das Zuchtwesen, Ausstellungen und jagdliche Aktivitäten unterrichtet. Die über ganz Deutschland verteilten Landesgruppen bieten Gelegenheit zu gemeinsamen Spaziergängen, zur Ausbildungsarbeit, zu geselligem Beisammensein und Erfahrungsaustausch und organisieren Vortragsabende und viele andere Aktivitäten.

Der Verein setzt sich aktiv für den Tierschutz ein und die Welpenvermittlung hilft nicht nur den jährlich über 500 BCD-Welpen bei der Suche nach dem idealen Frauchen und Herrchen, sondern auch Beaglen in Not.

BEAGLEZUCHT IN DEUTSCHLAND

Hat man einen Beagle mit vom VDH und der FCI und damit auch vom BCD anerkannten Papieren und möchte mit diesem im BCD züchten, so bedarf es neben der Mitgliedschaft einiger weiterer Voraussetzungen. Als erstes muss ein Zwingerschutz, also ein Name, unter dem die Welpen gezüchtet werden, beantragt werden. Alsdann muss der kommende Züchter eine schriftliche Prüfung ablegen, in der er nachweisen muss, dass er über genetische Grundkenntnisse verfügt und sich mit Fragen der Vererbung auseinander gesetzt hat. Nachzuweisen ist auch das nötige Wissen über die Pflege der trächtigen Hündin, den Wurfvorgang und die Aufzucht der Welpen. Ist diese Hürde genommen, erfolgt die Zwingererstbesichtigung. Nur wer über den nötigen Platz und genügend Zeit verfügt, wird als Züchter zugelassen. Die Welpen brauchen nicht nur einen geräumigen Schutzraum und genügend Auslauf, mindestens genauso wichtig ist die regelmäßige, intensive Betreuung und Prägung auf den Menschen.

Hat der zukünftige Züchter seine Eignung nachgewiesen, ist die Hündin an der Reihe. Um zuchttauglich zu werden, müssen die Hüften geröntgt werden. Auch wenn der Beagle kaum unter Hüftgelenksdysplasie leidet, so darf doch nur mit Hunden gezüchtet werden, deren Hüften in Ordnung sind. Schließlich soll die Bewegungsfähigkeit dieses lauffreudigen Hundes nicht gefährdet werden. Anschließend gibt es zwei Möglichkeiten, die Hündin zuchttauglich zu machen. Wählt man den Weg über Ausstellungen, muss sie mindestens einmal mit »vorzüglich«, der bestmöglichen Bewertung, und zweimal mit »sehr gut« bewertet werden. Oder aber man geht zu einer Ankörung, wo die Hündin von zwei Spezialzuchtrichtern gründlich auf ihre Zuchttauglichkeit hin begutachtet wird. Hat sich auch die Hündin qualifiziert, ist der Weg zum Deckrüden, der die gleichen Anforderungskriterien zu erfüllen hat, frei.

Sind die Welpen geboren, muss deren Gesundheit und die der Mutterhündin von einem Tierarzt oder Vereinszuchtwart bestätigt werden. Bevor die Welpen dann nach der 8. Woche in ihre neuen Familien wechseln, müssen sie gegen Staupe, Hepatitis, Leptospirose und Parvovirose geimpft sein. Der Zuchtwart begutachtet sie hinsichtlich ihrer Gesundheit, Erbfehler, korrekter Ernährung sowie Sauberkeit und Verhaltensauffälligkeiten. Anschließend werden die Welpen tätowiert, um sie jederzeit wieder identifizieren zu können.

Der Welpenkäufer erhält neben seinem gesunden Welpen die Ahnentafel, welche die Abstammung des Hundes dokumentiert, den Impfpass und einen Wurfabnahmebericht, in dem der Gesundheits- und Pflegezustand, sowie etwaige Fehler sämtlicher Wurfgeschwister festgehalten sind. 1998 fielen im BCD 119 Würfe mit 572 Welpen. Diese fielen in verschiedenen Zuchtklassen: Formwertzucht (wie oben beschrieben), Jagdliche Anlagenzucht (zusätzlich Spurlautprüfung und Schussfestigkeit beider Elternteile), Jagdliche Leistungszucht (Spurlautprüfung, Schussfestigkeit und jagdliche Prüfung, z. B. Schweiß), Siegernachzucht (beide Elternteile führen Siegertitel). Die große Mehrzahl der BCD Züchter planen pro Jahr nur 1-2 Würfe, was eine optimale Betreuung der Welpen ermöglicht.

25 Jahre BCD. Clubsiegerschau in Satzvey. Richterin Mrs. Marion Sparin mit den CAC und CAC-Reserve Rüden.

AUSSTELLUNGSWESEN

Beagles mit vom VDH anerkannten Ahnentafeln können in Deutschland auf internationalen Rassehundeausstellungen und Spezialzuchtschauen ausgestellt werden. Die internationalen Rassehundeausstellungen werden vom VDH oder dessen Landesverbänden ausgerichtet und stehen Hunden aller Rassen offen. Diesen ca. 17 Ausstellungen im Jahr gliedert der BCD Sonderschauen an, d. h., er lädt den Richter/die Richterin ein und organisiert den Ablauf im Ring. Zumeist finden diese Ausstellungen in großen Hallen, meist Messehallen statt. Die Hunde können hier Titelanwartschaften für den Deutschen Champion (VDH und BCD) und den Internationalen Champion (FI) erringen. Die beiden größten Ausstellungen dieser Art finden in Dortmund statt, im April/Mai die VDH-Europasieger-Zuchtschau, im Oktober die Bundessieger-Zuchtschau. Auf diesen Ausstellungen können Besucher um die 60 Beagles bewundern. Von mehreren Landesgruppen des BCD werden zusätzlich Landesgruppenausstellungen/Spezialzuchtschauen veranstaltet. Diese sind über das gesamte Bundesgebiet verteilt. Die Ausstellungen finden teilweise im Freien statt und - mit Ausnahme der Hound-Show, bei der neben den Beagles noch zwei, drei weitere Jagdhundrassen gezeigt werden - können hier nur Beagles ausgestellt werden. Auch hier können die Hunde Anwartschaften auf nationale Titel, nicht aber auf den Int. Ch. erwerben. Die Meldezahlen liegen bei ca 40 Hunden, doch gibt es auch Landesgruppenausstellungen mit fast 100 Beagles.

Das größte Ereignis im Ausstellungsbereich ist die Clubsiegerschau, die im Wechsel von den einzelnen Landesgruppen ausgerichtet wird. Hier treffen sich jährlich die »Schönsten der Schönen«, um die Clubjugendsieger und Clubsieger des Vereins zu ermitteln. 1975 richteten Marion Spavin und David Webster anlässlich des 25jährigen Clubjubiläums über 100 Beagles. 1999 findet die 25. Clubsiegerschau des BCD statt. Ausgerichtet wird diese Jubiläumsschau von der LB Berlin-Brandenburg im Umland von Berlin; und gerichtet werden die Hunde erstmals von einer amerikanischen Spezialzuchtrichterin, Mrs. Karen Moore. Die erste Clubsiegerschau im neuen Jahrtausend wird dann in Niedersachsen stattfinden.

Pro Jahr werden etwa 850 bis 900 Beagles ausgestellt und von Spezialzuchtrichtern aus Deutschland, dem Mutterland Großbritannien, Skandinavien und unseren Nachbarländern ge-

Am Ende der Schweißfährte. Vereinsschweißprüfung des BCD November 1998. Foto: Thomas Warneke.

richtet. Jedem, der mit der Idee spielt, sich einen Beagle anzuschaffen, ist der Besuch von Ausstellungen zu empfehlen, kann er hier doch viele verschiedene Hunde sehen und Kontakt mit Ausstellern aufnehmen.

JAGD

Der BCD ist seit seiner Anfangszeit Mitglied im Jagdgebrauchshundeverband (JGHV). Und auch wenn es einige Zeit gedauert hat, bis die jagdlichen Qualitäten dieses kleinen englischen Jagdhundes auch von der deutschen Jägerschaft akzeptiert wurden, so hat die Anerkennung des Beagles in diesen Kreisen in den letzten Jahren doch stetig zugenommen.

Wurde der Beagle in seiner Heimat Großbritannien ursprünglich nur zur Meutejagd auf den Hasen eingesetzt, so hat er sich in den letzten Jahren nicht nur in Deutschland als leistungsfähiger Schweiß- und Stöberhund bewährt. Der Beagle verfügt über eine exzellente Nase, große Spursicherheit und arbeitet ausdauernd und zielstrebig.

Der BCD bietet interessierten Mitgliedern und deren Hunden Vereinsprüfungen an, auf denen Anlagen und jagdliche Leistungsfähigkeit überprüft werden können. Hierzu gehören Spurlautprüfungen, auf denen neben der Schussfestigkeit, der Spurlaut und die Arbeit auf der Hasenspur beurteilt werden. Darüber hinaus werden Gebrauchsprüfungen angeboten, die neben dem Gehorsam auf der Jagd, die Arbeit auf der Federwild- oder Haarwildschleppe einschließlich Apport fordern sowie Wasserarbeit einschließen und in deren Mittelpunkt die Überprüfung der Stöbersicherheit (suchen - finden - herausbringen) steht.

Die letzte Vereinsschweißprüfung fand im November 1998 nördlich von Berlin in Brandenburg statt. Die fünf Beagles wurden von Verbandsschweißrichtern des JGHV auf der 1.000 m über Nacht Fährte beurteilt und bestanden die Prüfung mit drei 1. Preisen, sowie je einem 2. und 3. Preis. Die nächste Gebrauchsprüfung wird im Herbst 1999 stattfinden.

IMPORTE

Die deutsche Beagleszene ist nicht unerheblich von Importen beeinflusst worden. In den frühen Jahren importierten vor allem Silke und Jochen Eberhardt Beagles aus Großbritannien, um ihre

Linie aufzubauen. Besonders bedeutend war zweifelsohne der Import von Ch. Pinewood Chieftain, der zu einem der einflussreichsten Deckrüden seiner Zeit wurde und Ch. Pinewood Capricio. Aber auch Hunde aus den Zwingern Webline und Korwin spielten eine Rolle. Aus letzterem importierte Bärbel Röllinghoff mehrere Hunde, die ihren inzwischen nicht mehr bestehenden Zwinger Bar Atlantic's voranbrachten. Bar Atlantic's True Trademark wiederum leistete Ursula Christian beim Aufbau ihres Zwingers vom Kemnader See wertvolle Dienste. Hunde aus dem Bayard Zwinger wurden von M. Kirchner nach Deutschland geholt.

Auch Dr. Barbara Rudorf-Stever importierte britische Hunde, darunter Ch. Dialynne Petal. Aus englischen Spitzenzwingern kamen unter anderem Hunde wie Ch. Korwin Concorde, Ch. Bayard Boris, Ch. Dufosee Orbit, Ch. Dialynne Fantastic, Ch. Solitude of Dialynne sowie Ch. Annbourne Falcon of Dialynne und Ch. Dialynne Cassock. Vor allem letzterer erwies sich sowohl im Ausstellungsring, aber auch auf jagdlichen Prüfungen als äußerst erfolgreich und war auch in der Zucht nicht nur seinem neuen Heimatzwinger »von Helle Berge« von großem Nutzen. Aus Dänemark kamen Ch. Magic Noire Grant, der nicht nur seinem neuen Heimatzwinger of Justine's Pack und den Beagles vom Höchstädter Schloss große

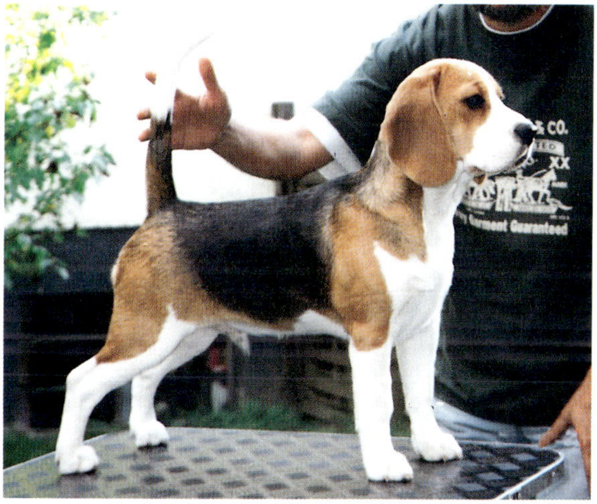

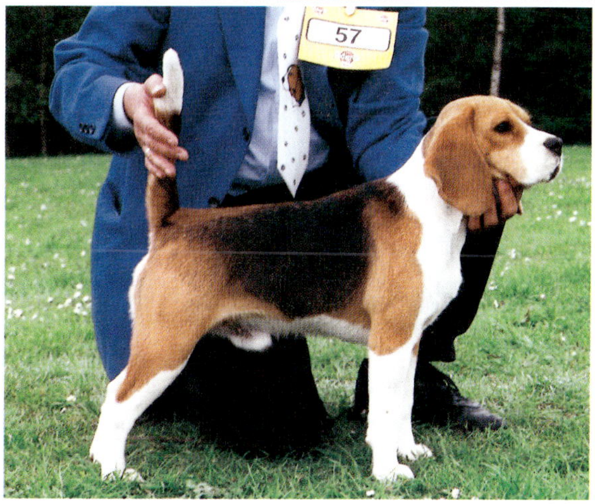

OBEN: Ch. Pinewood Chieftain.
Besitzer: Eberhardt, Züchter: Priestley, GB. Foto: Eberhardt.
MITTE: Ch. Dialynne Cassock (8 Monate).
Besitzer: Warneke, Züchter: Spavin, GB. Foto: Thomas Warneke.
UNTEN: Shaw's Joint Venture, US-Import.
Besitzer: Warneke, Züchter: Shaw, USA. Foto: Thomas Warneke.

Dienste erwies, sondern die gesamte deutsche Zucht wesentlich beeinflusste, Ch. Magic Noire Just, sowie Hunde der Zwinger Gold Line, Parups und Skansehoj, die von Karin Sonntag, Sylvia und Andreas Derscheid und anderen eingeführt wurden und sich sowohl im Ausstellungsring als auch in der Zucht bewährten. Frau Langenheim und Frau Müller importierten Hunde aus Südafrika, die ebenfalls den britischen Typ widerspiegelten. Vor allem Frau Langenheims Beagles, in derem King's Court Kennel viele Würfe in der jagdlichen Leistungszucht gefallen sind, profitierten typmäßig von diesen Importen. Frau Hahnenbergs Zwinger von der Tomburg wurde durch Ch. Norcis Etoile und Ch. Norcis Moonweaver, die beide von ihr aus Schottland eingeführt wurden, weiter vorangebracht. Ganz im Gegensatz zu Dänemark spielten amerikanische Beagles in Deutschland nur eine untergeordnete Rolle. Zwar floss deren Blut bei Verpaarungen deutscher Zuchthündinnen mit dänischen Rüden mit in die Zucht ein, doch fanden kaum Importe statt. Lediglich die Rüden Kickapoo's Peter Diamond, Vater des erfolgreichsten True Line Rüden Ch. True Line Demure Cromer und Ch. Starbuck Torbay Just In Time, der eine Zeit lang im Red Baron Zwinger von Anna S. Gothen stand, befanden sich eine Zeit lang in Deutschland. Neben Brighton's Gorgeous George wurde erst kürzlich vom Übersetzer dieses Buches der amerikanische Rüde Shaw's Joint Venture nach Deutschland importiert.

BEDEUTENDE ZÜCHTER

INTERIM'S

1973 gründete Barbara Rudorf, heute Dr. Rudorf-Stever, diesen kleinen Zwinger. Gleich der erste Wurf war programmatisch für die weitere Zuchtplanung, die Verbindung bester amerikanischer und britischer Blutlinien.

Die Engländerin Hurley's Lady Pepper (väterlicherseits vom Am. Ch. Appeline Topace abstammend) wurde von dem in Dänemark lebenden Am:, DK, Int. Ch. Seven Hill's Black Gold gedeckt. Aus diesem Wurf stammten Interim's Auburn Lady Abigail, die Stammmutter aller Interim's Beagles und Multi Ch. Interim's Sir Allister Afield, der die damalige Ausstellungsszene prägte. Im Laufe der Zeit kamen drei englische Hündinnen hinzu, Ch. Dialynne Petal, Ch. Coachbarn Catriona und die Cruftssiegerin Ch. Cranwood Christabel.

Allergrößter Wert wurde bei den Interim's seit jeher neben dem korrekten Äußeren auf das Wesen gelegt: wesensfest, selbstsicher, freundlich, sozial verträglich. Fröhlichkeit in Verbindung mit guter Erziehbarkeit sollte die Beagles aus diesem Zwinger auszeichnen. Alle Zuchthunde

Interims 0-2-Wurf. Züchter: Dr. Rudorf-Stever.

müssen überdies die Spurlautprüfung ablegen, um sicherzugehen, dass sie auch »arbeiten« können! Im Haus der Züchterin, die auch Spezialzuchtrichterin für Beagles und Zuchtwartin ist, leben vier Hündinnen und pro Jahr fallen 1-3 Würfe.

Der erfolgreichste True Line Rüde, Ch. True Line's Demure Cromer. Züchter und Besitzer: Eberhardt.

TRUE LINE BEAGLES

Seit ihrer Kindheit bestand bei Jochen und Silke Eberhardt Interesse an Hunden. 1970 erwarb Jochen Eberhardt dann seine erste Beaglehündin, mit der er große Erfolge auf jagdlichen Prüfungen errang. Zwei Jahre später kam dann auch Silke auf den Beagle. Ihren A-Wurf hatten sie nach der aus England importierten Hündin Pinewood Capricio. Die True Line Beagles basieren auf englischen Importhunden, vornehmlich aus den Zwingern Pinewood, Korwin und Webline. Auf diesen wurde in enger Linienzucht aufgebaut und der Typ gefestigt. Gelegentlich wurde fremdes Blut anderer renommierter britischer oder amerikanischer Linien hinzugenommen. Fast alle im True Line Zwinger stehenden Beagles wurden zu Championehren geführt und einige wurden auch »Bester Hund der Ausstellung«. Vorgeführt wurden und werden die Hunde fast ausschließlich von Silke Eberhardt, die diese meist an der losen Leine zeigt. True Line Beagles sind sehr britisch, kräftig und knochenstark. Neben den bekannten tricolour Beagles gibt es auch viele helle zweifarbige und aufgelöste dreifarbige True Lines.

Nachdem Silke und Jochen Eberhardt fast dreimal durch das Alphabet gezüchtet hatten, zogen sie sich aus der aktiven Beaglezucht zurück. Silke Eberhardt züchtet in kleinerem Rahmen Border Terrier und stellt diese auch aus. Außerdem ist sie Spezialzuchtrichterin für diese Rasse und Zuchtwartin im BCD. Ihr Mann ist Allgemeinrichter, Buchautor, natürlich auch Beaglespezialist und im VDH aktiv.

OF JUSTINE'S PACK

1974 erwarb Karin Sonntag ihre erste Hündin in den Niederlanden. In ihrem B-Wurf fiel mit Bunnyridge Burnet of Justine's Pack ein Rüde, der die Zucht in Deutschland mit beeinflussen sollte. Aus eigenen Würfen kamen drei Hunde hinzu, bevor dann mit Ch. Tophole Hunter Pretty Christabel, einer späteren Weltsiegerin, Ch. Magic Noir Caroline und Ch. Magic Noir Grant drei weitere Spitzenhunde importiert wurden. Ch. Magic Noir Grant sollte sowohl als Ausstellungsrüde, aber auch als Vererber mit weit über 200 Welpen zum Topstar des Zwingers werden und die deutsche Beaglezucht nachhaltig beeinflussen. Wie gut er vererbte, zeigt sich auch daran, dass seine Kinder Weltsieger wurden sowie an der großen Zahl von Champions unter seiner Nachkommenschaft. Dass er auch im jagdlichen Bereich erfolgreich war, zeigt einmal mehr, dass Schönheit und Leistung einander nicht widersprechen müssen. In den letzten Jahren sind weitere

Bunnyridge Burnet of Justine's Pack.
Züchter und Besitzer: Sonntag.

Hunde aus eigener Zucht, aber auch aus Dänemark und vom Sweet Connection's Zwinger hinzugekommen.

Die Justine Packs bewohnen ihr eigenes, beheiztes Hundehaus mit großem Garten, kommen im Wechsel aber alle mit ins Wohnhaus, um zu schmusen und zu schauen, wie ihre Menschen so leben. Of Justine Pack's Beagles sind von kräftigem Körperbau, mit starken Knochen und einem ausdrucksvollem Kopf.

Während Franz-Josef mit dem Beagle auf die Jagd geht, ist seine Frau Karin für das Ausstellen und Züchten verantwortlich. Sie ist außerdem Spezialzuchtrichterin für Beagles, Richterobfrau und Zuchtwartin im BCD.

SWEET CONNECTION'S

1986 erwarben Sylvia und Andreas Derscheid mit Good O'Malley of Justine's Pack ihren ersten Beaglerüden. Ein Jahr später kam mit Kiddy Shenta of Justine's Pack ihre erste Zuchthündin hinzu. Es folgte mit Ch. Magic Noire Just der erste Importrüde aus Dänemark. Schon der B-Wurf des Zwingers war ein absoluter Volltreffer. Aus der Verpaarung des dänischen Beaglerüden Sidney, hinter dem mütterlich- und väterlicherseits Red Baron Hunde standen, mit Shenta stammt Ch. Sweet Connection's Starlight Broadway, die zur Stammmutter der Sweet Connection's werden sollte. Sie war sowohl im Ausstellungsring als auch in der Zucht äußerst erfolgreich und bestimmte den Typ dieses Zwingers maßgeblich. Auf der Jubiläumsclubsiegerschau 1997 gewann sie im Alter von 7 Jahren die Siegerklasse vor ihrer Tochter Kir Royal, während ihre Töchter Sweet Connection's Kingly Kimono und Sweet Connection's Sleeping Beauty Clubsiegerin bzw. Clubjugendsiegerin wurden. Zum erfolgreichsten Ausstellungs- und sicherlich auch Deckrüden Deutschlands wurde Ch. Sweet Connection's Bar Espresso, der eine Vielzahl in- und ausländischer Titel errang. Während Sylvia sich auf das Züchten und Ausstellen beschränkt, war ihr Mann Andreas jahrelang Zuchtleiter des BCD, bevor er 1999 zum 1. Vorsitzenden des Vereins gewählt wurde. Darüber hinaus ist er Spezialzuchtrichter für Beagles und steht dem Verein als Zuchtwart zur Verfügung.

Ch. S. C. Starlight Broadway, Mutterhündin vieler Sweet Connection Champions.
Züchter und Besitzer: Derscheid.

VON HELLE BERGE

1975 erwarben Brigitte und Thomas Warneke ihre erste Beaglehündin und schon im A-Wurf fiel nach dem von Jochen und Silke Eberhardt importierten schottischen Championrüden Korwin Concorde mit Aron Lupus Edler von Helle Berge der erste Champion des Zwingers. Durch Importe aus England stieg die Zahl der grundsätzlich im Haus gehaltenen Hunde bis auf 7 an. Als besonders erfolgreich erwies sich der Erwerb von Ch. Solitude of Dialynne, die nicht nur im Ring äußerst erfolgreich war und unter anderem Deutsche Clubsiegerin wurde, sondern auch Mutter bzw. Großmutter der heutigen von Helle Berge Hündinnen Ch. Olea Felicita Edle von Helle Berge, Ch. Sasa Sajowibrith Edle von Helle Berge, ebenfalls Clubsiegerin, und der Jugendhündin Biva Occasiuncula Edle von Helle Berge ist.

Unter den englischen Importrüden, die alle mehrere Titel errangen, machte sich vor allem Ch. Dialynne Cassock einen Namen durch seine Erfolge im Ausstellungsring, wo er es zu etlichen Titeln brachte. So wurde er in zwei aufeinander folgenden Jahren erst Deutscher Clubjugendsieger und dann Deutscher Clubsieger sowie VDH-Europasieger. Mit ersten Preisen bei der Spurlaut- und der Schweißprüfung bewies er auch seine hohe jagdliche Veranlagung. Und auch als Deckrüde hat er schon erfolgreiche Nachzucht gebracht. Erst kürzlich wurde mit Shaw´s Joint Venture ein amerikanischer Jungrüde aus einem Spitzenzwinger der USA importiert, um die deutsche Beagleszene zu bereichern.

Ch. Olea Occasiuncula Edle von Helle Berge und Ch. Sasa Sajowibrith Edle von Helle Berge. Züchter und Besitzer: Warneke.

Biva Occasiuncula Edle von Helle Berge. Züchter und Besitzer: Warneke.

Während Brigitte die Landesgruppe Berlin-Brandenburg leitet und für den Club Shop des BCD verantwortlich zeichnet, war ihr Mann Thomas viele Jahre lang Leiter des Ausstellungswesens des BCD, bevor er 1999 das Amt des Zuchtleiters übernahm. Zusätzlich ist er stellvertretender Vorsitzender des Vereins, Zuchtwart und Spezialzuchtrichter für Beagles.

Hoffnungsvoller Nachwuchs. Foto: Warneke.

BEAGLE CLUB DEUTSCHLAND

1. Vorsitzender
Andreas Derscheid, Grunenburg 3, 42659 Solingen, Telefon: 0212/49209

Zuchtleiter und stellv. Vorsitzender
Thomas Warneke, Calandrellistr. 55, 12247 Berlin, Telefon: 030/7714696

Ausstellungswesen
Ilse Reichert, Finkenweg 27, 73760 Ostfildern, Telefon: 0711/4415212

Schatzmeister
Jürgen Heitmann, Calberlaher Str. 27a, 38553 Wasbüttel, Telefon: 05374/673578

Jagdgebrauchshundwesen
Dieter Goldmann, Forsthausstr. 2, 34560 Fritzlar, Telefon: 05683/930791

Welpenvermittlung
Elke Budde-Eichhorn, Urdenbacher Dorfstr. 9, 40593 Düsseldorf, Telefon: 0211/7184378

Internetadresse
www.beagleclub.de